Véronique Guérin

À quoi sert l'autorité ?

S'affirmer - respecter - coopérer

4e édition

Savoir communiquer

l'essentiel

Chronique Sociale 7, rue du Plat - 69002 Lyon
Tél. : 04 78 37 22 12

A Renée,

A mes parents,

A Jacques, Thibault, Héloïse et Manu,

A Mélanie et à tous les enseignants, éducateurs et parents qui continuent de s'interroger et d'évoluer en dépit des difficultés.

À quoi sert l'autorité ?
S'affirmer - respecter - coopérer

Avant-propos

Depuis de nombreuses années, j'anime des formations, groupes de parole et médiations auprès de personnes qui exercent une autorité (parents, éducateurs, enseignants, puéricultrices...). La plupart des adultes que je croise au cours de mes interventions ont le désir de créer des relations agréables, respectueuses et constructives dans leur famille ou leur travail. Et pourtant, ils se retrouvent souvent englués dans des conflits dont ils souffrent et qu'ils entretiennent sans même s'en rendre compte. Ils agissent en fonction des seuls modèles qu'ils connaissent, l'autoritarisme ou la permissivité. Ignorant leurs dangers et pensant bien faire, ils réitèrent et accentuent leurs attitudes quand les résultats ne sont pas probants : ils ressemblent à ces médecins qui, face à un malade affaibli, faisaient une saignée supplémentaire sans savoir que c'est la saignée elle-même qui provoquait l'affaiblissement. Ils sont enfermés dans des représentations inadéquates de l'autorité, de la morale, de la raison, de l'éducation, qui freinent leur compréhension et leur évolution. Ils ne connaissent pas grand-chose du développement et du fonctionnement psychique de l'être humain et perçoivent difficilement l'influence de leur attitude et du contexte sur le comportement de l'enfant. Ils demandent de l'aide à des psychologues, thérapeutes, pédopsychiatres, etc., lorsque rien ne va plus : le ressentiment, la colère, le découragement et parfois la haine se sont installés. Les blessures sont telles qu'elles mettent du temps à se fermer ; il faut alors renouer le contact, retrouver le dialogue, instaurer à nouveau le respect mutuel. Et tout cela réclame de la patience et des efforts...

Et pourtant, il suffit parfois de quelques séances de travail pour que des situations se dénouent, que les adultes retrouvent **confiance** dans leur capacité à exercer une autorité éducative, changent leur regard sur l'enfant et instaurent des relations fondées sur le respect mutuel. Ces changements sont d'autant plus rapides que l'accompagnement est effectué **de façon préventive**.

C'est la première raison qui m'a incitée à écrire ce livre : **expliquer** aux parents, éducateurs, enseignants **les mécanismes relationnels qui entrent en jeu dans l'exercice de l'autorité**, donner un éclairage aux difficultés qu'ils rencontrent afin de les aider à changer en connaissance de cause, **à sortir de l'impasse entre autoritarisme et permissivité** et à exercer une autorité éducative. En comprenant mieux ce qui se joue dans la rencontre avec autrui, ils ont moins peur de l'autre, osent s'affirmer et sont plus respectueux de l'enfant et d'eux-mêmes.

J'ai eu à cœur d'avoir des **propos simples, concrets,** illustrés par de nombreux exemples, de manière à donner à chacun l'envie d'expérimenter par lui-même. Le modèle que je propose s'est construit progressivement à partir de mon expérience de terrain et de concepts issus d'approches complémentaires (théories de la communication, analyse systémique, psychosociologie, philosophie humaniste, éthologie et psychanalyse).

Lorsque les adultes prennent conscience de l'impact de leurs attitudes sur le comportement de l'enfant et qu'ils mettent en place un cadre adapté, ils **préviennent la violence** de façon importante. Mais ils peuvent aller encore plus loin et c'est la deuxième raison qui m'a incitée à écrire ce livre. En comprenant le processus de socialisation, ils peuvent aider l'enfant à devenir **un citoyen libre, responsable et solidaire**.

Nombre d'adultes souhaitent transmettre des valeurs humanistes de respect, liberté, solidarité. Ils s'appuient souvent sur la raison et la morale sans comprendre la dimension psychique, émotionnelle et relationnelle du développement de l'être humain. C'est pourquoi la première partie de cet ouvrage, après avoir décrit les limites et dangers de l'autoritarisme et de la permissivité, présente le processus de socialisation et les fondements de l'autorité éducative. La deuxième partie présente de façon concrète comment l'adulte peut aider l'enfant à devenir un être social, capable de s'affirmer, de respecter autrui et de coopérer. Sont décrites plusieurs actions expérimentées dans différents contextes pour favoriser la socialisation et la citoyenneté de l'enfant : cercles de parole, travail de l'écoute non verbale et verbale, mise en place d'instance de prise de décision et de gestion des conflits, jeux coopératifs...

Sur proposition des lauréats des prix Nobel de la paix, l'ONU a proclamé les années 2001-2010 « Décennie internationale de promotion d'une culture de la non-violence et de la paix au profit des enfants du monde ». Ce livre s'inscrit dans ce mouvement. Je souhaite aider chaque lecteur à affirmer son autorité de façon ferme, claire et respectueuse pour que l'enfant canalise sa vitalité et devienne lui-même. C'est ainsi que se développeront des relations constructrices et bénéfiques susceptibles de semer dès aujourd'hui les graines d'une société plus mature relationnellement et capable de gérer conflits et différences en bannissant le recours à la violence.

Remerciements

Je tiens d'abord à remercier Guillaume Groulard qui m'a initiée aux concepts de non-violence et de coopération.

Je remercie les habitants de mon village qui ont participé à des conférences, des groupes de parole et de réflexion. Les projets menés à Montarnaud avec enfants, adolescents, parents d'élèves, personnel municipal, enseignants, aides-éducateurs et élus ont été à l'initiative de ce livre. Je tiens à remercier tout particulièrement Pierre Latournerie pour ses réflexions et conseils.

J'ai été très touchée par la confiance que m'ont accordée Marie Levard, Nadia Sakhraoui, Isabelle Jubin, Laurence Belin, Christiane Rigaudière, Lucie Bonnet, Hervé Ott, Jean-Luc Célestin, Nicole Gay et Perrine Dombres. En me sollicitant pour animer des conférences, des formations ou des théâtres-forums, ils m'ont donné l'occasion d'approfondir mes idées. Qu'ils en soient remerciés.

Merci à Manu, Mirabelle, Cédric, Guillaume, Jeanine, Thierry, Colette, Sophie, Nadine et Didier pour l'engagement, l'humour et la générosité dont ils ont fait preuve dans les théâtres-forums conçus et joués ensemble.

Je souhaite remercier également les équipes éducatives avec qui je travaille : l'Agence départementale de la solidarité de Pézenas, la crèche municipale de Pézenas, l'Institut de rééducation de Campestre de Lodève, les enseignants et lycéens du conseil de vie lycéenne de Passy-St Honoré, les médiateurs du lycée Carcado Saisseval à Paris. Le chemin parcouru avec chacune de ces équipes a été l'occasion de rencontres chaleureuses et enrichissantes.

Mélanie Horwitz, Christine Vallin, Patrice Cailton et France Guérin-Pace ont consacré de leur temps à relire avec attention et bienveillance mes écrits. Ils ont su m'inciter à clarifier ma pensée et m'ont encouragée à continuer. Qu'ils trouvent ici l'expression de ma gratitude.

Merci à Christophe pour sa créativité dans l'aide à la recherche du titre de l'ouvrage.

Ann About et Alix Hauvette, mes collaboratrices de Gordon France, ont toujours soutenu mes projets. Merci de leur confiance et de leur efficacité.

Ma reconnaissance va à mes amis Véronique Coria, Vincent Godefroy, Françoise Mangold, Maurice Goulette, Alain Désir, Christine Debize, Janine Rollier, Marc Calland pour leur présence et leur fidélité dans les moments de doute.

Merci à mes enfants Thibault et Héloïse pour l'intérêt qu'ils portent à la gestion des conflits, aux jeux coopératifs et à la médiation. Je suis également touchée par les efforts qu'ils font pour respecter mon travail.

Merci à Renée qui m'a encouragée à aller au bout de moi-même. Sa vitalité et le crédit qu'elle portait à ma recherche continuent de m'habiter et de nourrir ma force intérieure.

Enfin, merci à toi, Jacques, pour nos petits déjeuners philosophiques, nos heures de discussion complices ou houleuses, tes questions parfois fort impertinentes et la précision de ton regard. Tu m'as nourrie, encouragée, rassurée et supportée de façon inconditionnelle durant l'élaboration de cet ouvrage. Sans ta présence aimante et chaleureuse, ce livre n'aurait sans doute pas vu le jour.

Première partie

L'autorité ne va plus de soi

La majorité de ceux qui exercent l'autorité, parents, enseignants, éducateurs le reconnaissent, le crient, l'avouent : il est plus difficile d'éduquer les enfants aujourd'hui que de « leur temps ». Certains ont, d'ailleurs, la nostalgie de ce temps où il suffisait d'élever la voix pour que le silence se fasse et que les enfants obéissent. Le modèle familier auquel ils se réfèrent ne fonctionne plus : « On ne peut pas les éduquer comme nous-mêmes avons été éduqués. Les enfants n'obéissent plus, ils ne nous respectent plus... » D'autres, à l'inverse ont tellement souffert de cette autorité qu'ils la refusent en bloc et ont du mal à se faire entendre de l'enfant. Nombre d'adultes exerçant un rôle d'autorité se sentent ***impuissants***, ***démunis*** *et* ***seuls***. *Certains culpabilisent tant ils croient manquer de cette autorité dite « naturelle ». Se croyant confrontés à un problème personnel, ils tentent de relativiser leurs difficultés et ne se décident à demander de l'aide que lorsque le climat familial ou professionnel n'est plus supportable. Chacun rejette la faute sur l'autre, cherchant désespérément un coupable : « Les parents ? Ils démissionnent ! Les enseignants ? Ils n'ont plus aucune autorité », etc.*

Les jeunes, de leur côté, se sentent peu écoutés et compris par les adultes[1]. Ils leur reprochent d'imposer leur pouvoir sans discernement et sont particulièrement sensibles aux situations qu'ils perçoivent comme injustes à leur égard ou envers un autre jeune. Le statut d'une personne ne suffit plus à leur imposer le respect : si une parole, un geste, une sanction leur sem-

1 Les réponses des lycéens au questionnaire lancé par le ministère de l'Education nationale ont montré que leurs souhaits portaient principalement sur la relation entre élèves et enseignants (respect, écoute et personnalisation des relations) et peu sur l'évolution des savoirs et des orientations. (**Le Monde**, 21 Mars 1998).

blent aller contre leurs droits, ils le disent haut et fort, de façon parfois maladroite ou excessive et jugée bien vite comme insolence ou provocation. Ils n'apprécient guère plus les adultes qui n'arrivent pas à se faire respecter.

Au-delà du conflit de générations, ***le concept d'autorité ne va plus de soi*** *et un malaise grandissant semble s'installer au sein des familles, de l'école et des institutions en charge d'éducation. Ce malaise a souvent pour point de départ cette difficulté qu'ont les adultes à affirmer leur autorité. Lorsque l'on approfondit la question, on se rend compte que ce qui est en jeu c'est la façon dont chacun perçoit et vit l'autorité : celle qu'il a reçue dans l'enfance (ou du moins la représentation qu'il s'en est faite), celle qu'il subit actuellement, celle qu'il exerce seul ou qu'il partage avec d'autres adultes. Pour sortir de l'impasse dans laquelle nous amène le débat qui oppose les partisans de l'ordre et de la fermeté aux défenseurs des droits de l'enfant, nous avons besoin de comprendre en quoi l'exercice de l'autorité au quotidien est affecté par l'évolution de la société.*

Chapitre I

État des lieux sur l'autorité

L'héritage du passé

Chaque société définit ses principes d'éducation en référence à des **valeurs** (le respect de la vie humaine, la liberté d'expression, ...) et des **besoins** (défendre la nation, garantir l'ordre, avoir des citoyens responsables...). Pour exemple, au début du siècle, les lois Ferry assignaient aux instituteurs la tâche de former de bons citoyens capables de « lire une affiche municipale, de peser les tomates et d'arpenter les champs ». Pour mettre en œuvre sa volonté éducative, la société s'appuie sur de nombreux alliés : la famille, l'école, les institutions spécialisées, la police, la justice... Chacun se voit affecter une mission dont il a la responsabilité et pour laquelle il a autorité. Dans ce cadre, il a le droit de commander et peut imposer l'obéissance. Les moyens qu'il peut employer pour se faire obéir sont également précisés.

Cette *première définition* de l'autorité : « droit de commander, pouvoir (reconnu ou non) d'imposer l'obéissance[2] » se réfère à **l'autorité de contrainte**. Très imprégnée de cette autorité définie comme le pouvoir d'imposer l'obéissance, les manuels d'éducation du XIXe siècle et de la première moitié du XXe siècle se sont focalisés sur les moyens de **faire entendre raison** aux enfants, même contre leur gré. Que faire si l'enfant refuse d'agir de façon raisonnable ou morale ? Voici la question centrale à laquelle tentent de répondre les manuels comme le montrent les extraits suivants[3] :

> *« Le caprice est un moyen d'expression naturel, dès la première enfance, dès lors que l'enfant sait traduire son désir de quelque chose par des gestes. Il voit un objet, qu'il voudrait obtenir, il ne peut l'obtenir, cela le met en colère, il crie et tape des pieds. Ou bien, on lui donne quelque chose qui ne lui convient pas ; il le jette et se met à crier. Ce sont de mauvaises habitudes dangereuses qui entravent toute l'éducation et ne produisent rien de bon chez l'enfant. (...). Dès que*

2. Dictionnaire **Le Petit Robert**.

3. Alice Miller, **C'est pour ton bien, Racines de la violence dans l'éducation de l'enfant**, Ed. Aubier, 1983, p. 25.

ces défauts apparaissent chez l'enfant, il faut prendre d'urgence des mesures contre le mal, de manière à ce qu'il ne s'enracine pas plus profondément par l'habitude et que la personnalité de l'enfant ne soit pas entièrement gâchée. (...) Si les parents interdisent le caprice dès le départ par les remontrances sévères et la baguette, ils ont de bons enfants soumis et obéissants à qui ils peuvent ensuite donner une bonne éducation (...). Éliminer le caprice et la méchanceté sont le premier objectif. Le second élément capital sur lequel on doit axer son effort est l'obéissance absolue aux parents et personnes responsables, et l'approbation de tout ce qu'ils font.(...) Ces éléments sont nécessaires à l'éducation parce qu'ils inscrivent dans l'esprit les principes d'ordre et d'obéissance aux lois. Un enfant qui est habitué à obéir à ses parents se soumettra sans difficulté aux lois et aux règles de la raison une fois libre et devenu son propre maître, parce qu'il aura déjà pris l'habitude de ne pas agir selon sa volonté. Toute l'éducation n'est rien d'autre que l'apprentissage de l'obéissance. » (J. Sulzer, 1748)

« Le silence a parfois plus de force que beaucoup de mots et le regard plus de force que la parole. C'est à juste titre que l'on rappelle que l'homme dompte du regard les bêtes féroces, il ne devrait pas avoir beaucoup de mal à maîtriser les mauvais instincts et les mouvements néfastes d'une jeune âme. » (A. Matthias, 1902).

L'hypothèse sous-jacente à la pédagogie proposée est que l'obéissance est la valeur essentielle pour devenir libre et responsable. L'éducation s'assimile au dressage des animaux sauvages qui doivent **apprendre à se soumettre à leur maître**. A plusieurs reprises, certains pédagogues ou philosophes tentent de modérer la violence exercée par les parents pour obtenir l'obéissance. En 1752, par exemple, Krüger suggère de ne battre l'enfant que s'il refuse d'obéir et non plus lorsqu'il fait des erreurs par maladresse ou ignorance, d'autre part il invite le parent à maîtriser sa colère de manière à ce que l'enfant comprenne qu'il s'agit bien d'application de la loi et non pas la conséquence d'un emportement. Les philosophes des lumières tels Rousseau ou Condorcet fondent leurs réflexions sur le respect de l'enfant et l'apprentissage du libre arbitre et de la liberté. Leurs propos précurseurs ne modifieront cependant pas les pratiques éducatives. Jusqu'au milieu du XXe siècle, à l'école comme en famille, les adultes n'hésitent pas à menacer, frapper, isoler, humilier, exclure pour arriver à leurs fins, à savoir l'obéissance et la conformité aux normes et valeurs qui ont cours dans la société. Cette autorité axée principalement sur la sanction et la répression vise à soumettre l'autre, lui imposer son point de vue, à le contraindre dans sa pensée et ses actes. Les manuels d'éducation pratique se sont donc particulièrement centrés sur les **sanctions** et leur efficacité à faire obéir l'enfant. « Dis-moi comment tu sanctionnes, je te dirai comment tu éduques ! » Les principes éducatifs se révèlent, comme l'explique E. Prairat[4], particulièrement dans

4. E. Prairat, **La sanction, petite médiation à l'usage des éducateurs**, Ed. L'Harmattan, 1999.

les moments de tension et de crise. Chaque forme de sanction se réfère à une conception de l'éducation : l'expiation (coups…) s'appuie sur la douleur que l'on inflige au corps, elle purifie ; le bannissement (piquet, cachot...) isole et exclut ; le signe distinctif (bonnet d'âne, ...) singularise l'élève et le montre du doigt ; quant à l'exercice (faire et refaire, répéter), il vise à façonner l'enfant dans le moule pensé par les adultes...

Puis peu à peu l'état d'esprit change. Le développement et la popularisation des connaissances en psychologie de l'enfant sont le facteur principal qui joue dans cette évolution. Des livres à destination des parents prônent **le respect du rythme de l'enfant**, de ses besoins propres, de son développement personnel. Ils incitent les parents à écouter les enfants, à décoder leurs demandes, à ne pas brimer leur créativité : **l'enfant devient une personne**. Ce regard nouveau que l'on jette sur l'enfant fait alors percevoir de manière criante les souffrances physiques et psychologiques générées par une autorité qui n'hésite pas à employer la « manière forte » pour arriver à ses fins. Des liens s'établissent entre la violence dont certains enfants sont victimes et la violence qu'ils exercent à leur tour ou encore les maladies physiques ou mentales qu'ils développent. Des voix s'élèvent pour dénoncer ces excès de l'autorité qui s'exercent en toute impunité, violence légitimée, violence institutionnelle, violence qui se justifie par des nécessités pédagogiques et éducatives. Certaines pratiques encouragées ou tolérées il y a quelques dizaines d'années tombent aujourd'hui sous **le couperet de la loi** : la violence physique des adultes envers les enfants est dénoncée. Des procédures sont mises en place pour protéger les enfants, leur venir en aide lorsqu'ils sont maltraités et prendre en compte les séquelles psychologiques. La politique concernant la délinquance des mineurs était uniquement répressive jusqu'en 1945 : l'enfant était sanctionné pour la faute commise (maison de redressement, prison...) afin qu'il prenne conscience de son délit et qu'il change en conséquence. Ce n'est qu'à cette date qu'on a commencé à se préoccuper de prévention et d'accompagnement des jeunes délinquants et des familles. Depuis quelques années, on privilégie plus particulièrement le soutien des parents afin de les aider à **exercer leur rôle sans utiliser la violence**. Mai 68 est le point d'orgue de la dénonciation de cette autorité « dominatrice », dans une société patriarcale, en phase avec des mouvements du même ordre dans le monde occidental (dénonciation de la guerre du Vietnam, hippies, ...). Après s'être longtemps soumis, nombreux sont ceux qui se rebellent et demandent à être entendus, pris en compte, respectés : femmes, adolescents, homosexuels, Noirs, ... Ceux qui sont dans un rôle d'autorité se retrouvent alors dans une position difficile. L'aura qui accompagnait l'autorité s'estompe et le symbole même de l'autorité déclenche l'agression, l'insulte, le mépris, la haine : les forces de police en savent quelque chose ! De plus, les moyens de répression qui permettaient de contraindre l'autre se sont amenuisés : les parents n'ont plus le droit de frapper trop fort, les enseignants n'ont plus le droit de frapper du tout ! Un père résumait ainsi cette difficulté : « Dites-moi comment je dois faire pour empêcher mon enfant de sortir si je ne peux plus le taper ? » et une enseignante : « Je n'ai plus aucun moyen de les faire travailler. Ils viennent quand ils veulent. Aucune sanction ne les touche. » Pour couronner le tout, ces jeunes que l'on écoute depuis leur tendre enfance sont moins soumis, plus affirmés : leurs droits se sont étendus, ils les connaissent mieux et s'expriment beaucoup plus librement. Le rapport de forces entre les adultes ayant un rôle d'autorité et les enfants a considérablement évolué : **les adultes ont perdu du pouvoir, les enfants en ont gagné**.

On peut comprendre que ces adultes se sentent alors démunis, impuissants face à cette vague qui les submerge. Certains lâchent le peu d'autorité qui leur reste et laissent faire l'enfant ou l'adolescent. Ils deviennent permissifs, non pas par choix mais parce qu'ils n'arrivent plus à se faire respecter ni à transmettre leurs valeurs. Ils sont déçus et en veulent à ces enfants qui ne se comportent pas comme ils le souhaiteraient. La relation se détériore souvent, se rompt parfois, blessant aussi bien les adultes que les enfants. On observe fréquemment le **phénomène de la balançoire** : l'enfant fait quelque chose qui gêne ou déplaît à l'adulte, l'adulte le lui fait remarquer mais n'est pas entendu ; il répète, mais sans plus de succès. L'enfant continue d'agir sans prendre en compte ce que dit l'adulte. Au bout d'un certain temps, parce que l'adulte n'en peut plus ou que les agissements de l'enfant s'amplifient, l'adulte réagit brutalement, parfois violemment. L'enfant s'arrête alors sous l'effet du choc. Puis lorsque l'effet de l'intervention s'estompe, l'enfant recommence et le même scénario se reproduit. Enfin, certains essaient de protéger leurs enfants (et eux-mêmes) du climat actuel qui, à leurs yeux, ne « cadre » plus assez à l'enfant. Ils cherchent des solutions qui les soutiennent dans cette tâche d'éducation : école privée, changement de lieu d'habitation, pension... Ils se donnent des objectifs éducatifs centrés sur des échéances qui leur semblent réalisables, comme par exemple « Tu passes ton bac et après je te fiche la paix », ou « s'ils sortent de ma classe en sachant lire, j'ai rempli ma mission, le reste je fais avec ! » Les personnes investies d'une autorité ont l'impression aujourd'hui d'être dans une **impasse** : elles ont de plus en plus de mal à imposer ce qui leur semble pourtant légitime. Elles veulent bien prendre en compte et écouter le point de vue des enfants dont elles ont la responsabilité mais ont souvent la sensation de « se faire avoir » et du coup elles baissent les bras. Elles oscillent entre **autoritarisme** « C'est comme ça parce que j'ai plus d'expérience, que je veux accomplir ma mission d'éducation et que j'ai encore les moyens d'imposer mon point de vue » et **permissivité** « Puisque vous refusez de m'écouter et de m'obéir, faites ce que vous voulez, je ne me sens plus responsable de vous ! »

Les composants de l'autorité

Qu'entend-on par autorité ? La *première définition*, la plus communément utilisée, est celle que nous venons de présenter :

- le **droit** de commander, le pouvoir (reconnu ou non) d'imposer l'obéissance[5].

La *deuxième définition* est la suivante :

- **Ascendant personnel** en vertu duquel on se fait respecter, on impose au jugement, à la volonté d'autrui[6].

Ces définitions font référence à la distinction entre les mots latins : *Potestas et Auctoritas*. Comme l'explique E. Prairat[7],

> *« la Potestas est définie comme l'autorité de droit, c'est le pouvoir fondé sur le statut. C'est le pouvoir légal reconnu, accordé par les instances supérieures de la société. L'enseignant, comme le parent ou l'éducateur, est investi d'une Potestas c'est-à-dire d'un pouvoir légalement reconnu pour exercer sa fonction. Il a notamment le droit institutionnellement défini et encadré, de sanctionner si besoin. L'Auctoritas ne dépend d'aucune instance. On n'investit pas quelqu'un d'une Auctoritas. Elle émane de la personne. C'est ce que confirme l'étymologie puisqu'Auctoritas dérive d'Auctor, c'est-à-dire celui qui est la cause première. Auctoritas est synonyme d'influence, d'ascendant, de crédit. »*

Pour préciser ces définitions et en comprendre les implications sur ceux qui exercent une autorité, nous allons clarifier le sens des termes *fonction, statut* et *rôle* et le lien que ces termes entretiennent entre eux[8].

La *fonction* est un ensemble d'actes qui permet de répondre à des besoins. Par exemple, la fonction éducative répond aux besoins d'élever les enfants et peut se définir par des actes tels que nourrir, soigner, vêtir, transmettre des connaissances… La fonction éducative est exercée par des personnes ayant différents *statuts*, chacun assumant une partie des actes recensés dans la fonction. Par exemple, dans la société actuelle, les parents ont pour fonction de s'occuper de la santé physique et psychique de l'enfant. Les enseignants se préoccupent de l'acquisition des savoirs et savoir-faire fondamentaux. Les assistantes sociales soutiennent les familles en difficulté et se doivent de protéger l'enfant en cas de défaillance grave des parents, etc. A ces personnes à qui l'on attribue un statut pour exercer une fonction, on reconnaît donc un

5. Dictionnaire **Le Petit Robert**.

6. **Vocabulaire technique et critique de la philosophie**, PUF.

7. E. Prairat, *Op. cit.* p. 82.

8. G. Dréano, **Guide de l'aide médico-psychologique**, Ed. Dunod, 1997.

pouvoir : celui de prendre des décisions, de commander, d'exiger l'obéissance dans un domaine donné et sanctionner en recourant à la force ou la contrainte si besoin est. Telle est la *Potestas* ou l'autorité de contrainte. Le *rôle* est la manière de s'approprier la fonction, avec un statut donné, dans un espace donné. C'est à ce niveau que s'expriment les qualités personnelles de chacun, son autonomie, sa créativité. Chaque enseignant, parent, éducateur, citoyen a, au sein de ce cadre qui définit sa fonction, ses droits et ses devoirs, une manière d'exercer son rôle qui lui est propre et qui est liée à son histoire, sa personnalité, ses valeurs. L'Auctoritas se construit autour du sens que l'on donne à ce rôle.

La *figure* résume les liens entre *Potestas* et *Auctoritas,* autoritarisme et permissivité : l'autoritarisme est un abus de l'utilisation du pouvoir donné par le statut, la permissivité une incapacité à se faire entendre du fait d'une *Potestas* amoindrie. Dans ces deux cas, l'*Auctoritas* est faible et ne vient donc soutenir ou moduler le pouvoir lié au statut.

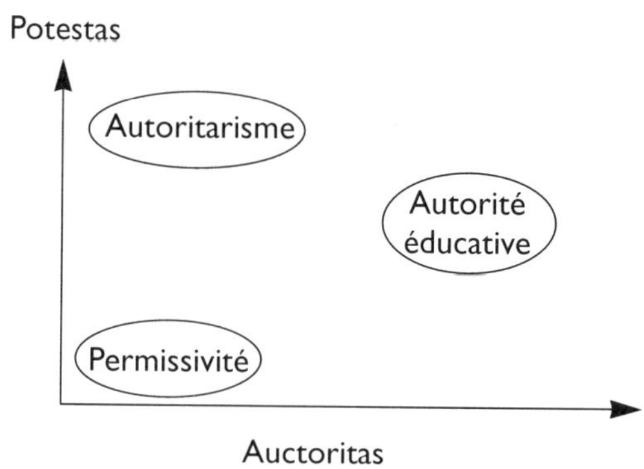

Les composants de l'autorité

L'autorité s'inscrit dans une **relation asymétrique** où l'adulte a un pouvoir sur l'enfant et une responsabilité éducative. Elle fait donc appel aussi bien à la *Potestas* qui confère droits et devoirs qu'à l'*Auctoritas* qui invite chacun à jouer son **rôle** de parent, enseignant, éducateur « comme il le sent ». La distinction entre le pouvoir lié au statut et l'autorité personnelle permet de mieux comprendre les difficultés actuelles : la fonction et le statut des adultes sont-ils suffisamment clairs pour permettre à chacun d'exercer son rôle de façon confortable et efficace ? La fonction éducative doit-elle évoluer pour répondre à des besoins nouveaux ? Doit-on renforcer les moyens qui accompagnent le statut ? Doit-on aider chacun à développer son ascendant personnel ? En l'absence de réponses pertinentes à ces questions, que se passe-t-il ? **Pour combler un déficit d'autorité personnelle, l'autoritariste abuse de son pouvoir** : il s'appuie sur son statut et les moyens qui lui sont accordés pour se faire obéir : « Tu obéis parce que je suis ton père, tu te tais parce que je suis l'enseignant. » Cette utilisation abusive du statut est une dérive qui peut conduire insidieusement vers la violence légitimée.

Lorsque le statut perd de son poids et que les moyens de sanction sont restreints, comme c'est le cas actuellement dans notre société, l'autorité personnelle devient prépondérante. Et, de fait, de nombreux adultes en sont démunis : leur statut d'enseignant, de parent ou d'éducateur leur suffisait à s'imposer et l'éducation qu'ils ont eux-mêmes reçue ne les a pas aidés à développer cette autorité. Jusqu'à la fin de l'école primaire, enseignants et parents parviennent encore à affirmer leur autorité, quelle que soit leur *Auctoritas*. Les enfants, de par leur âge et leur dépendance, physique, intellectuelle et affective envers l'adulte contestent peu le pouvoir. Les adultes peuvent user aisément de menaces et pressions qui ont vite raison de la rébellion des enfants. Ils réussissent ainsi à contenir les comportements violents et asociaux. En revanche, cette façon de faire ne développant chez l'enfant ni responsabilisation ni intégration des règles, les difficultés s'accentuent avec l'âge de l'enfant : celui-ci gagne en force physique, mentale et intellectuelle et sa dépendance vis-à-vis de l'adulte diminue. A l'adolescence, et donc au collège en particulier, seuls résistent les adultes qui arrivent encore à faire jouer ce qui leur reste en main de Potestas. Ils ont souvent un physique, une manière d'être, une distance, une froideur qui impressionnent et donnent une crédibilité à leurs menaces. S'imposent également ceux qui ont un charisme, une énergie qui permettent d'installer des relations de confiance, de respect et de motivation. La figure de l'enseignant dans le film **Le Cercle des poètes disparus** en est un exemple. Le statut ne suffit plus pour obtenir le respect et l'autorité se travaille : tels sont les deux facteurs qui mettent à mal les adultes en charge d'éducation et donnent à certains l'impression d'une société qui part à la dérive. Avant d'explorer une troisième voie susceptible de nous faire sortir de cette impasse entre autoritarisme et permissivité, il est important de comprendre en quoi ces deux attitudes sont génératrices de violence et quel est leur impact sur les individus et la société.

L'autoritarisme

Comme nous venons de le voir, l'autoritarisme, ou autorité de contrainte s'appuie principalement sur le pouvoir que le **statut** donne. Ce pouvoir se manifeste par des moyens de pression qui permettent de contraindre l'autre à obéir. L'autoritariste refuse d'entendre et de prendre en compte le point de vue de l'autre, du fait de l'asymétrie de la relation.

Les atouts de l'autoritarisme

L'autoritarisme génère de l'ordre : les repères sont précis, les exigences et les limites sont claires. L'adulte prend position, il est prévisible et cette attitude est sécurisante pour l'enfant, sous réserve bien sûr que ses sanctions ne mettent pas en danger l'intégrité physique ou psychologique de l'enfant. « On sait à quoi s'en tenir ». L'enfant sait que tout ce qui n'est pas explicitement autorisé est interdit et donc sanctionné. Ces représentants de l'autorité sont parfois appréciés justement pour cette capacité qu'ils ont à sécuriser. « Sévère mais juste... », ainsi évoque-t-on parfois avec nostalgie ces enseignants ou parents impressionnants, exigeants, dont on sentait qu'ils agissaient ainsi dans un objectif louable de faire grandir. L'autoritarisme forme des gens « bien élevés » qui savent se tenir en société. Il favorise le « respect » des autres ou du moins fait passer en priorité **ordre et cohésion du groupe** au détriment de la personne. Il encourage la stabilité de la société en tuant dans l'œuf toute remise en question de ses valeurs et de son organisation. Une société ordonnée, qui évolue peu, des citoyens soumis aux représentants de l'autorité, tels sont les fruits d'une éducation autoritariste.

Les limites et dangers de l'autoritarisme

Que développe l'autoritarisme chez celui qui la subit ?

- Le **conformisme** : adopter une attitude, une pensée conformes à celui qui détient l'autorité est souvent ce qui est le plus judicieux lorsque la fuite est impossible et la rébellion sévèrement réprimée. Cette attitude conformiste peut être temporaire (en attendant de ne plus dépendre de cette autorité !) ou être intégrée parfois de façon inconsciente. Par exemple, une mère qui a souffert d'avoir été frappée par sa propre mère et qui utilise elle-même la violence envers sa fille se justifie souvent ainsi : « Si on ne les tape pas, on ne les tient plus ! »
- **Un respect des règles superficiel** : les comportements de l'individu diffèrent ostensiblement lorsque l'autorité est présente et lorsqu'elle ne l'est pas. Une étude sur différentes formes de pédagogie a mis en évidence le lien entre le type d'autorité de l'enseignant et le comportement des élèves dans la classe : lorsque le silence règne en présence de l'enseignant et que

c'est le chahut le plus total en son absence, il s'agit d'une pédagogie autoritariste. Si c'est le chahut dans la classe, que l'enseignant soit là ou non, il s'agit d'une pédagogie permissive ! L'étude du comportement des automobilistes permet également de mesurer si la règle et la contrainte sont intégrées par chacun ou si elles ne sont prises en compte qu'en présence d'un représentant de l'ordre...

- Du **ressentiment** envers tout représentant de l'autorité et un **désir de vengeance**. Ne pas se sentir compris génère du ressentiment envers celui qui nous impose cette difficulté. C'est le cas de l'esclave que l'on mate, que l'on humilie, qui serre les dents...

- La **violence « sournoise »** : l'autoritarisme permet de contenir la violence et en particulier d'interdire qu'elle puisse s'exprimer contre les représentants physiques ou symboliques de l'autorité. La violence de l'enfant née de sa frustration, de son ressentiment, cherche à atteindre des cibles moins dangereuses et de façon plus discrète de manière à ne pas être sanctionnée. C'est l'histoire du patron qui humilie son employé. Celui-ci rentre chez lui et insulte sa femme qui envoie les enfants se coucher avec force claques. L'aînée en profite pour faire un croche-pattes au cadet qui tire les cheveux de la benjamine. Cette dernière attrape le chat par la queue... Ce dernier se terre en attendant que l'orage passe !

La dérive de l'autoritarisme est la violence[9]. En effet, la frontière entre la violence légitimée, censée s'exercer pour le bien d'autrui, et la maltraitance est fragile. La question d'une mère dans un groupe de parole illustre ce propos : « Mon fils est nul en orthographe. Il ne retient rien. Je veux qu'il réussisse à l'école. J'ai décidé de lui faire réciter son orthographe chaque soir. A chaque fois qu'il fait une faute, je lui donne une gifle. Hier il en a eu 13. Est-ce que je dois continuer ? » Certains pays l'ont bien compris, comme le Danemark, qui suite à un débat parlementaire houleux et passionnant, a fait passer une loi interdisant aux parents la fessée.

La marge de manœuvre face à des attitudes autoritaristes

Quelle marge de manœuvre a-t-on face à une personne ou un système qui se comporte de façon autoritariste ? Quatre attitudes sont possibles : se soumettre, simuler la soumission, fuir ou se rebeller[10].

---

9. E. Prairat, *Op. cit.* p. 84.

10. Les attitudes présentées s'inspirent particulièrement des travaux de H. Laborit.

- **Se soumettre**, c'est accepter la volonté de l'autre et faire ce qui est demandé. Indépendamment de ce qu'elle ressent, une personne qui se soumet adhère aux valeurs de l'autre. Ce processus nécessite de faire taire ses propres sensations, émotions et pensées. Certains personnes, pour diminuer la souffrance et la discordance entre ce qu'elles ressentent et ce qui leur est demandé, peuvent devenir de fervents défenseurs des valeurs dont elles ont elles-mêmes souffert.
- **Simuler la soumission** pour éviter de payer le prix de la rébellion ou de la fuite. Simuler l'acceptation pour ne pas éveiller les soupçons, éviter les coups ou les mauvaises notes, trouver les stratégies qui permettent de s'en sortir. Attaquer, oui mais pas l'autorité : trop dangereux ! Attaquer par derrière des sous-fifres de l'autorité ou encore simplement plus petit ou plus faible que soi ! Attendre des jours meilleurs, un rapport de forces plus favorable, devenir plus grand, plus fort, plus riche, plus autonome, chercher des alliés. Prendre sur soi et attendre, telle est la stratégie de celui qui simule la soumission.
- **Fuir** de n'importe quelle façon : fuguer, être absent, en retard, malade, éviter l'autorité, la contrainte, le conflit, prendre des risques extrêmes, tenter de mettre fin à ses jours, rêver, s'évader, se droguer, boire, éviter d'être présent ici et maintenant...
- **Se rebeller** c'est affronter l'autorité, crier, hurler, frapper, casser, refuser, menacer, faire mal, détruire, tuer, au risque d'être sanctionné, parfois même d'en mourir.

Un pouvoir qui ne souffre pas la contradiction, a besoin de moyens puissants pour réduire au silence ceux sur qui il a autorité. En effet, dès que l'occasion se présente ou lorsque la coupe est pleine, le refus de cette autorité devient inévitable et s'exprime la plupart du temps de façon violente[11]. Il n'est pas étonnant que les familles ou écoles qui se sont appuyées sur une éducation ou une pédagogie très autoritaires sollicitent de l'aide lorsque les enfants deviennent adolescents. En effet, c'est en général le moment où l'enfant commence à avoir les moyens pour passer de la soumission (ou simulation de soumission) à la rébellion ou la fuite.

Les sentiments de l'autoritariste

Imposer son point de vue en toutes circonstances, indépendamment de ce que pense ou ressent l'autre n'est pas de tout repos : l'adulte joue le rôle

11. Cette rébellion est souvent violente mais pas nécessairement : certaines personnes tels Jésus, Gandhi, Luther King se sont opposés de façon non-violente à des systèmes qu'ils jugeaient injustes.

désagréable du policier, il doit tout contrôler. Comme l'enfant ne développe pas sa capacité à trouver des solutions, l'adulte doit s'assurer sans relâche que les règles sont bien respectées. Il a l'impression que s'il lâche de son autorité, le monde va à sa perte, qu'il est le dernier rempart face à la vague de fond qui emporte toutes les valeurs. Il aimerait d'ailleurs qu'on lui reconnaisse cette exigence qu'il a envers les enfants dont il a la charge. Hélas ! il reçoit en retour le ressentiment de l'enfant. Il est rarement aimé, souvent détesté et la relation se détériore progressivement.

La permissivité

On oppose généralement la permissivité à l'autoritarisme. Est permissif celui qui permet ce qui pourrait être interdit ou encore qui ne pose peu ou pas de limites. Cette attitude peut être volontaire et choisie dans le but par exemple de favoriser la créativité de l'enfant. Elle peut être également le reflet d'une **difficulté à s'affirmer et à se faire entendre** par ceux dont on a la charge.

Les atouts de la permissivité

La permissivité favorise l'individu, son affirmation, sa créativité. Elle cherche à préserver la personnalité de l'enfant même si celle-ci s'exprime de façon désordonnée et gênante pour les autres. Elle élargit le champ d'exploration de l'enfant : lorsqu'il touche, regarde, s'exprime, teste, il développe sa vision du monde, sa capacité à réagir à de nouveaux éléments. L'exploration est le **moteur du questionnement, de la dynamique d'apprentissage, de la prise d'initiative**. La vitalité de l'enfant a alors toute la place pour s'exprimer et se développer. C'est pourquoi, devant l'intérêt de laisser une certaine liberté à l'enfant, et face à un autoritarisme susceptible de brimer le développement de l'individu, les éducateurs ont eu le souci de protéger et soutenir cet embryon de personnalité qui se crée dès le plus jeune âge. Cette réaction à l'autoritarisme, par une sorte de mouvement de balancier, s'est parfois exercée de façon extrémiste. En effet, le souci d'éveil de l'enfant et du développement de sa créativité a conduit certains à se méfier de tout cadre ou toute autorité : les contraintes sont suspectes et les restrictions vécues comme des brimades insupportables. L'adulte est au service de l'enfant qui fait ce qu'il veut quand il le veut. L'adulte n'arrive plus à se faire entendre, à protéger son espace, son temps, ses valeurs. Il est, comme on dit familièrement, « bouffé » par l'autre.

Les limites et dangers de la permissivité

Dans un environnement permissif, l'enfant rencontre peu de résistance, et obtient satisfaction de ses besoins sans délai.

Que développe la permissivité chez celui qui la subit ?

- L'enfant n'apprend pas à **gérer ses frustrations**. Ses sensations sont prioritaires et le reste du monde doit se plier à ses désirs. Il ne supporte pas que les choses ni les gens ne lui résistent. Quand c'est le cas, il a l'impression que le monde lui en veut, il entre en colère, il se roule par terre... Il perçoit les règles et les contraintes comme une volonté des autres de lui nuire et refuse de s'y soumettre.

- En voulant éviter à l'enfant épreuves et frustrations, on ne l'aide pas à développer sa capacité à **prendre en compte l'autre**. Souvent, il ne se rend pas compte de ce qu'il fait subir à l'autre, il n'a pas conscience qu'il gêne. Et même cette créativité qu'il a pu épanouir peut se ternir faute de pouvoir s'appuyer sur un cadre qui en définitive stimule l'imagination.

- Le pouvoir que l'enfant a sur les autres de leur imposer son bon vouloir est **insécurisant**. L'enfant se pose en effet les questions suivantes : jusqu'où peut-il aller ? Les adultes ont-ils peur de lui ? Sont-ils indifférents à son égard ? L'enfant n'acquiert pas de repères lui permettant de trouver sa place et donner une place à l'autre.

En conséquence, l'enfant devient comme on le dit parfois un « enfant-roi » qui continue de vouloir soumettre le monde et satisfaire ses désirs ici et maintenant. Malheureusement pour lui, il régnera sur un territoire de plus en plus petit et sera de plus en plus seul. Tous ceux qui auront à cœur de vivre des relations de respect mutuel et de coopération s'éloigneront de ce tyran. Seuls resteront ceux qui accepteront de se soumettre à son bon vouloir.

Les sentiments du permissif

Le permissif, parce qu'il n'arrive pas à se faire entendre éprouve un sentiment d'échec et de ressentiment. Il a l'impression d'écouter et de respecter l'autre et de ne rien obtenir en retour. Ayant du mal à protéger son espace et son temps personnel, il se sent souvent frustré et éprouve du ressentiment envers l'enfant. La relation se détériore et l'adulte cherche à éviter l'enfant ou à le confier à d'autres adultes plus « fermes ».

Autoritarisme ou permissivité : sortir de l'impasse

Le débat entre partisans de l'autoritarisme et défenseurs des droits de l'enfant mérite d'être dépassé. Si l'autoritarisme met à mal la vitalité, détruit la confiance, tue l'initiative et génère une violence réactionnelle, la permissivité ne permet pas à l'enfant de gérer ses frustrations et de se socialiser. L'autoritarisme comme la permissivité détériorent la relation, ressentiment et frustrations s'accumulent et laissent des traces. L'enfant n'a pas envie de ressembler à cet adulte qui s'impose en force, pas plus qu'à celui qui n'arrive pas à s'imposer. L'adulte perd alors de son influence et l'enfant cherche ailleurs des images auxquelles il va pouvoir s'identifier. L'autoritarisme refuse d'entendre le ressenti et le point de vue de celui à qui s'adresse l'ordre d'obéir et de ce fait génère une violence réactionnelle. Quant à la permissivité, elle accepte ce ressenti même si son expression est violente...

Peut-on gérer la violence issue de la frustration sans utiliser soi-même la violence et générer en réaction de la violence ? C'est une des difficultés rencontrées par les travailleurs sociaux ou les enseignants lorsqu'ils sont confrontés à des enfants qui adoptent des comportements violents. S'ils suggèrent aux parents de mettre des limites à leurs enfants, certains parents refusent d'entendre, fuient ou s'opposent violemment à ce qu'ils estiment être une injustice ou une ingérence. D'autres entendent ce qui leur est dit et y répondent en imposant leur autorité... de façon violente. Comment sortir de ce cercle vicieux dans lequel l'ignorance ou l'incapacité de l'adulte génère chez l'enfant rage et violence incontrôlées qui déclenchent à leur tour chez l'adulte une répression violente ou à l'inverse une démission ? Comment aider l'enfant à s'affirmer sans agresser l'autre ? Comment équilibrer, réunir, intégrer cette double perception de soi et de l'autre ? Telles sont les questions auxquelles nous tenterons de répondre pour **construire une autorité qui soit éducative**. L'enjeu est de taille puisque l'autorité que nous exerçons aujourd'hui va influer profondément sur la capacité de chacun à prendre sa place dans la société de demain.

Avant de développer les principes de cette autorité éducative, nous allons identifier les freins qui empêchent les adultes de sortir de l'impasse entre autoritarisme et permissivité.

Synthèse

Parents, enseignants et éducateurs rencontrent des difficultés pour exercer leur autorité parce que la société a encouragé le respect de l'enfant : les adultes n'ont plus le droit d'utiliser des moyens jugés dangereux pour l'intégrité physique ou psychique des enfants. De plus, ces derniers s'affirment plus facilement même en face de représentants de l'autorité. Le rapport de forces s'est modifié.

L'autorité se compose de la Potestas, *pouvoir donné par le statut et de l'*Auctoritas, *ascendant personnel. Une autorité qui s'appuie uniquement sur la Potestas ne suffit plus aujourd'hui parce que les individus acceptent moins de se soumettre inconditionnellement au pouvoir. Chacun a besoin de développer également son Auctoritas, c'est-à-dire sa compétence et sa responsabilité.*

L'autoritarisme génère de l'ordre. En revanche il développe chez l'enfant un conformisme, un respect des règles superficiel, du ressentiment et une violence sournoise. Il peut basculer vers la maltraitance. L'enfant a le choix entre la soumission feinte ou réelle, la fuite et la rébellion. L'adulte se coince dans le rôle du « méchant ».

La permissivité est apparue comme une alternative face aux dégâts de l'autoritarisme. Elle a cherché à préserver la vitalité de l'enfant. Elle est insécurisante, ne permet pas à l'enfant de gérer ses frustrations, de prendre conscience de l'autre et de se socialiser. L'enfant « tyran » se retrouve seul et l'adulte a l'impression d'avoir échoué.

L'autoritarisme comme la permissivité ne permettent ni de canaliser la violence ni de créer des relations de respect mutuel.

Aider l'enfant à s'affirmer sans agresser l'autre tel est l'enjeu de l'autorité éducative.

Chapitre 2

Ce qui freine l'évolution de l'autorité

2

La manière dont une société ou une personne exercent leur autorité reflète les modèles et croyances sous-jacents. L'autorité dépend de l'image que l'on se fait de son rôle et de celui des autres. En prendre conscience permet de s'en libérer, de faire des choix en connaissance de cause et de rendre cohérents actes, émotions et pensées. Cette cohérence est le ciment d'une autorité plus solide. Quels sont les modèles et croyances qui sous-tendent les actes d'autorité ? Sont-ils adaptés, facilitent-ils la tâche des éducateurs ou sont-ils au contraire des fardeaux qui génèrent de la souffrance et gagneraient à être abandonnés ?

Se libérer du modèle reçu dans l'enfance

Enfants, nous avons tous reçu une éducation et subi une autorité de la part de nos parents, enseignants, éducateurs et, de façon plus large, de tous les adultes à qui nous avions affaire : policiers, juges, médecins, politiques, etc. Notre conception de l'autorité s'est construite progressivement au gré de ces rencontres et affrontements. Tel un puzzle élaboré jour après jour, les mots, regards, silences, coups, absences, exigences des adultes ont participé à l'émergence de notre représentation du monde. Les morceaux du puzzle se sont mis en place progressivement induisant pour chacun (adulte/adolescent/enfant, homme/femme, riche/pauvre, Noir/Blanc, etc.) les comportements attendus et appréciés. Ces conceptions fortement ancrées en nous viennent souvent freiner des changements d'attitudes. Un homme politique du sud de la France résumait bien ce décalage en disant « Je suis féministe dans ma tête et macho dans mes tripes ! » En effet, comme nous le verrons, changer n'est pas seulement une histoire de volonté : **les décalages entre nos pensées et nos attitudes sont fréquents**.

La plupart des adultes qui sont aujourd'hui dans un rôle d'autorité ont reçu enfants une éducation fondée sur le pouvoir et le rapport de forces : autoritarisme lorsque l'adulte gagne, permissivité lorsqu'il perd. A l'âge adulte, ils adoptent en général l'une des deux attitudes suivantes : **reproduire l'éducation reçue ou se rebeller**. Ceux qui reproduisent le modèle parental s'approprient les valeurs reçues dans l'enfance sans imaginer qu'ils puissent faire autrement. C'est d'ailleurs ce que met évidence J. Barudy[12] qui travaille auprès de parents maltraitants, lesquels croient « dur comme fer » que frapper leur enfant est la seule façon de l'éduquer. Il leur semble d'ailleurs profondément injuste que l'on puisse les juger et les sanctionner pour cette même attitude qui, ils s'en souviennent, avait été valorisée et justifiée dans leur enfance. Ceux qui se rebellent se sont juré, dès l'enfance, qu'ils ne feront pas subir à leurs enfants ce dont ils ont eux-mêmes souffert. Toute souffrance de leur enfant leur est insupportable tant elle résonne avec la leur. Ils ont si peur de faire violence à l'enfant qu'il leur est très difficile de poser des limites de façon sereine et cohérente. Ces deux attitudes, reproduire ou s'opposer, restent inscrites dans une dépendance inconsciente vis-à-vis des modèles. Pour se donner une chance d'évoluer, il faut poser un regard sur ce que l'on a vécu et prendre conscience des croyances qui restent vivaces et qui nous gênent parce qu'elles sont en discordance avec ce que nous ressentons. S'interroger sur la légitimité de son autorité et la manière dont elle s'exerce constitue un garde-fou efficace face aux dérives de l'autoritarisme, et en particulier face à sa propre violence.

Se libérer de l'influence du patriarcat

Dans l'imaginaire collectif, et plus particulièrement dans notre société occidentale, l'autorité se confond souvent avec le masculin. L'image que l'on associe généralement à l'autorité est masculine : le *pater familias*, seule autorité longtemps reconnue au sein de la famille par le Code civil, le Dominus, celui qui est le maître. Lorsqu'on évoque le terme d'autorité, c'est souvent du père dont on parle et si l'on déplore le manque d'autorité, on évoque l'absence du père et la perte de son pouvoir ! Nous n'entrerons pas dans l'analyse des interprétations possibles de ce lien entre autorité et masculinité car elles dépassent l'objet de ce livre. Il est cependant important de réaliser à quel point nous avons associé ces deux mots : l'autorité à laquelle nous nous référons s'appuie sur **une conception où l'un domine l'autre** : l'autorité de Dieu (ou plutôt de l'Église sur son peuple), l'autorité du Seigneur sur ses paysans ou serfs, du maître sur l'esclave, du mari sur la femme, du père sur ses enfants, du maître sur ses élèves... Domination par la force physique ou un savoir plus important... Le Québécois G. Corneau[13] explique en quoi la

12. J. Barudy, **La douleur invisible de l'enfant, Approche systémique de la violence**, Ed. Eres, 1997.

13. G. Corneau, **N'y a-t-il pas d'amour heureux ?**, Ed. J'ai lu, 1999, p. 32.

vision masculine de l'autorité est prégnante et affecte aussi bien les femmes que les hommes :

> *Le patriarcat n'a pas seulement opprimé les femmes, il a aussi aliéné les hommes d'une large partie d'eux-mêmes en leur proposant un prototype de mâle héroïque et dur, qui ne communique pas avec ce qu'il ressent (...) La masculinité patriarcale se construit sur l'amputation du cœur et du corps. Elle s'établit sur la répression de la sensibilité et la sensualité, et sur le blocage de l'expression spontanée des sentiments. Elle propose comme remède à tous les maux la domination d'une raison abstraite qui impose sa loi à tous les autres registres de l'être. C'est notre participation à ce mythe collectif qui nous éloigne de la vie et de toute possibilité d'intimité avec le monde et les êtres qui nous entourent.*

Les femmes ont plus de difficulté à s'affirmer, se faire entendre, se faire respecter, elles doutent d'elles-mêmes, se font peu confiance, ont l'impression que ce que disent les hommes est plus intéressant, qu'il est « normal » qu'elles s'effacent. Elles font appel à l'homme (réel ou imaginé) lorsqu'elles rencontrent des difficultés d'autorité : « Tu vas voir quand ton père va rentrer », « Si tu continues, je t'envoie chez le directeur », « Dieu voit tout ce que tu fais »... Les hommes, de leur côté, se sont préparés à avoir le pouvoir. Habitués à ne pas parler d'eux, ils maintiennent une distance dans leurs relations qui génère la **crainte**, le **respect** et l'**idéalisation** et leur facilite l'exercice de l'autorité. Ils savent faire taire l'autre mais rarement l'écouter. Ils savent faire régner le silence et l'ordre mais ils en paient le prix : l'intimité leur est interdite. En effet, se montrer tels qu'ils sont, en proie au doute, au questionnement, à la lassitude... risque de les faire descendre de leur piédestal. Ce déséquilibre qui s'est instauré entre l'autorité masculine et féminine coince l'homme et la femme dans des rôles ou chacun se retrouve privé d'une partie de lui-même. J'en donnerai pour exemple le rêve (le cauchemar ?) qu'une enseignante a fait la veille de la rentrée des classes :

> *Je suis dans ma classe et mes élèves n'écoutent pas. Je vais dans le bureau du directeur. Il est en train de discuter avec le maire du village. J'attends puis je les interromps pour dire au directeur qu'il faut qu'il vienne dans ma classe pour expliquer aux élèves ce qu'est l'école parce que visiblement ils n'en connaissent pas les règles de base. Le directeur acquiesce mais, en fait, poursuit sa discussion. Je retourne dans ma classe. C'est une « mama » africaine qui s'occupe des élèves. Elle leur raconte des histoires. Ils sont assis ou allongés par terre. Certains se sont endormis...*

Ce rêve exprime, il me semble, de façon très forte la difficulté que les adultes ont à intégrer la dimension masculine et féminine de l'autorité, l'intégration de la règle et de l'écoute.

Sortir du mythe de l'autorité naturelle

Le modèle parental de l'autorité et le modèle patriarcal qui imprègnent notre société sont, comme nous venons de le voir, deux freins importants au changement. Un troisième frein est le mythe encore très présent de l'autorité naturelle. Cette croyance en une autorité « naturelle » nous empêche d'évoluer. En effet, si l'autorité est une qualité dont on est doté ou non à la naissance, c'est donc qu'elle ne s'acquiert pas, qu'elle ne se travaille pas. Il n'y a rien à faire. « Je n'ai pas d'autorité ! » dit-on dans un soupir... De plus, ceux qui n'ont pas eu la chance d'avoir ce don ont **tendance à s'en cacher**. « Je fais en sorte que personne ne sache que je ne tiens pas ma classe » m'avouait une enseignante. Et ses collègues respectaient ce mensonge qui évitait de nommer le problème et donc de le traiter.

Ce mythe de l'autorité naturelle vient de la confusion entre *Potestas* et *Auctoritas*. L'autorité qui se fonde uniquement sur la Potestas est aujourd'hui bousculée, critiquée, questionnée. Parents, éducateurs, enseignants se sont vu ôter des droits leur permettant de sanctionner et de se faire obéir parce que les moyens employés ont été jugés dangereux pour la santé physique ou psychique de l'enfant. On a encouragé les jeunes à s'exprimer, s'affirmer. On a mis en place des procédés permettant de protéger les enfants en danger dans leur famille, leurs écoles. On a dressé des doigts accusateurs aussi bien contre ceux qui abusent de leur pouvoir qu'envers ceux qui n'arrivent pas à se faire obéir. On juge ces adultes sans comprendre qu'ils sont en prise avec des difficultés liées à l'évolution de la société, une évolution qui va dans le sens du respect de chaque individu. Une partie de l'autorité, la *Potestas,* va de pair avec le statut que l'on a et nous donne à ce titre un pouvoir sur les autres. Cette autorité a moins de moyens qu'auparavant pour s'imposer. L'*Auctoritas* ou ascendant personnel prend donc plus d'importance. Et cette autorité s'acquiert et se développe comme nous le verrons dans la deuxième partie de ce livre.

S'autoriser à remettre en question ceux qui ont le pouvoir

Le statut déclenche donc encore souvent respect et obéissance et dans la majorité des cas, le statut garantit une compétence, en particulier dans les systèmes démocratiques. Il n'est pas rare d'entendre encore des phrases telles que : « Si ton le père le dit, c'est que c'est vrai » ou encore « Si l'enseignant t'a puni, c'est que tu l'avais mérité », « Il est médecin, il sait ce qu'il fait ». Cependant, personne n'est à l'abri d'un enseignant névrosé, d'un parent maltraitant, d'un médecin charlatan ou d'un juge véreux. Que se passe-t-il lorsque quelqu'un qui a du pouvoir fait quelque chose qui semble injuste, dangereux, inacceptable ? La plupart du temps, on se tait par prudence, lâcheté, manque de confiance en soi... En laissant faire, on participe de **l'immobilisme** et de l'**injustice**. Cette attitude de soumission se retrouve dans de nombreuses relations où l'on confère à l'autre une compétence indiscutable de par son statut.

Les adultes qui doivent exercer une autorité sont en difficulté, non seulement auprès des jeunes face à qui l'autorité de contrainte fonctionne moins bien, mais également vis-à-vis de leur propre hiérarchie. Ils se retrouvent entre le marteau et l'enclume. Nombreux sont ceux qui se remettent en question, car ils sont confrontés quotidiennement à **l'inertie d'un système** qui a bien du mal à comprendre le malaise actuel et à y répondre de façon appropriée. Ils perçoivent la nécessité du changement mais il ne sont qu'un maillon dans la chaîne de décision. Il leur faut convaincre, influencer, expliquer, etc. Lorsqu'ils ont au-dessus d'eux une hiérarchie qui refuse de les entendre, ils ont tendance à baisser les bras et déplorer cet état de fait (soumission), à changer de métier (fuite) ou à agresser la personne ou le système de façon tellement maladroite qu'ils perdent vite toute crédibilité. De plus, le système est tellement hiérarchisé qu'il suffit de quelques personnes pour que l'ensemble soit bloqué[14].

Dépasser la raison ou la morale

Pour mettre en œuvre ses principes éducatifs, notre société s'est appuyée principalement sur la raison et la morale. Des citoyens rationnels et moraux, voilà qui devait conduire à une société plus juste, solidaire et humaine. Les faits viennent malheureusement contredire cette hypothèse. Pourquoi l'être humain a-t-il autant de mal à respecter les autres ? Est-ce parce que la morale et la raison ne sont pas assez développées ? Ou à l'inverse parce que l'ap-

14. Un exemple en est celui d'un inspecteur d'académie qui refusait que le mot « contrat » apparaisse dans le règlement de l'école parce qu'il induisait une prise en compte des droits des enseignants mais également des élèves. Cette reconnaissance des élèves lui semblait aller contre le concept d'autorité. Du coup, son objection a freiné pendant des années toute la réflexion et le développement du travail autour de la responsabilisation des élèves.

proche moraliste et rationnelle est réductrice et n'a pas su intégrer les connaissances psychologiques, sociologiques qui ont vu le jour au XXe siècle ?

Qu'apprend-on aux jeunes aujourd'hui pour développer leur capacité à vivre ensemble et à prendre des responsabilités ? Nombre des projets qui ont pour objet de développer la citoyenneté, dans le cadre par exemple de l'école, sont axés sur les savoirs : le fonctionnement des institutions françaises, les droits et devoirs du citoyen, l'histoire de la République... Ces savoirs sont bien évidemment importants. En effet, l'ignorance est une cause évidente de comportements inadéquats et dangereux pour soi, pour les autres, pour l'environnement. Les savoirs nous donnent des repères sur les comportements acceptés dans la société et ceux qui sont réprimés. La connaissance de ces savoirs ne suffit cependant pas à garantir un comportement respectueux des autres : tout automobiliste sait qu'il est interdit de conduire en état d'ivresse, tout mari sait qu'il est interdit de frapper sa femme, tout jeune sait qu'il est risqué d'avoir des rapports sexuels sans préservatifs. Nos conduites sont dictées par un moteur autrement plus puissant que nos seuls savoirs, que notre seule raison. Ces quelques exemples, extraits de groupes de parole de parents ou de collégiens, montrent comment l'individu peut se retrouver surpris et démuni face à sa propre violence.

Sophie (35 ans), mère de Irène (10 ans)
Je me voyais frapper ma fille. Je voulais arrêter mais ma colère était telle que mon bras continuait de frapper sans que je puisse m'arrêter. Je ne voulais pas la frapper et pourtant je la frappais.

Pierre (40 ans)
Je suis sorti de ma voiture comme un fou. Si j'avais eu un fusil, je l'aurais tué. Ce n'était plus un être humain que j'avais en face de moi, c'était quelqu'un qui avait failli nous tuer ma femme et moi.

Lucas (13 ans)
Tous les jours, Mario se moquait de moi avec sa bande. Mes parents m'avaient dit qu'en faisant semblant de les ignorer, ça passerait. Mais un jour, il a dit un mot de trop. Ça m'a soulagé de le frapper même si je me suis pris des coups aussi. Mais j'ai eu peur, pas de lui, non, de la haine que j'avais en moi. Si le prof était pas intervenu, je crois que je l'aurais tué.

Etienne (32 ans)
Mon père m'avait toujours dit de ne faire confiance qu'au raisonnement, à la logique car cela peut être vérifié alors que les perceptions sont subjectives. Ne pas prendre en compte ce que l'on ressent, voilà ce qu'il fallait faire ! Et aujourd'hui, je ne ressens mes émotions que quand elles sont énormes et que je n'arrive pas à les contenir.

Martin (18 ans)
J'avais envie d'elle. Elle voulait pas. J'ai insisté. Elle s'est énervée. Je l'ai insultée et frappée.

Au cœur de l'action, des émotions viennent nous surprendre et prendre les commandes à notre insu.

Les limites de l'approche morale

Pour essayer d'endiguer les problèmes d'incivilités, les cours de morale refont leur apparition à l'école primaire. « Science du bien et du mal, ensemble des règles de conduite considérées comme valables de façon absolue », le retour de la morale peut surprendre à l'école publique. Cette croyance que la violence diminuera par des cours de morale démontre, en tout cas, une méconnaissance grave du fonctionnement psychologique de l'individu en groupe. La majorité des enfants savent que ce n'est pas bien d'être violent. Ils savent qu'il faut partager, aider les autres, ne pas mentir, ne pas voler, ne pas tuer, respecter les autres... Ils savent ce qui est interdit et permis. Mais la morale subit le même sort que la raison : elle ne pèse pas lourd lorsque les émotions submergent et emportent l'individu. La force, qui nous pousse à frapper, insulter, tuer, casser, fait exploser en quelques secondes les bribes de morale qui auront été dispensées dans un cours. Il ne suffit pas de **vouloir** être gentil avec les autres, calme ou attentif pour l'être, il est nécessaire de se **connaître** et de **prendre suffisamment soin de soi pour utiliser judicieusement sa vitalité et canaliser son énergie**. Comme nous le rappelle A. Miller, « ces familles où, sous couvert de morale et d'éthique, la répulsion pour la violence empêche toute manifestation d'agressivité et de colère, préparent le nid à de terribles explosions de violence[15] ». Si la morale ne suffit pas pour respecter autrui, qu'en est-il de la raison ?

Les limites de l'approche rationnelle

L'approche rationnelle a voulu s'affranchir du corps, témoignage quotidien de notre appartenance au monde animal, et s'est focalisée sur ce qui fait la spécificité de l'espèce humaine. En voulant élever l'être humain et en faire uniquement un être d'esprit, elle l'a coupé de son enveloppe terrestre et donc de ses états intérieurs. L'être rationnel a appris à **cacher ses émotions et taire ses sensations**, jusqu'à n'en plus éprouver. Il analyse, décompose, rai-

15. A. Miller, *Op. cit.*

sonne et décide de façon logique indépendamment de ce qu'il peut ressentir. Car, se dit-il, « ce corps peut me trahir, mes sensations me troublent et me font perdre la tête, mes émotions me font agir de façon insensée. » Il décide alors de soumettre ce corps si peu fiable à l'esprit.

Cette démarche purement rationnelle fait perdre le contact avec « les raisons du cœur que la raison ne connaît pas », comme le disait Pascal. En oubliant sa voix intérieure, l'être humain perd l'équilibre, il se sent coupé de ses racines, il ne sait plus ce qui est bon pour lui et ce qui ne l'est pas. A force de répondre à ce qui lui semble être la volonté des autres, il ne sait plus qui il est, ce qu'il désire et il lui devient de plus en plus difficile de prendre soin de lui-même. Le corps se défend comme il peut et envoie des signaux maladroits pour demander de l'aide : maladies, renfermement, inhibitions, dépressions... Cette souffrance est souvent le déclencheur d'un travail thérapeutique qui permettra de **renouer avec les sensations et sentiments** niés par une éducation qui demandait au corps de se soumettre à la raison. Elle permettent de réentendre ces états intérieurs qui sont des appuis précieux pour construire sa personnalité. Non seulement cette négation du corps fait souffrir mais elle restreint également de façon drastique les capacités du cerveau. La logique, le démontrable, le raisonnable sont privilégiés au détriment de l'expérience émotionnelle.

A. Damasio[16], chercheur en neurologie, décrit ainsi le lien entre le corps, les émotions et les actes :

> *Lorsqu'un individu doit prendre une décision face à un événement nouveau, il ne fait pas une analyse purement rationnelle. Il est aussi aidé par le souvenir qu'il a de choix antérieurs et de leurs conséquences. Et ces souvenirs contiennent des composantes affectives, émotionnelles de l'événement passé. Si le souvenir rappelle une conséquence négative, il va fonctionner comme un marqueur, un signal dont on n'est pas nécessairement conscient mais qui nous met en garde. Le cerveau va réveiller ce que l'événement émotionnel avait provoqué dans le corps, ainsi que le sentiment ressenti, et cela oriente la prise de décision (...). Pour prendre de bonnes décisions, la personne a besoin à la fois de logique, de connaissances et de son expérience émotionnelle passée.*

La raison et l'abstraction permettent d'appréhender le monde. La science cherche à trouver des règles généralisables. Elle tente de contrôler ce qui peut parasiter l'observation et créer des biais. Cette approche a un sens et une utilité pour observer les systèmes extérieurs à l'être humain. Elle est en revanche inadéquate pour comprendre l'autre, soi-même et les relations dans lesquelles on est impliqué.

---

16. A. Damasio, « Les émotions, source de la conscience », **Sciences humaines**, Août-septembre 2001, p. 45.

Prenons quelques exemples :

- Les enseignants évaluent les résultats des élèves. Rares sont ceux qui évaluent également leur enseignement, leur pédagogie, leur façon d'être et d'enseigner qui a nécessairement un impact sur ce que les élèves apprennent.

- Les parents regardent leurs enfants et en tirent des observations et des jugements : « Il n'écoute rien, elle pleure tout le temps, il est violent... » Ils cherchent à modifier le comportement de l'enfant sans réaliser que certaines de leurs attitudes sont à l'origine de ces comportements.

- Quant aux éducateurs, ils perçoivent dans les enfants dont ils ont la charge le côté pathologique. Souvent, ils contrôlent leurs attitudes pour éviter de réveiller des blessures ou de renforcer une pathologie. Cette attitude de retrait est souvent ressentie par l'enfant comme un refus d'entrer en relation et déclenche alors de la violence en retour.

Il est donc vain, en particulier lorsque l'on travaille avec des êtres humains de vouloir s'extraire du système pour agir. Plus encore, cette volonté de vouloir enseigner, éduquer, soigner, en se situant à l'extérieur de la problématique paralyse la relation et limite l'efficacité des évolutions possibles. C'est un des apports fondamentaux de **l'approche systémique** : prendre conscience que **l'attitude de l'adulte et le cadre** dans lequel s'inscrit la relation **influencent** de façon considérable **le comportement de l'enfant**.

L'analyse systémique étudie le monde comme un système, c'est-à-dire un ensemble d'éléments en interaction. Ce système est régi par les règles suivantes :

- tout changement survenant chez un membre du système se répercute par des changements dans le système tout entier,

- les mêmes conséquences peuvent avoir des origines différentes, parce qu'elles sont influencées par l'état du système,

- l'interaction entre les éléments du système se fait selon le principe de causalité circulaire, dans un jeu de rétroactions constantes, qui ne permettent pas d'identifier, de manière univoque et exclusive, la cause à l'origine du dysfonctionnement,

- chaque élément contribue au maintien de l'équilibre du système entier.

Nous allons chercher à comprendre les mécanismes de la violence dans cette optique systémique. La violence prend naissance non pas au sein d'un individu isolé du reste du monde mais dans un cadre relationnel dont l'adulte fait partie.

Synthèse

Nombreux sont les freins à l'autorité que peut développer chaque adulte : la représentation inconsciente qu'il a intégrée de l'autorité dans son enfance, l'association entre autorité et masculin, autorité et domination, la croyance en une autorité naturelle et enfin le respect inconditionnel de ceux qui ont le pouvoir.

Pour développer son autorité, l'adulte doit prendre conscience de ses représentations, développer confiance et estime de soi et enfin user de son esprit critique pour dissocier autorité et abus de pouvoir.

L'approche rationnelle s'est attelée à instruire pour former des adultes raisonnables. Elle n'a pas intégré la dimension systémique et relationnelle des comportements.

L'approche morale s'est préoccupée de donner des repères pour différencier le bien du mal. Elle s'est basée sur la volonté uniquement sans prendre en compte les émotions, moteur essentiel des comportements.

Chapitre 3

Les mécanismes de la violence

3

Endiguer les comportements violents à l'école, en famille, dans les institutions, est une préoccupation majeure des pays démocratiques qui ont pris récemment conscience des dégâts de la violence sur l'individu et sur la société. Pour mettre en œuvre une démarche susceptible d'aboutir, nous allons étudier de plus près la nature et les mécanismes lié à la violence. Comprendre le lien entre vitalité et violence est essentiel pour mettre en place une autorité qui aide l'enfant à canaliser sa vitalité mais également l'adulte à gérer sa propre violence.

Qu'est-ce que la violence ?

Issu du latin *violentia,* la violence signifie « abus de la force ». Un phénomène est violent s'il s'exerce avec impétuosité et sans retenue contre ce qui lui fait obstacle, s'il passe outre les résistances, endommage, blesse, détruit, tue.

Pour tenter de comprendre la violence humaine, observons les éléments naturels : violence de l'ouragan, de la tornade, du tremblement de terre, du feu de forêt, violence de l'eau qui dévale, de l'inondation, du torrent de boue... Depuis la nuit des temps, les êtres humains n'ont eu de cesse de se protéger contre la violence des éléments naturels. Pourtant ces éléments sont d'abord nourriciers : l'eau, la terre, l'air comme le feu fournissent l'environnement nécessaire au développement de la vie, ils permettent de respirer, de manger, de boire, de se chauffer et de produire de l'énergie, purifier... C'est au delà d'un certain seuil qu'ils deviennent destructeurs : leur force devient telle qu'ils dépassent la capacité des humains à la maîtriser, à la gérer, à la canaliser. Pourtant ce sont bien les mêmes éléments, la même énergie qui dans un cas apportent la vie et dans l'autre conduisent à la destruction et à la mort. Cette violence des éléments naturels donne une image pour mieux comprendre le mécanisme des violences humaines : l'être humain possède une vitalité qui le conduit à se battre pour rester en vie, se reproduire, se défendre. Cette **combativité** est essentielle **pour se développer**. Lorsque cette énergie est trop longtemps refoulée ou n'est pas maîtrisée, elle se transforme en violence et conduit à la destruction morale ou physique de l'autre. **Vitalité et violence sont de même nature. La violence est une démesure de la vitalité**. B. Cyrulnik[17] nous donne des éléments qui vont dans le même sens : « Quand une forte énergie n'est pas utilisée, elle se transforme en violence qui explose à la moindre occasion. Ceux dont la structure familiale ou sociale a été brisée peuvent devenir créateurs si on leur donne un lieu de parole, autant qu'ils peuvent devenir délinquants quand leur énergie ne trouve aucun lieu d'expression. »

La mesure de la violence

Quand peut-on dire qu'un acte devient violent ? Certains actes sont-ils plus violents que d'autres ? Peut-on établir une mesure objective de la violence des actes ? En fonction de quels critères ? Autant de questions auxquelles il est important de répondre pour mieux cerner la violence.

Comme nous venons de le voir, un phénomène devient violent s'il dépasse un certain seuil et continue de s'exercer malgré la résistance de celui qui le subit. Si l'on arrive à mesurer cette violence sur une échelle, il devient alors possible de **classer les événements** de façon graduée. Reprenons l'analogie avec les éléments naturels : la mesure de la force des éléments naturels s'est d'abord effectuée à partir des conséquences visibles sur l'environnement. C'est le cas, par exemple, de l'échelle de Beaufort qui décrit la force du vent à partir d'indices tels que les moutons sur la mer ou la hauteur des vagues. Par la suite, c'est l'origine de la force que l'on a pu mesurer, à savoir la vitesse du vent. Deux facteurs sont donc pris en compte : la force de l'élément si l'on peut la mesurer et les conséquences visibles causées par l'élément.

Lorsque l'être humain est à l'origine de violences, quels sont les paramètres qui nous permettent de mesurer cette violence ? Comme pour les éléments naturels, l'on s'appuie sur les **conséquences visibles** : destructions, blessures, mort... Sont pris également en compte l'état d'esprit de l'agresseur (préméditation ou non, intention de tuer, légitime défense...), les moyens utilisés (utilisation ou non d'armes, effraction simple, effraction avec violence...) et les caractéristiques de la victime (âge, sexe). Un acte sera considéré comme d'autant plus violent que la victime est plus vulnérable. Ces mesures objectives permettent d'**évaluer**, de **comparer**, d'**anticiper**. Elles

17. B. Cyrulnik, **Ce merveilleux malheur**, 1996, Ed. O. Jacob.

nous renseignent sur l'événement en lui-même. Elles donnent des repères utiles dans le cadre de l'application de la loi ou d'un règlement : certains actes sont plus graves que d'autres. Cependant ces mesures ne nous disent rien sur la manière dont les acteurs et les témoins ont vécu cette violence et sur ce qu'ils en retiendront. **Si l'on veut traiter la violence et non seulement la juger, il est nécessaire de prendre en compte la perception de la violence**.

La perception de la violence

En quoi la perception de la violence est-elle subjective ? Lorsque l'on interroge les adultes et les enfants sur les comportements qu'ils considèrent comme violents à l'école ou en famille, les réponses diffèrent sensiblement : les adultes évoquent volontiers les insultes, coups, bousculades, retards... en bref tous ces comportements où ils ont la sensation de ne pas être respectés. Les enfants et adolescents parlent des violences entre eux, mais également des jugements des adultes à leur égard. Ils ont le sentiment d'être peu entendus et peu respectés...

Lorsque l'on évoque la violence, c'est surtout celle de l'autre dont on parle : l'être humain est sensible à toute **intrusion sur son territoire**. En revanche, il n'a pas toujours conscience d'entrer sur le territoire de l'autre et lorsqu'il en a conscience, il justifie assez volontiers son acte comme nécessaire ou légitime !

Ces observations suscitent plusieurs remarques :

- Il est fréquent qu'un acte ou une parole soient perçus comme violents par celui qui les subit sans même que l'acteur n'ait conscience d'avoir blessé. Lorsque la victime dit à l'auteur qu'elle a été blessée, parfois ce dernier ne se souvient même pas de ce qu'il a fait ou dit.

- Un même acte peut blesser profondément une personne et laisser son voisin indifférent. Dans une fratrie, des conflits parentaux forts ou un divorce peuvent avoir des conséquences fortes sur un enfant et affecter moins un autre.

- Un acte classifié comme peu violent mais qui est répété peut engendrer de la tension et de l'appréhension. C'est le cas, par exemple, du harcèlement moral où la répétition d'actes « anodins » est particulièrement destructrice.

- La menace d'actes violents est souvent aussi déstabilisante que l'acte lui-même. Certains regards, sourires, gestes menaçants sont effrayants même si l'auteur affirme ne faire que s'amuser.

La violence est donc aussi affaire de **subjectivité** : ce qui nous dit l'autre, la manière dont il se comporte, le regard qu'il porte sur nous nous atteint plus ou moins. Age, contexte, passé, peurs... sont autant de caractéristiques qui font de la perception du monde et de la violence en particulier une affaire très personnelle. Prendre en compte cette dimension subjective de la violence est difficile : la souffrance qu'elle procure à la victime est souvent intérieure et cachée. De ce fait, elle n'est pas entendue, pas prise en compte, pas traitée. Enfouie au fond de l'être, elle s'exprime un jour sous des formes diverses : violences à autrui, violence sur soi-même, maladies physiques ou psychiques... C'est seulement à ce moment qu'elle est prise en compte et traitée. Le traitement de la violence nécessite de **prendre en compte ce qu'ont ressenti les personnes**, la façon dont elles ont vécu les situations et non pas seulement une description objective et mesurable de la situation. Prendre en compte à temps la souffrance générée par la violence pour éviter qu'elle ne se transforme à son tour en violence est le deuxième enjeu de l'autorité éducative.

Les causes des comportements violents

La compréhension des mécanismes des phénomènes naturels permet de mieux s'en protéger, d'anticiper leurs effets et d'en canaliser la force. De même, si l'on appréhende plus précisément ce qui déclenche chez l'être humain la violence, il deviendra plus facile d'y répondre de façon appropriée. On peut distinguer *trois types de violences* en fonction de leur origine : la violence née de l'émotion, la violence légitimée par le pouvoir et la violence en réaction à la violence.

La violence issue de l'émotion

Le nourrisson qui s'époumone de faim, l'enfant qui se roule par terre en hurlant parce qu'on lui refuse le jouet convoité, celui qui frappe son copain qui ne veut pas lui rendre son vélo... Les exemples ne manquent pas chez les enfants (mais également chez les adultes !) qui perdent tout à coup le contrôle d'eux-mêmes parce qu'une émotion non maîtrisée (colère, jalousie, peur, frustration...) émerge avec force et sans retenue, balayant tout sur son passage et faisant fi de l'autre et de l'environnement. N'existe plus que cette vague émotionnelle qui submerge, prend le contrôle du corps et laisse l'esprit pantois et démuni. L'auteur de cette violence n'a en général pas l'intention de nuire. Il a même parfois l'impression d'être en état de légitime défense, il lui arrive de s'excuser après coup de s'être laissé emporter, d'avoir dit ou fait des choses qui allaient au-delà de sa volonté, de sa pensée[18]. L'émotion émerge avec une telle puissance qu'elle fait perdre à son auteur toute compassion ou humanité et occulte l'autre en tant que personne humaine : la violence est une force destructrice qui déshumanise autant son auteur que sa victime.

La violence qui accompagne le pouvoir

Une des missions du pouvoir et de l'autorité consiste à freiner les comportements violents qui nient l'autre et mettent en danger les individus et la société elle-même. Pour cela, les sociétés ont élaboré une morale et se sont appuyées sur des fondements religieux ou philosophiques. Elles ont établi des règles et des lois précisant les comportements acceptés dans la société et ceux qui en sont bannis. Elles ont sanctionné les comportements interdits. Elles n'ont pas hésité à user de violence, une violence légitimée, une violence justifiée par ses objectifs, une violence qui pouvait aller jusqu'à ôter la vie à celui qui avait enfreint la loi. Ceux qui appliquent la loi n'ont pas la sensation de faire violence à l'autre. Ils ont autorité parce qu'ils ont été désignés par la société comme représentants de cette loi et donc garants de son application. « L'Etat a le monopole de la violence » constate N. Elias[19]. Parents, enseignants, juges, policiers, etc. ont mission d'éduquer, de contraindre l'autre à changer son comportement par respect pour les autres, pour la survie du groupe ou pour l'intérêt supposé de l'individu lui-même.

La violence réactionnelle

Accepter les règles qui garantissent le respect de chacun est, comme nous allons le voir dans le chapitre suivant, un réel travail de maturation. Les règles sont, de fait, contraignantes même si elles sont justes. Elle sont susceptibles

18. Pour la justice, cette perte de contrôle de l'esprit due à une émotion forte peut d'ailleurs être considérée comme circonstance atténuante.

19. N. Elias, **La dynamique de l'Occident**, Ed. Presses Pocket, 1975.

de déclencher des réactions violentes nées de la frustration qu'elles engendrent. Un travail éducatif approprié permet de désamorcer la violence réactionnelle et d'encourager l'acceptation des règles inhérentes à la vie en société. En revanche, l'application de lois injustes ou l'exercice d'un pouvoir s'appuyant uniquement sur un rapport de forces en sa faveur, provoque une réaction violente par laquelle l'opprimé tente de se libérer du joug qui pèse sur lui[20]. Cette violence est, comme nous l'avons vu dans le chapitre sur l'autoritarisme, une rébellion face à un abus de pouvoir. Pour la désamorcer, le pouvoir en place devra être capable d'**entendre la souffrance et le sentiment d'injustice** qui en sont les moteurs et de faire évoluer les règles en conséquence.

Le lien entre ces trois formes de violence

Les différences et le lien entre ces trois violences permettent de faire émerger les difficultés inhérentes à l'exercice de l'autorité. Pour bien saisir le lien entre ces violences, prenons *deux exemples* : un premier exemple où l'adulte subit la loi, un deuxième où il l'exerce.

	Exemple 1 : Sur la route L'adule subit la loi	Exemple 2 : Au collège L'adulte exerce la loi
Situation	Vous venez de brûler un feu rouge et vous vous faites arrêter.	Vous interpellez une élève de 6e qui arrive en retard en cours.
L'autorité fait appliquer la règle	Le policier vous retire votre permis de conduire	Vous lui donnez un avertissement
Cette règle génère de la frustration et de la colère	Vous êtes persuadé que le feu était orange et en plus, vous risquez de rater votre train...	L'élève dit s'être fait voler son scooter et trouve votre réaction profondément injuste.
La colère monte : violence émotionnelle	Vous insultez le policier !	L'élève s'énerve et vous menace !
1re variante : Abus de pouvoir	Il vous emmène au poste et vous passe à tabac.	Vous excluez l'élève de l'école !
2e variante : Permissivité	Le policier vous rend votre permis.	Vous annulez l'avertissement.

20. J.M. Muller, **Lexique de la non-violence**, IRNC/Alternatives Non-violentes n° 68, 1988.

3e variante : Réaffirmation de la règle avec recherche de solution	Le policier vous écoute mais maintient la sanction. Il vous rappelle la règle et vous explique les recours possibles.	Vous écoutez le point de vue de l'élève mais maintenez la sanction. Vous lui suggérez d'apporter la preuve du vol pour que cette sanction puisse être modifiée à la prochaine réunion portant sur les sanctions.

La réaction du représentant de l'autorité face à la violence de celui qui subit la règle joue un rôle important. Elle apaise ou exacerbe cette violence générée par la frustration, elle facilite ou non la compréhension et l'acceptation de cette règle, elle autorise ou non un désaccord, une critique susceptible de modifier la sanction ou de faire évoluer la loi. Cette compréhension des mécanismes de la violence permet de **clarifier les enjeux de l'autorité éducative** :

- Préserver la vitalité de l'enfant tout en freinant les comportements violents qui nuisent à autrui,
- Se porter garant des droits de chacun sans user soi-même de violence,
- Entendre et gérer la souffrance générée par la violence perçue sans pour autant lâcher prise.

Synthèse

Vitalité et violence sont de même nature.

Le mesures objectives des actes violents permettent d'en évaluer la gravité et donnent des repères utiles pour sanctionner. Si l'on veut gérer la violence et non seulement la contenir, il est nécessaire de prendre en compte la **dimension subjective** de la violence.

Lorsque quelqu'un parle de violence, il évoque en général la violence qu'il subit. Il a, en revanche, moins conscience de ce qui est perçu comme violent par les autres.

Trois facteurs sont susceptibles de déclencher la violence : la frustration, la volonté de contraindre l'autre grâce au pouvoir, le refus de se laisser contraindre.

L'autorité éducative cherche à préserver la vitalité tout en limitant ses débordements incontrôlés, entendre la souffrance générée par la violence avant qu'elle ne se transforme à son tour en violence et éviter d'utiliser soi-même la violence.

Chapitre 4

Vers une autorité éducative

L'autorité éducative vise à sortir de l'impasse entre autoritarisme et permissivité. Elle cherche non seulement à désamorcer la violence dans les relations mais a également l'ambition de former un citoyen éclairé, libre, responsable et soucieux d'humanité.

Les objectifs de l'autorité éducative

Qu'entend-on par citoyen ? Le mot « citoyen » vient du latin, civis, « qui jouit des droits propres aux membres d'une cité ou d'un Etat ». Son sens premier est le suivant : *Individu habitant une cité et jouissant du droit de cité, c'est-à-dire des privilèges reconnus à ses habitants. S'est ajoutée à la notion de droits, celle de devoirs du citoyen : « Individu jouissant des droits politiques et soumis à des obligations définies envers la nation et l'État. »*

La citoyenneté se réfère à l'individu en tant qu'être social vivant en relation avec d'autres. Robinson Crusoë, seul sur son île, ne s'est sans doute guère préoccupé de citoyenneté ! L'existence de citoyens, suppose celle d'un groupe de personnes interdépendantes, ayant en commun des règles de société plus ou moins explicites. La citoyenneté définit les **droits et devoirs** des membres d'un groupe.

Un citoyen respectueux

La première attitude que la société attend de chaque citoyen est le respect des règles qui ont été élaborées dans le souci de défendre et protéger chacun dans ses droits fondamentaux. Respecter les autres nécessite de connaître et reconnaître que :

- **autrui a les mêmes droits que soi-même** : « Si j'accepte de me taire pendant que l'autre parle, c'est parce que j'accepte que l'autre puisse parler comme moi j'ai le droit de parler. »

- **certains statuts donnent des droits spécifiques** : le policier peut arrêter quelqu'un ou lui demander ses papiers, l'enseignant peut sanctionner un élève qui perturbe le fonctionnement d'un cours, le parent peut mettre son enfant en pension....

En acceptant d'obéir aux règles du groupe, on évite de nuire à autrui. Tel est le premier degré de la citoyenneté qu'on appellera la *citoyenneté passive*. Parce que le concept de citoyenneté a pris corps dans une société fondée sur la domination, on l'a souvent réduit à cette citoyenneté passive qui se résume à l'**obéissance** et au **respect de l'ordre établi**. C'est d'ailleurs ce manque de respect qui est évoqué lorsque des jeunes font usage de la violence dans les écoles ou les cités et s'attaquent ostensiblement aux représentants ou symboles de l'autorité. Or si l'acceptation de la loi est un facteur essentiel, elle n'est pas suffisante. En ne développant que le respect et l'obéissance aux règles, la société génère non pas des êtres libres et responsables mais des **citoyens dénués d'esprit critique** et **facilement manipulables**. Ceux qui ont le pouvoir peuvent alors s'appuyer sur le manque de discernement des citoyens pour décider à leur place de ce qui est bon pour eux et de ce qui ne l'est pas. Le risque est important comme nous l'a malheureusement confirmé le XXe siècle. Le respect des lois sans esprit critique peut conduire à la soumission inconditionnelle à l'autorité et cautionner l'impensable : propager des idées de haine terrifiantes et mettre en œuvre des mécanismes qui ont conduit à la mort des millions d'enfants, de femmes et d'hommes. Adolf Eichman est le prototype de cette attitude : son comportement exemplaire, respectueux des ordres et de l'ordre, sa conscience professionnelle en ont fait un citoyen modèle et efficace qui a permis l'acheminement vers les camps et l'extermination de plusieurs centaines de milliers d'êtres humains.

Pour que ce respect de la loi commune ne soit pas confondu avec la soumission, il faut que le citoyen puisse se faire sa propre opinion et la confronter aux points de vue des autres. Si le respect des règles est ce que l'on attend du citoyen passif, le développement d'une pensée personnelle et de la solidarité font du citoyen un être qui au-delà de ses devoirs et de ses droits, se sent concerné par les choix de société, participe au débat démocratique, affirme ses choix et ses valeurs en respectant celles des autres, et s'engage lorsque la liberté de chacun et l'égalité des droits ne sont pas respectées.

Un citoyen qui pense par lui-même

L'autorité éducative cherche à développer chez chaque enfant sa **compréhension du monde et de lui-même** et l'aide à prendre place dans la société. L'acquisition de savoirs et de savoir-faire est bien sûr essentielle : la haine et l'obscurantisme prennent leurs racines dans l'ignorance. Les enseignements scolaires donnent aux enfants les éléments leur permettant d'appréhender le monde dans toutes ses dimensions, philosophique, technologique, scientifique, artistique et technique. Ils les encouragent à remettre en question leurs croyances et à les soumettre à l'épreuve des faits, de l'observation expérimentale, de la démonstration. Ils les invitent à argumenter et à mettre à jour leur modèle du monde lorsque cela est nécessaire.

Cependant, cette capacité à apprendre, à se remettre en question, à prendre en compte le point de vue d'un autre est insécurisante, comme nous l'explique A. Giordan[21], parce qu'elle nécessite de « lâcher » une conception ancienne qui servait de pierre, voire de pilier à l'édifice que l'on s'était construit. L'autorité éducative prend en compte la **dimension affective et relationnelle** de l'apprentissage. Elle incite l'enfant à mettre en cohérence ses sensations, sentiments, pensées et actes. Elle lui permet de faire coopérer son esprit et son corps de manière à prendre en compte l'ensemble des « signaux » qui l'aident à se faire sa propre idée. S'entremêlent au fond de chacun des convictions (que l'on croit parfois totalement rationnelles et évidentes), des souvenirs, émotions et peurs qui résistent férocement à tout changement de point de vue. Pour remettre en question ces croyances, l'argumentation et l'approche rationnelle basées sur des faits réels et prouvés sont parfois inopérantes. En revanche, une discussion où chacun exprime son point de vue et écoute celui de l'autre permet à chacun d'exprimer de façon très subjective sa vision des choses. J'en donnerai pour exemple l'attitude d'enfants qui se retrouvent confrontés à des problème de violence et qui ont la conviction que dans un conflit, si l'on veut s'en sortir, il faut en passer par la violence. Des explications rationnelles sur les dangers et les risques réussissent parfois à les culpabiliser ou à leur faire peur mais modifient rarement leur perception et leur comportement. En revanche, dans le cadre de groupes de parole, certains évoluent lorsqu'ils entendent d'autres exprimer leur expérience de la violence en tant que victime ou agresseur.

Cette double capacité à exprimer son point de vue et à écouter celui de l'autre est un garde-fou qui permet de se protéger du dogme ou de l'erreur érigée en système. Elle est le fondement du débat démocratique parce qu'elle permet à chacun d'exprimer son point de vue et d'être entendu. Ces rencontres et confrontations permettent également de mieux comprendre l'autre, le respecter et l'aider lorsqu'il est en difficulté ; en bref, de devenir solidaire.

---

21. A. Giordan, **Apprendre**, Ed. Belin, 1998.

Un citoyen solidaire

Respecter les règles, élaborer sa pensée et la confronter avec celle des autres sont les deux premiers piliers de cette citoyenneté. Quel est le *troisième pilier* ? Que manque-t-il à ce citoyen pour participer à l'élaboration d'une société plus juste et plus humaine ? La conscience d'appartenir à l'humanité, d'être un élément d'un ensemble qui englobe tous les êtres vivants. De cette conscience découle la capacité à soutenir ceux qui sont en difficulté, la solidarité.

Sont solidaires des éléments qui dépendent l'un de l'autre, fonctionnent ensemble dans une action, un processus. Est solidaire celui qui perçoit qu'il fait partie de l'humanité, qu'il existe en tant qu'être relié au reste du monde, aux êtres vivants, à ceux qui nous ont précédés et à ceux qui nous suivront. Ce que nous sommes, ce que nous faisons a un impact sur les autres, ce que les autres sont ou ce qu'ils font nous touche également. Nous sommes imprégnés de la culture, des croyances, des peurs de nos ancêtres et nos choix actuels ont des conséquences sur la société dans laquelle vivront nos enfants et petits-enfants. De cette conscience naît la force et le courage de s'opposer aux lois injustes, de dire « non » aux atteintes aux droits élémentaires des personnes, les miens et ceux des autres. Lorsque l'on se bat pour que les droits des autres soient respectés, on le fait parce que l'on a pris conscience de ses propres droits. Nous le faisons pour l'autre et pour nous-même. Peu importe que l'autre n'ait pas le même sexe, la même couleur de peau, la même religion, la solidarité pousse à se battre pour que chaque être humain, y compris soi-même, soit respecté. « Je me battrai pour que tu puisses dire ce que tu penses même si je ne suis pas d'accord avec ce que tu penses, pour que tes droits soient respectés même s'ils limitent les miens. » Ainsi pourrait-on définir la solidarité.

Pour trouver en soi les forces qui permettent de s'engager auprès des autres, il faut donc avoir du **respect, de l'estime et de l'amour envers soi-même**[22]. Cette nouvelle approche de la citoyenneté s'inscrit dans le mouvement qui s'amorce actuellement pour passer d'une **démocratie représentative à une démocratie participative** où chacun est invité à s'informer, comprendre, se positionner et s'engager. Cette mobilisation large est un garde-fou intéressant face aux dérives du pouvoir et de l'autoritarisme. Elle nécessite de faire

22. Le combat de José Bové et de la Confédération paysanne est une illustration intéressante de cette solidarité citoyenne. Il est né d'une sensation d'injustice face à des règles devant lesquelles aucun recours n'était possible. La première lutte a consisté donc à défendre les intérêts économiques d'un groupe assez petit (les producteurs de Roquefort). Cette lutte a permis à d'autres de prendre conscience que leurs droits étaient également bafoués et de cette conscience est née une solidarité qui s'élargit et a trouvé un écho important auprès de tous ceux préoccupés d'humanité et de justice.

évoluer les mentalités, en particulier via l'éducation et la formation, de manière à ce que chaque citoyen développe les ressources nécessaires à sa participation. Elle nécessite également de modifier le système sur lequel prend appui le pouvoir afin d'en faciliter les évolutions.

L'autorité éducative entend donc non seulement prévenir la violence mais développer les qualités constitutives du citoyen : le respect de soi et des autres, une pensée personnelle qui accepte la confrontation et participe au débat démocratique, la solidarité et l'engagement. Le citoyen est donc libre et responsable. Défini ainsi, il ressemble étrangement à celui qui a émergé au siècle des lumières. La volonté de donner naissance à ce citoyen libre, responsable et solidaire n'est donc pas « révolutionnaire » et fait en général le consensus auprès de ceux qui sont soucieux de démocratie, de liberté et de justice. En revanche, l'évolution réside dans **les connaissances acquises** depuis cette époque **sur le développement et le fonctionnement de l'être humain** : la psychologie sociale, la psychologie du développement de l'enfant, la psychanalyse, la psychosociologie, l'éthologie nous donnent des atouts essentiels pour mieux comprendre le développement intellectuel, affectif, relationnel et comportemental de l'être humain. Socialiser l'enfant ne consiste plus à brider la bête sauvage et effrayante qui se tapit au fond de lui et surgit de façon violente et imprévisible. L'adulte, grâce aux connaissances qu'il peut acquérir sur le développement de l'enfant, va pouvoir mieux l'aider à canaliser sa vitalité, à s'affirmer sans agresser, à créer des relations fondées sur le respect mutuel et la solidarité.

Le processus de socialisation

L'être humain est un être de relation dès sa conception. Les relations qui se mettent en place entre lui et son entourage influencent son développement. Réciproquement, les compétences intellectuelles ou relationnelles qu'il a ou non développées jouent sur la qualité des relations qu'il crée avec d'autres. La socialisation est un processus par lequel l'enfant développe sa capacité à **s'affirmer sans agresser l'autre**, à le reconnaître comme un être humain aussi respectable que lui-même et à développer des relations de respect mutuel avec les autres, L'enfant possède des **ressources** précieuses pour faciliter ce processus de socialisation et canaliser sa vitalité : la capacité à émouvoir, la conscience de soi et de l'autre, la capacité à parler de soi et de l'autre et enfin la capacité à faire et penser par lui-même.

La capacité à émouvoir

Lorsque le petit d'homme vient au monde, seules existent pour lui des sensations désagréables (faim, inconfort...), ou de bien-être (téter, être bercé et câliné, entendre une voix douce qui rassure...). Il dépend entièrement de son entourage pour survivre et n'a pour s'exprimer que des moyens rudimentaires : pleurs, cris, hurlements, tension, détente, sourire aux anges... C'est pourtant uniquement avec ces moyens qu'il va réussir l'exploit d'émouvoir son entourage, de demander de l'aide et de survivre ! Ses attitudes provoquent des réponses de son entourage qui satisfont peu ou prou ses besoins et lui procurent donc plus ou moins de réconfort, de satisfaction, de sécurité. Cette capacité de l'entourage à décoder les besoins du bébé et à y répondre de façon satisfaisante n'est pas évidente : elle demande **attention, compassion, amour**, aptitudes qui dépendent en grande partie de ce que l'on a reçu soi-même dans son enfance. Des réponses adaptées favorisent chez l'enfant un **sentiment de sécurité et de confiance** en lui et dans le monde, et faciliteront son aptitude à nouer des relations avec d'autres qui soient dénuées de violence. A l'inverse, un **manque de sécurité, de confiance en soi, une mauvaise estime de soi** vont être source de **réactions défensives ou agressives** dans des situations qui ne présentent pas de danger. Instinctivement, le corps se mobilise, prêt à se défendre face à des menaces supposées. Cette attitude défensive crée un climat propice au déclenchement de la violence.

Les réponses de l'adulte déclenchent de nouvelles attitudes de l'enfant. Petit à petit, le cercle vicieux ou vertueux se met en place... Pour se connaître, et prendre soin de lui, le bébé a besoin d'adultes capables d'empathie à son égard afin de répondre à ses demandes de façon appropriée. **Les autres sont ceux qui lui apportent plaisir et réconfort**. C'est ainsi qu'il prend confiance en lui et dans les autres.

La conscience de soi et la conscience de l'autre

L'enfant grandit. Il se croit seul au monde, et se rend compte progressivement que sa mère, son père, son entourage ont leur vie propre. En parallèle, il prend conscience qu'il est lui-même une personne distincte des autres : il a un corps qui lui « appartient », des sensations et des émotions particulières, une pensée personnelle qui s'élabore. Conscience de soi et conscience de l'autre se développent en parallèle. La morale a souvent opposé conscience de soi et conscience des autres et classé les personnes et les comportements en deux catégories : les égoïstes et les altruistes. Les « égoïstes » se barricadent dans leur forteresse personnelle, affirment haut et fort leurs besoins, leurs désirs, leur point de vue sur le monde et sont incapables d'entendre et de prendre en compte l'autre. Les « altruistes » se préoccupent tant des autres qu'ils en oublient ce qu'ils ressentent, ce qu'ils pensent, ce qu'ils veulent. La conscience et l'amour de soi se développent-ils au détriment de l'amour et de la conscience des autres, ou leur développement est-il indissociable et complémentaire ?

La *conscience de soi* est la **capacité de contact** que l'on a avec son corps, ses sensations et ses émotions : savoir où l'on se trouve dans l'espace, dans quel état l'on est (tendu, détendu, heureux, triste, inquiet, furieux, désemparé...). Elle aide à repérer les changements, les signaux d'alerte et à y réagir de façon adéquate.

La *conscience de l'autre* consiste à **développer envers autrui cette même capacité de contact**. Ce mouvement vers l'autre se nomme **décentration**. Se décentrer, c'est prendre conscience de l'existence des autres, de leurs besoins et désirs qui viennent parfois à l'encontre des vôtres et engendrent alors une frustration. Cette décentration est une étape importante du développement relationnel. Au fur et à mesure que l'enfant grandit, on lui demande de savoir attendre, partager, faire un effort, se débrouiller et surtout de respecter des règles.

A partir de 18 mois environ, l'enfant est capable d'accepter des limites et de gérer des frustrations liées à la présence des autres même s'il n'en comprend pas toujours les raisons. Il prend peu à peu conscience que son pouvoir sur les autres et le monde est limité. Ce passage du principe de plaisir au principe de réalité est ardu. **Les autres sont ceux qui viennent poser des limites à son désir**. Lorsque ces exigences sont adaptées aux possibilités de l'enfant et fixées de façon cohérente et justifiée, sans brutalité, elles l'aident à maîtriser sa violence. Elles favorisent le développement de l'empathie, c'est-à-dire la capacité à se mettre à la place de l'autre et à percevoir ce qu'il ressent.

« Les enfants soldats peuvent tuer tant qu'ils n'éprouvent pas d'empathie. L'apparition de l'angoisse et de la culpabilité devient une preuve de leur reprise évolutive vers la condition humaine. » nous dit B. Cyrulnik[23].

A. Miller[24] nous donne des clefs pour comprendre ce qui gêne ce développement de l'empathie :

« L'absence de sensibilité aux souffrances que l'on a soi-même endurées dans son enfance fait que l'on reste aussi étonnamment sourd aux souffrances

23. B. Cyrulnik, *Op. cit.*

24. A. Miller, *Op. cit.*

des autres enfants. Ce qui m'a été fait était nécessaire pour mon bien, ce traitement est à admettre comme faisant partie intégrante de la vie, et il n'y a pas lieu de le remettre en question. Cette insensibilité prend sa source dans les mauvais traitements que le sujet a lui-même subis et dont le souvenir peut certes avoir été conservé mais dont le contenu émotionnel, l'expérience profonde des coups et de l'humiliation a dû être dans la majorité des cas totalement refoulée. »

Ainsi **l'amour de soi et l'amour des autres sont-ils profondément liés**. Plus encore, l'amour de soi, issu du respect qu'auront les autres à son égard semble être une condition de l'acceptation et de l'amour des autres en tant qu'êtres différents et libres.

G. Corneau[25] le confirme : *« Notre identité tient à un double mouvement : s'approcher des autres pour trouver de l'amour, prendre ses distances pour affirmer sa différence. (...) Nous sommes à la fois personnalité et communauté, individualité et universalité. Cette friction inévitable entre individualité et universalité est l'essence même de la créativité. Elle produit l'énergie vitale de l'être. »*

Loin de s'opposer la conscience de soi et la conscience des autres viennent se compléter et s'enrichir : elles permettent de bien différencier les émotions et les points de vue qui appartiennent à l'autre de ceux qui nous sont propres. Lorsque l'on intègre cette idée que Soi et l'Autre sont reliés de façon profonde, la question de savoir pourquoi être solidaire ou pourquoi « aimer son prochain comme soi-même » ne se pose plus. Ce qui arrive à l'autre nous touche parce que l'autre ne nous est plus « étranger ». Nous pouvons ressentir sa souffrance. Il nous devient familier. **Nous sommes reliés mais différents**. Développer cette double acuité envers soi et les autres permet de **trouver un équilibre dynamique, une souplesse relationnelle, une juste distance entre soi et les autres**.

La capacité à parler de soi

Regardons l'enfant de deux ans à qui l'on retire un objet dangereux : il exprime sa frustration par des hurlements, il frappe, il mord, en bref, il utilise les moyens dont il dispose pour exprimer sa colère. L'acquisition du langage permet à l'enfant d'élargir grandement sa palette de communication : « Des mots pour éviter les maux, des mots pour remplacer les coups... » Il apprend à dire ce qu'il voit, ce qu'il entend, ce qu'il goûte, sent ou touche.

---

25. G. Corneau, *Op. cit.*

Il peut dire ce qu'il ressent et exprimer ainsi toute sa charge émotionnelle sans frapper : « Je te déteste, j'en veux, je n'en veux pas, j'en ai assez, j'ai peur, je suis triste... » Il communique ses émotions et partage ses difficultés de façon plus explicite. Pour que la parole aide à apprivoiser la force émotionnelle, il faut qu'elle soit reliée à ses émotions. Ce n'est donc pas la capacité à « bien » parler qui importe, mais la **faculté à parler de soi**. Une parole déconnectée du ressenti est une parole qui emprisonne autant que l'absence ou la pauvreté de mots. Un langage développé mais non relié à son monde intérieur construit des murs entre soi et les autres. En effet, la parole est en décalage avec le reste de la personne et génère une image floue, un double message qui met l'interlocuteur mal à l'aise et parasite la relation. Les personnes qui n'ont pas développé cette capacité à exprimer leurs émotions utilisent plus fréquemment que d'autres la violence dans leurs relations.

Avoir conscience de son état intérieur est une première étape. Parler de cet état intérieur donne aux autres des « clés magiques » : ces paroles informent, préviennent, expliquent, éclairent le point de vue de chacun et facilitent grandement la vie en société. Le langage est sans doute une des formes les plus élaborées et les plus précises de communication. Au-delà du langage verbal, s'exprimer consiste à partager sa conception du monde sous toutes ses formes : corporelle, picturale, musicale. Toutes les formes d'art et de créativité sont des outils précieux pour désamorcer la violence et entrer en relation avec l'autre.

La capacité à faire et penser par lui-même

En grandissant, l'enfant acquiert des compétences qui lui permettent de faire de plus en plus de choses par lui-même. Il explore, comprend et découvre son pouvoir sur le monde et sur les autres. Vers 3 ans, il s'oppose de façon parfois brutale parce qu'il lui faut se plier aux règles sans en comprendre nécessairement le sens : la loi est perçue comme une contrainte qui vient contrarier son désir. A 7 ans, il devient capable de faire le tri entre l'arbitraire, le conventionnel et le rationnel. Il argumente, négocie, intègre des points de vue différents. Il peut participer à l'élaboration des règles, développer son esprit critique, faire émerger ses propres valeurs et intégrer la nécessité des règles pour maintenir du lien et du respect entre les personnes. L'enfant acquiert donc la capacité à déterminer lui même la loi à laquelle il se soumet : il n'obéit plus sans critique aux règles et conduites suggérées par une autorité extérieure. Il expérimente l'autonomie et se détache progressivement de la représentation puérile de la liberté : « celui qui fait ce qu'il veut, quand il veut ». Il ne sacralise plus la loi quand elle le sert et ne la rejette pas non plus quand elle le dessert.

L'enfant a des ressources essentielles à la socialisation : sa capacité à émouvoir, la conscience qu'il a de lui et des autres, le langage et la capacité à faire et penser par lui-même. L'autorité éducative va s'attacher à développer et nourrir ce potentiel de l'enfant afin de l'aider à **devenir un être social, libre et responsable**.

Les fondements de l'autorité éducative

Nous allons d'abord résumer dans un tableau comparatif les hypothèses qui sous-tendent les attitudes d'autoritarisme et de permissivité[26] puis présenter les fondements de l'autorité éducative.

Autoritarisme	Permissivité
Le statut donne droit au respect, quel que soit le comportement de la personne. Les enfants n'ont pas le droit au respect.	Chacun a le droit au respect, quel que soit son statut. Les personnes vulnérables ont plus particulièrement droit au respect.
Les représentants de l'autorité sont dénués de vie psychique et ne peuvent se tromper.	Les adultes sont des êtres humains qui ont une vie psychique et se trompent.
L'apparence est plus importante que l'être.	Exprimer ce que l'on ressent sans censure permet à la personne d'être créative.
Les représentants de l'autorité ne doivent accepter aucune critique.	Pouvoir questionner le pouvoir fait partie de l'éducation.
Un enfant soumis deviendra un citoyen libre et solidaire	L'apprentissage de la liberté se construit progressivement, dès la petite enfance.
Un sentiment élevé de sa propre valeur est dangereux et nuisible. Un faible sentiment de sa propre valeur conduit à l'amour de ses semblables	Un sentiment élevé de sa propre valeur est source de confiance et d'affirmation. Un faible sentiment de sa propre valeur conduit au ressentiment et à la haine.

26. A. Miller, *Op. cit.* p. 78.

Les marques de tendresse sont nocives.	Les marques de tendresse donnent confiance en soi.
La dureté et la froideur sont une bonne préparation aux difficultés de l'existence	Des relations chaleureuses et aimantes permettent de passer les épreuves plus aisément.
Le corps est sale La vivacité des sentiments est nuisible	Le corps, au travers des sensations et émotions, est le fondement de notre personne, de nos apprentissages et de nos rencontres. C'est un allié de taille lorsque l'on en prend soin.
Il ne faut pas céder aux besoins de l'enfant. Ce sont des caprices.	Il est important de comprendre les besoins de l'enfant et d'y répondre.
Le sentiment du devoir engendre l'amour	Le sentiment du devoir coupe l'individu de ses émotions et sensations. Pour aimer, il faut agir en cohérence avec ses pensées, émotions, et sensations.
On peut tuer la haine par des interdits	Pour tuer la haine, il faut qu'elle puisse s'exprimer.
L'obéissance rend fort	La soumission aux personnes affaiblit la vitalité et la pensée personnelle.

L'autorité éducative cherche à socialiser l'enfant de manière à établir des relations de respect fondées non pas sur la peur ou la soumission mais sur la liberté et la responsabilité. Ses fondements sont les suivants :

- **L'enfant possède des ressources essentielles à la socialisation**, notamment la capacité à émouvoir, la conscience de soi et des autres, le langage et l'autonomie de faire et de penser.

- **La socialisation de l'enfant est le résultat des relations qui se créent entre l'adulte et l'enfant** : Si l'enfant peut exprimer ce qu'il ressent et pense sans être jugé, il acquiert confiance en lui, estime de lui et développe sa capacité à s'affirmer.

- Les **limites** posées à l'enfant et les demandes que l'on a à son égard **enseignent le respect de l'autre** sous réserve qu'elles prennent en compte les compétences intellectuelles et relationnelles de l'enfant et qu'elles excluent la brutalité physique et psychologique.

- La **socialisation de l'enfant est le résultat des relations qui se créent entre les enfants eux-mêmes**. Ces relations dépendent du cadre mis en place et des attitudes des adultes.

Forte de ces fondements, l'autorité éducative va encourager l'enfant à mieux se connaître, à respecter autrui et à développer des attitudes de coopération.

L'autorité éducative encourage l'enfant à se connaître

L'autorité éducative se différencie de l'autoritarisme par le fait **que loin d'interdire la connaissance de soi, elle l'encourage**. L'enfant a en lui des ressources essentielles au processus de socialisation qui ne demandent qu'à s'épanouir : il sait ressentir et émouvoir l'autre, prendre conscience de lui-même et des autres, mettre des mots sur ce qu'il ressent et penser par lui-même. L'autorité éducative encourage l'enfant à prendre confiance en ses ressources, à les utiliser afin de s'affirmer. L'enfant a d'autant plus besoin de respect qu'il est un être en construction et dépendant des adultes. Le regard bienveillant que les adultes lui portent l'aide à prendre confiance en lui et à se sentir « aimable ». Loin de s'endurcir et de se fermer, il prend appui sur sa force intérieure pour rencontrer les autres et explorer le monde.

L'autorité éducative encourage l'enfant à respecter l'autre

L'autorité éducative se différencie de la permissivité par le fait **qu'elle pose des limites à la manière dont l'enfant s'affirme**. Celui-ci, s'il est encouragé à exprimer ce qu'il ressent et ce qu'il pense, est invité à le faire de façon à ne pas nuire à autrui. Il doit apprendre à canaliser sa vitalité de manière à ce qu'elle ne devienne pas violence pour autrui. Les demandes que l'adulte exprime à l'enfant tiennent compte de ses capacités intellectuelles et relationnelles de l'enfant et sont posées avec respect.

L'autorité éducative favorise la coopération

L'autorité éducative favorise le développement de relations de **coopération** entre enfants pour le bénéfice de chacun mais également du groupe. Toute action de coopération développe confiance et respect mutuels. Elle invite à gérer les conflits de manière à ce que personne n'en sorte perdant. Elle reconnaît que l'adulte, même dans un statut d'autorité peut se tromper et autorise l'enfant à en faire part. Elle encourage même l'enfant à questionner les règles et les valeurs de façon et à participer aux évolutions. Il expérimente ainsi la liberté et la responsabilité.

L'autorité éducative en pratique

La progression proposée (se connaître, respecter autrui et coopérer) a une raison d'être. En effet, l'enfant a d'abord besoin de **se sentir aimé et accepté**, cela l'aide à accepter des limites liées à la présence de l'autre. Le respect qu'il développe alors pour lui et pour les autres facilite la mise en place de relations de coopération. Cela n'implique pas pour autant qu'il faille maîtriser les premières étapes pour aborder les suivantes : on peut accepter des limites, faire preuve de coopération ou d'altruisme même si l'on manque de confiance en soi. Plus encore, on peut, en coopérant ou en aidant les autres, prendre confiance en soi. L'ordre proposé doit plus être considéré comme un guide permettant de détecter les lacunes ou fragilités susceptibles de freiner le processus de socialisation :

- Un enfant qui a des difficultés à accepter les limites posées par la présence des autres peut simplement avoir manqué de limites mais il peut également avoir perdu l'estime de lui-même par des limites posées violemment ou de façon inadaptée
- Un enfant qui a du mal à coopérer ou à prendre des décisions avec d'autres n'a peut-être pas eu beaucoup d'occasions d'expérimenter ce type de relations. Mais il est également possible qu'il n'ait pas encore développé sa capacité à reconnaître à autrui les mêmes droits qu'à lui-même.
- De même, lorsqu'un comportement qui semblait acquis, tel que la solidarité ou l'altruisme, régresse, il est possible que ce soit parce que l'enfant a adopté ce comportement par soumission à une autorité et non par « choix personnel ». Il sera donc nécessaire de retravailler les étapes de connaissance de soi et d'acception des autres pour faire renaître une solidarité et un altruisme fondés sur l'amour de soi et de l'humanité.

Nous allons à présent détailler chacune de ces aptitudes et décrire de façon concrète comment les adultes peuvent encourager la socialisation de l'enfant.

Synthèse

L'autorité éducative cherche à prévenir la violence mais également à développer les qualités constitutives du citoyen : le respect de soi et des autres, une pensée personnelle qui accepte la confrontation et participe au débat démocratique, la solidarité et l'engagement.

Pour atteindre cet objectif, l'autorité éducative s'appuie sur les ressources dont l'enfant dispose pour canaliser sa vitalité et s'affirmer sans agresser : la capacité à émouvoir et à se rendre aimable, la conscience de soi et de l'autre, la capacité à parler de soi et élaborer sa propre pensée.

L'autorité éducative encourage la connaissance de soi, pose des limites de façon ferme mais respectueuse de l'enfant et favorise des relations de coopération.

L'autorité ne va plus de soi : du constat à l'action

Les constats	Ce que l'adulte peut faire
Autoritarisme et permissivité nuisent à la relation et génèrent de la violence.	Développer sa **souplesse relationnelle** : adapter la distance entre soi et l'autre.
L'autoritarisme engendre uniquement l'obéissance. Il agit sur les comportements mais nuit à la connaissance de soi et à la compréhension du monde.	Apprendre à **écouter l'enfant** et à prendre en compte ses besoins sans pour autant céder à toutes ses demandes
La permissivité est insécurisante. L'enfant n'apprend pas à gérer la frustration issue des règles physiques et sociales.	Apprendre à **poser des limites** sans pour autant blesser l'enfant physiquement ou psychiquement
Les enfants sont plus protégés et les adultes plus surveillés.	**Clarifier ses droits et devoirs** vis-à-vis des enfants dont on a la charge (Potestas) **Développer sa capacité à s'affirmer** (Auctoritas)
Les représentations que l'on a de l'autorité et l'absence de modèles freinent l'évolution de nos comportements	**Prendre conscience de ses représentations** de l'autorité afin de les remettre en question **Parler des difficultés** que l'on rencontre et confronter son point de vue avec d'autres
La raison et la morale ne suffisent pas à endiguer les comportements violents	Repérer en **quoi son attitude et l'environnement influencent** le comportement de l'enfant (approche systémique) Apprendre à **écouter le langage physique et émotionnel** chez soi et chez l'enfant
Vitalité et violence sont de même nature.	**Freiner les comportements violents sans briser la vitalité**, prendre en compte la manière dont chacun perçoit la violence, identifier ce qui déclenche les comportements violents

À quoi sert l'autorité ?, V. Guérin, Chronique Sociale.

L'enfant apprend à respecter les autres s'il est lui-même respecté	**Prendre en compte les besoins et capacités** de l'enfant
La liberté et la responsabilité ne naissent pas de l'obéissance mais s'expérimentent de façon progressive.	**Favoriser** chez l'enfant **l'expression de ce qu'il ressent et pense**, lui donner des occasions de choix et de responsabilité
L'enfant possède les ressources pour s'affirmer sans agresser. Elles se développent via le lien avec l'entourage.	**Faire confiance à l'enfant**, autoriser et poser des limites claires et respectueuses
L'enfant apprend à prendre soin des autres en prenant soin de lui.	**Favoriser, sans** les **imposer**, des attitudes de **coopération** et d'entraide

Apprendre à se connaître

La connaissance de soi mène à la confiance et l'estime de soi qui sont des éléments fondamentaux de la socialisation. Elle peut être encouragée ou au contraire découragée par le regard que l'adulte porte sur l'enfant, dès sa naissance. C'est pourquoi il est fondamental de l'aborder et le comprendre avant de s'interroger sur les nécessaires limites à poser pour prévenir la violence et favoriser le respect de l'autre. Apprendre à se connaître est un processus dynamique, présent tout au long de la vie. Il est essentiel parce qu'il permet à l'individu de prendre soin et d'utiliser au mieux ses ressources pour aborder la vie, les autres, les épreuves de façon confiante et constructive. Nous allons d'abord décrire les ***facultés*** *de l'être utiles à son développement puis présenter les deux manières complémentaires permettant à l'enfant de mieux se connaître :*

- ***l'introspection*** *ou* ***connaissance de soi par l'intérieur*** *qui développe la conscience qu'il a de son corps, de ses émotions, de ses pensées et de ses actes*
- ***la rencontre*** *avec les autres qui lui permet de prendre conscience de son appartenance à l'humanité et en même temps de sa singularité.*

Nous présenterons enfin une technique, ***le cercle de parole****, qui s'appuie sur l'introspection et la rencontre pour favoriser la connaissance de soi.*

Chapitre 5

Les facultés de l'être social

5

Pour entrer en contact avec le monde extérieur, s'y sentir bien, le comprendre, l'être humain utilise les facultés suivantes :

- ses **perceptions**, du latin *percipere* « saisir par les sens » : je vois, j'entends, je goûte, je touche et je sens ;
- ses **pensées** : je me construis une représentation du monde ;
- ses **actes** : j'agis sur le monde, de façon physique ou verbale, pour expérimenter, comprendre ou modifier ;
- **son état intérieur** : je suis habité par des sensations internes et des émotions.

Ces facultés, lorsqu'elles sont bien utilisées, permettent à l'enfant d'apprendre, de grandir et de se sentir bien. En revanche, des perceptions déformées, des croyances inadaptées, des actes asociaux ou des émotions trop présentes peuvent transformer la vie de la personne ou du groupe en enfer. J. Barudy[27] décrit ainsi celui qui n'arrive pas à évoluer alors que sa manière d'être est cause de souffrances pour lui et les autres :

> *« Il ne sait pas que sa lecture, qu'il considère comme la réalité, n'est qu'une image mentale, une carte qui ne correspond que de façon très relative à une certaine réalité. Il s'accroche à sa carte sans réfléchir. Quelque chose l'empêche de voir que ses perceptions, ses connaissances sont le résultat d'un processus interactionnel. Il prend ses perceptions pour des immaculées perceptions. »*

Nous allons donc détailler le fonctionnement de ces facultés, en comprendre leur richesse et leurs dangers.

Les perceptions

Les cinq sens, la vue, l'ouïe, le toucher, le goût et l'odorat permettent de percevoir son environnement. Ces perceptions aident à comprendre le monde

27. J. Barudy, **La douleur invisible de l'enfant, approche éco-systémique de la maltraitance**, Ed. Erès, 1997, p. 29.

et à s'en bâtir un modèle. Ceux qui sont privés d'un ou plusieurs de ces sens ont un handicap car ils n'ont pas accès à certaines informations. L'approche de la Programmation neuro-linguistique[28] (PNL) a mis en évidence trois processus qui aident à construire sa représentation du monde à partir des perceptions : la généralisation, la sélection et la distorsion.

- La **généralisation** permet d'utiliser son expérience passée pour faire face aux situations présentes similaires et élaborer des règles.

> *A plusieurs reprises, Emilie (6 ans) qui adore les animaux, a été surprise par des réactions agressives de femelles allaitant leurs petits. Une fois, d'ailleurs, sa chienne a montré les crocs et Emilie en a été effrayée. A présent, lorsqu'elle approche une femelle avec ses petits, elle prend le temps de rassurer la mère. Elle sait qu'une mère avec des petits a plus peur.*

- La **sélection** est le processus par lequel nous ne prêtons attention qu'à certains aspects de notre expérience et en excluons d'autres. Ce processus nous permet de nous concentrer sur ce qui nous intéresse et de faire abstraction de ce qui pourrait nous divertir. La qualité du filtre dépend également de l'expertise que nous avons dans le domaine.

> *Gabriel était tellement concentré sur son livre qu'il n'entendait pas les bruits de dispute et les pleurs.*
> *Quand le prof nous emmenait en forêt, il entendait et voyait des animaux dont nous ne soupçonnions même pas la présence.*

- La **distorsion** permet d'introduire des changements dans son expérience sensorielle et d'imaginer autre chose : voir une maison aménagée alors que seules existent quelques ruines à retaper, ou encore peindre l'impression d'un soleil couchant.

Les perceptions sont donc fondamentales à l'apprentissage et la compréhension du monde. Pourtant le traitement des informations que nous recevons via les sens nous amènent parfois à des généralisations abusives, des sélections arbitraires et des distorsions dangereuses. En effet, les perceptions sont influencées par nos pensées et notre état intérieur.

- une généralisation abusive aboutit à des règles fausses

> *Un père qui avait eu des soucis avec ses deux filles aînées adolescentes refusait à la troisième de pouvoir sortir avec ses amis. Il était persuadé qu'une nouvelle fois cela se terminerait mal.*

---

28. A. Cayrol, J. de Saint Paul, **Derrière la magie, la Programmation Neuro-Linguistique**, Ed. InterEditions, 1984.

- une émotion peut rendre aveugle et sourd et induire des erreurs de raisonnement ou d'appréciation

> *J'avais tellement peur que je n'entendais pas les pompiers qui me disaient de sauter.*

- la représentation que l'on a d'une personne peut altérer notre perception

> *J'étais tellement sûr qu'il allait faire des erreurs que je les imaginais avant qu'il ne les fasse. Parfois même, je croyais voir l'erreur alors qu'en fait il ne l'avait pas faite !*

L'être humain survit et apprend grâce à ses perceptions : elles le protègent, le stimulent, déclenchent en lui des émotions, pensées et actions. Elle lui jouent cependant des tours parce qu'elles ne sont pas la réalité mais un point de vue sur la réalité imprégné de ce qu'est la personne.

Les pensées

Notre compréhension du monde se bâtit à partir de perceptions, d'actions et d'émotions. Comment se construisent les pensées ?

- Les « pourquoi » des enfants naissent d'abord de leurs perceptions : pourquoi le ciel est bleu ? Pourquoi les gens meurent ? Pourquoi il fait noir la nuit ?, etc.
- Agir sur le monde est également très utile pour comprendre le monde : L'enfant qui fait tomber dix fois la cuillère de sa chaise haute intègre une première ébauche de la loi physique de la gravité : les choses tombent vers le sol.
- Et enfin, ce que nous ressentons nous donne des éléments clefs pour comprendre le fonctionnement humain, les relations humaines, et développer ainsi notre intelligence relationnelle. « Quand il m'insulte, ça me blesse. » Ressentir cette blessure nous donne des indications sur nous-même mais également sur l'autre si l'on est capable d'en inférer que si j'insulte l'autre, cela le blesse également.

Les pensées influencent ce que nous faisons (ou ne faisons pas), ce que nous ressentons (ou ne ressentons pas), ce que nous percevons (ou ne percevons pas).

Dylan pensait qu'il était capable de conduire le bateau. Il est donc arrivé en pleine possession de ses moyens. Et il a réussi l'examen sans problème.

Il croyait que ses copains ne voulaient plus lui parler. Il en était très attristé.

Elle était tellement sûre qu'il allait se moquer d'elle qu'elle a cru l'entendre rire.

Comment les pensées évoluent-elles ?

- lorsque des faits viennent les contredire : « je croyais que les garçons étaient tous méchants mais lui il est gentil. »
- lorsque quelqu'un a un point de vue différent du mien : « je croyais que tous les enfants détestaient l'école. Et Lisa dit qu'elle aime ! »
- lorsque les pensées entrent en collision avec son état intérieur. « On m'avait dit de ne pas parler aux voisins parce qu'on ne pouvait pas leur faire confiance. Mais, moi, je me sentais bien avec Leïla, bien mieux qu'avec ma famille. »

Il est parfois difficile de remettre en question sa représentation du monde parce que certaines pensées sont ancrées de façon profonde et sont devenues des « évidences ». Intégrées parfois depuis la petite enfance, elles apparaissent comme des vérités absolues ne laissant aucun choix. On fait taire alors les discordances qu'elles ne manquent pas de provoquer en soi.

Les actes

Nous serons jugés sur nos actes, dit-on ! Effectivement, que perçoit l'autre de nous ? Les actes que nous posons, les paroles que nous prononçons, les attitudes que nous avons. Quelle intention a guidé notre façon de faire ? quelle pensée ? quelle émotion ? Seul nous-même en avons la connaissance (et encore pas toujours), pouvons l'exprimer, mais personne ne pourra prouver la réalité de ce monde intérieur dont nous faisons part. Poser un acte a donc un rôle tout à fait important puisque c'est alors que s'incarne ou non la **cohérence** entre ce que nous ressentons, ce que nous pensons et ce que nous percevons. Pour que nos actes n'aillent pas à l'encontre de nos valeurs, ne soient pas le fruit d'une émotion non maîtrisée ou le résultat de perceptions fausses ou incomplètes, il nous faut **prendre conscience** du moteur de nos agissements. Qu'est-ce qui nous pousse à agir ?

Les actes peuvent être déclenchés par une perception à laquelle nous donnons un sens.

> *Comme il s'approchait de la piscine, je me suis levée pour le rattraper.*

Cet acte peut se traduire par la séquence suivante : je l'ai vu s'approcher de la piscine (perception), j'ai eu peur qu'il ne lui arrive quelque chose (émotion), vu son âge, je me doutais qu'il ne savait pas nager (pensée), je me suis levée (action).

Les actes peuvent également être déclenchés par une pensée ou une émotion

> *J'ai eu peur en voyant son état et je l'ai emmené à l'hôpital.*
> *J'ai compris tout à coup où se trouvait l'erreur de raisonnement et du coup j'ai repris mon article et ai écrit plusieurs heures durant.*

Ainsi perceptions, émotions et pensées participent au déclenchement de nos actions. Ces actes semblent mus par des intuitions profondes qui nous font pressentir des dangers ou saisir des occasions « vitales ». Être témoin d'un événement fort peut émouvoir et mouvoir une personne de façon profonde et durable comme l'explique R. Badinter[29] :

> *Je savais à présent que la justice pouvait tuer. Je l'avais vue à l'œuvre. J'avais été incapable de l'empêcher. Je fermai les yeux et perçus que, dorénavant, aussi longtemps que la peine de mort ne serait pas abolie en France, je la combattrai de toutes mes forces.*

Lorsque que quelqu'un agit en contradiction avec sa morale ou sa raison, on dit alors de lui qu'il est hors de lui ou fou. Quelles sont les raisons pouvant expliquer ce décalage entre ce que l'on fait et ce que l'on pense bien ou raisonnable de faire ?

• une perception à laquelle nous donnons un sens erroné

> *Quand il a levé le bras, j'ai cru qu'il allait me frapper, c'est pour cela que j'ai crié.*

• une connaissance de la situation incomplète ou fausse

> *Je pensais qu'elle était assez grande pour rester toute seule dans la voiture. C'est pour cela que je suis parti.*

---

29. R. Badinter, **L'abolition**, Fayard, 2000.

- une émotion qui nous submerge et sur laquelle pensées et perceptions n'ont plus de prise

> *Il s'est moqué de ma famille. Je lui ai couru après. J'étais en colère.*

Parfois la séquence est si rapide qu'on a l'impression de passer directement de la perception à l'action sans même avoir conscience de la pensée qui nous a traversé l'esprit ou de l'émotion qui nous a étreint. Prendre conscience de l'origine de ses actions permet de s'appuyer sur les perceptions, pensées et état intérieur avec lesquels on se sent en accord, qui nous appartiennent et auxquels nous adhérons librement. Cela permet également de « travailler » les **moteurs inconscients** qui viennent parasiter notre vie et empoisonner nos relations.

L'état intérieur

Le corps envoie de nombreux signaux nous permettant de savoir si nos besoins sont satisfaits, si nous sommes en sécurité ou en danger : des sensations (j'ai froid, j'ai faim, j'ai soif...), des émotions (j'ai peur, j'ai envie, je suis heureux...). Les émotions s'accompagnent de changements physiologiques : accélération du rythme cardiaque, rougeurs, tremblements, mouvements du corps, paralysie... Les sensations ont souvent un caractère plus immédiat et physiologique alors que les émotions intègrent une dimension affective et intellectuelle. Elles sont tout à la fois universelles et personnelles : universelles parce qu'elles apparaissent en réaction à des besoins humains tels que la survie, la sécurité, le besoin d'être aimé, rassuré, personnelles parce qu'elles sont modulées, accentuées, colorées par l'histoire personnelle, familiale, culturelle de chacun.

Une émotion peut être déclenchée par une action, une perception, une pensée.

> *C'est demain la rentrée des classes. Je ne connais personne et j'ai peur de ne pas me faire de copains. (pensée)*
>
> *J'ai gagné mon match. Je suis fière. J'ai confiance pour le match suivant. (action)*
>
> *Quand je l'ai vu pleurer, j'ai eu honte de ce que les copains et moi, on lui avait fait. (perception)*

Si en général, les personnes savent ce qu'elles font, ce qu'elles pensent et ce qu'elles ont cru percevoir, en revanche nombreux sont ceux qui ne savent pas ce qu'ils ressentent, et sont incapables de mettre des mots dessus, leur vocabulaire émotionnel se résumant à quelques mots. Ils ont une boîte noire à la place du cœur... Du coup, il leur manque un maillon essentiel à la compréhension qu'ils ont d'eux-mêmes et ne peuvent s'expliquer certains actes, pensées, erreurs de perception qui ont compliqué leur vie et leurs relations.

Synthèse

Pour vivre et se développer, la personne utilise les facultés suivantes : elle perçoit, pense, agit et ressent.

Perception, état intérieur, pensées et actions interagissent et s'influencent mutuellement. Clarifier les liens d'interdépendance permet de mieux comprendre ce qui nous pousse à agir.

Les perceptions sont influencées par les représentations et les émotions. En avoir conscience permet de comprendre que ce que nous percevons n'est pas la réalité et que l'autre peut avoir une représentation différente du monde.

Lorsque l'on est coupé de ses sentiments, nous ne ressentons l'émotion qu'à son paroxysme et n'arrivons pas à la canaliser. Il nous est également difficile de percevoir et d'accepter les émotions de l'autre et donc de l'aider.

Perceptions, pensées, actes et états intérieurs sont des facultés fondamentales pour s'affirmer en respect de soi et des autres, sous réserve qu'on prenne le temps d'observer leur présence et les liens qui les unissent. En ayant ainsi une meilleure compréhension des influences réciproques de ces éléments, il devient plus facile de trouver sa propre cohérence, de prendre soin de soi et de dénouer les difficultés que l'on rencontre.

Chapitre 6

Se connaître par l'introspection

Dans notre culture, nous nous définissons particulièrement par nos pensées et nos actes. Ce qui explique que nous ayons particulièrement axé les apprentissages sur l'observation du monde extérieur, la compréhension intellectuelle du monde et la maîtrise des actes. En revanche, nous avons négligé, méprisé, parfois même nié une partie de nous-même que l'on nomme état intérieur. Sous quelle forme se présente l'état intérieur dans son aspect le plus brut chez le bébé mais également chez l'enfant ou l'adulte qui n'a pas eu l'occasion d'explorer son état intérieur ? Ce qu'il ressent pourrait se résumer ainsi « Glop » ou « pas glop » ! ! avec les traductions suivantes :

- Glop : je me sens bien dans mon corps, ma tête et mon cœur. J'ai confiance en moi et dans le monde, je suis ouvert, je suis dans le « vert »...
- Pas glop : Mon corps, ma tête ou mon cœur ont mal : je suis frustré, j'ai peur, je perds confiance en moi ou dans les autres, je n'ai pas envie d'être là, je me ferme, je passe dans le « rouge »...

La conception sur laquelle nous nous appuyons dans cet ouvrage et qui est commune à de nombreuses approches de développement personnel et de thérapie est la suivante : **émotions et sensations sont des informations vitales pour la survie, la réalisation et la socialisation** de l'individu. Ceux qui en sont privés sont coupés d'eux-mêmes, amputés d'une ressource fondamentale. N'ayant pas conscience de ce qui, à l'intérieur d'eux-mêmes, influence leurs actes, pensées ou observations, ils développent plus que d'autres des comportements violents. La connaissance de soi va donc porter principalement sur la capacité à connaître et reconnaître ses sensations et émotions, à les gérer, à identifier les points d'accord et de désaccord avec les pensées, actes et perceptions. L'attitude des adultes envers l'enfant va jouer un rôle essentiel pour encourager cette exploration de sa force intérieure.

Aider l'enfant à développer sa capacité d'introspection

Si l'adulte souhaite aider l'enfant à développer sa capacité d'introspection, il lui faut d'abord prendre conscience des attitudes qu'il a et abandonner celles qui empêchent l'enfant de cheminer vers la connaissance de soi.

Abandonner les attitudes qui empêchent l'enfant de se connaître

Les attitudes habituelles empêchent l'enfant de commencer son travail d'exploration. Elles peuvent être regroupées en trois catégories : celles qui donnent des solutions, celles qui jugent et celles qui minimisent les difficultés rencontrées.

Prenons l'exemple d'un enfant qui a du mal à faire un choix :

> *Thomas, 10 ans, n'arrive pas à décider de ce qu'il veut acheter avec son argent de poche : il avait prévu de s'acheter un vélo mais son meilleur copain vient d'acquérir une trottinette et du coup il hésite et n'arrive pas à choisir...*

Quelles sont les réactions classiques des adultes dans cette situation ?

Donner des solutions

La première attitude consiste à décider à la place de l'enfant, en lui donnant des conseils ou des ordres.

> *Achète le vélo. Si tu achètes la trottinette, tu vas le regretter. La trottinette va passer de mode en quelques mois.*
> *Le vélo, tu pourras toujours emprunter celui de ton frère. Je te conseille d'acheter la trottinette.*

Lorsque nous sommes responsables de quelqu'un, nous avons l'habitude de lui donner des ordres, de le conseiller, de lui apporter des solutions, de le persuader par la logique. Pourquoi ? Parce que nous avons plus d'expérience, plus de connaissances et nous pensons donc qu'il est de notre rôle de les lui transmettre. Cette attitude est d'ailleurs appropriée lorsque l'enfant n'a pas la capacité de résoudre son problème tout seul et qu'il demande conseil à un adulte compétent pour lui répondre. En revanche, elle ne développe pas chez l'enfant sa capacité à résoudre ses problèmes par lui-même, l'enfant reste dépendant de l'adulte, il ne prend pas confiance en ses propres capacités. De plus, la solution conseillée ou imposée par l'adulte peut ne pas convenir à l'enfant. L'enfant risque de l'adopter par obéissance ou parce qu'il s'est laissé convaincre. Il sera alors déçu et éprouvera du ressentiment envers la personne qui l'a conseillé.

Juger

La seconde attitude consiste à blâmer ou complimenter ce que pense et ressent l'enfant.

> *Tu changes tout le temps d'avis. Tu n'as pas de personnalité, tu te laisses influencer par le premier venu. Alors demain, ça va être quoi, des patins à roulette ?*
> *Quand on fait un choix, il faut s'y tenir, c'est une question de rigueur.*
> *T'as vraiment besoin de copier ton copain ?*
> *Tu as raison de prendre le temps de choisir si tu ne sais pas ce que tu veux.*

Pourquoi jugeons-nous les autres et plus particulièrement ceux dont nous avons la responsabilité ? Parce nous avons des valeurs et nous souhaitons que l'autre y adhère. Nous les blâmons ou les complimentons pour qu'ils apprennent à différencier le « bien » du « mal » et adaptent leur comportement en conséquence. Cette attitude est adaptée si l'on souhaite que l'enfant adhère aux mêmes valeurs que nous en faisant fi de ce qu'il ressent et de ce qu'il pense. Le message sous-jacent au jugement exprimé par l'adulte est le suivant : « Ne cherche pas à savoir ce que tu ressens, pense comme moi. » Cependant, cette attitude a les conséquences suivantes :

- l'enfant perd le contact avec ses émotions et se retrouve donc amputé d'une ressource essentielle pour savoir ce qui est bon pour lui,
- il se sent diminué, incapable, dépendant des autres et sera donc facilement manipulable,
- il accumule du ressentiment envers celui qui le rabaisse, ressentiment qui s'exprime souvent de façon violente.

Minimiser

La troisième attitude consiste à évacuer le problème parce qu'il nous semble dérisoire ou que l'on ne supporte pas de voir l'enfant aux prises avec une difficulté : on cherche alors à rassurer, on ironise au risque de blesser ou encore on esquive.

> *La nuit porte conseil. Demain, je suis sûr que tu y verras plus clair !*
> *Si tu passes autant de temps pour ça, qu'est-ce que cela va être pour choisir ta femme !*
> *Écoute, j'ai un problème important à résoudre. On verra cela plus tard !*

Cette attitude peut effectivement aider l'enfant à **relativiser** la difficulté rencontrée. Cependant, elle ne l'aide pas à résoudre son problème et à profiter de la situation pour mieux se connaître et prendre confiance dans sa capacité à trouver des solutions.

Alors, si donner des solutions, juger ou minimiser ne favorisent pas la connaissance de soi, quelle attitude facilite le travail d'introspection ? L'adulte qui souhaite aider l'enfant à mieux se connaître s'efforcera, quelle que soit la situation, de lui laisser le temps de ressentir et d'exprimer ses émotions ou pensées. Pour que l'émotion puisse être vécue, exprimée et devienne familière, l'enfant doit sentir qu'il n'est pas jugé : ce qu'il ressent n'est ni bien ni mal, ni encouragé ni interdit, « c'est » ! L'enfant a faim, soif, froid, chaud, il se sent malade, fatigué, pas dans son assiette... Il est en colère, triste, heureux, il a peur, il est soulagé, découragé, envieux, frustré, déçu, honteux, amoureux... Accepter l'état intérieur de l'enfant semble aller de soi puisque finalement il « suffit » de rester ouvert à l'émotion de l'enfant et ne rien faire ou dire qui soit susceptible de fermer la porte de la connaissance de soi. Dans les faits, les adultes ont du mal à accepter que l'enfant exprime ses sentiments. Cette réticence est souvent liée à des confusions qu'il est essentiel de clarifier :

- Écouter l'émotion, le point de vue de l'enfant n'impliquent pas qu'on accepte l'acte qui en découle : on peut comprendre et accepter qu'un enfant soit furieux, paniqué, triste, déçu, frustré, haineux ET s'opposer à ce que, sous l'emprise de cette émotion, il blesse l'autre en cassant, insultant, frappant... Savoir ce que l'on ressent et agir sous l'emprise de cette émotion sont deux processus bien distincts.

- Écouter l'émotion n'est ni un encouragement ni une adhésion à ce que ressent ou exprime l'enfant : si l'enfant nous dit : « l'école, c'est nul, je veux arrêter » et que nous lui répondons : « tu en as marre de l'école, tu as envie d'arrêter », cela n'implique pas que nous partagions son point de vue. Ce qu'il ressent et ce qu'il pense lui appartiennent. Nous agissons, tel un miroir qui, par l'écoute, réfléchit son émotion et son point de vue pour l'aider à mieux comprendre ce qu'il vit.

Lorsque l'adulte comprend en quoi émotions et sensations sont pour l'enfant une force intérieure vitale, il arrive plus facilement à réfréner son envie de les brider. Si, de plus, il développe sa capacité à écouter l'état intérieur de l'enfant tout en s'opposant aux actes de violence qui peuvent en découler, il aide l'enfant à mieux se connaître, à se faire confiance et à s'estimer.

Écouter l'état intérieur de l'enfant

Écouter l'état intérieur de l'enfant ne peut se faire uniquement en utilisant sa « tête » : il faut se **« mettre à la place de l'autre »** afin de mieux comprendre ce qu'il peut voir, entendre, ressentir de son « point de vue ». Pour illustrer cette démarche, imaginons que l'enfant soit assis sur une colline et nous sur la colline en face : il ne voit pas le même paysage, il ne reçoit pas le soleil ou le vent de la même façon. Pour comprendre ce qu'il ressent, il est nécessaire de descendre de sa montagne, de s'asseoir à côté de lui et de se mettre sur la même longueur d'ondes. Puis lorsque l'on pense avoir perçu son émotion, on peut remonter sur sa colline. Ce voyage s'appelle **l'empathie**.

L'empathie est l'aptitude qui consiste à être présent à l'émotion de l'autre tout en étant distinct. Les mammifères en usent de façon « naturelle » lorsqu'ils se retrouvent parents : ils perçoivent les besoins de leurs petits et cherchent à favoriser le bien-être et le développement. Le « petit d'Homme » est totalement dépendant de ses parents et exprime ses besoins de façon très frustre : il pleure, crie, refuse de manger, régurgite, se réveille, s'agite... L'adulte doit donc se mettre à la place de l'enfant pour comprendre les raisons de son bien-être ou mal-être afin d'y répondre de façon adaptée : Pourquoi pleure-t-il ? A-t-il mal ? A-t-il faim ? Cette aptitude est donc présente dans les relations humaines les plus « instinctives » et elle génère le lien nécessaire au développement de l'individu.

Être empathique

Comment développer l'empathie ? Appuyons-nous sur l'exemple suivant pour en suivre la démarche :

> *Thomas (10 ans) pleure et s'énerve parce qu'il n'a pas été pris dans l'équipe de basket qui jouera le prochain match.*

1. **Faire taire sa radio mentale** : accepter que l'enfant exprime une difficulté, réfréner son désir de lui trouver une solution, de le juger ou de minimiser. Se rendre disponible, se taire et se concentrer sur l'enfant, son expression, ses gestes, ses mots. En faisant ainsi, on évite que les pensées viennent parasiter l'attention à l'autre.

> *Thomas pleure. J'évite de lui donner les solutions que j'ai en tête (arrêter le basket, aller voir l'entraîneur...), je ne juge pas ce qu'il vit et je ressens que pour lui c'est une épreuve difficile.*

2. **Se brancher sur son ressenti** : Quelle est l'émotion susceptible d'être à l'origine de ses gestes, son regard, son expression ? Semble-t-il triste, déçu, a-t-il peur, est-il énervé, furieux, se sent-il blessé ?

> *Il pleure. Il a le visage fermé, les poings fermés. Il semble être déçu et il en veut à son entraîneur.*

3. **Écouter ce que dit l'enfant** : En éliminant les parasites et en centrant son attention sur l'enfant, on entend mieux les mots qui sont dits.

> *Il dit que son entraîneur est un nul.*

Silence, écoute, intérêt, bienveillance sont des cadeaux précieux. Ils permettent à l'enfant d'avoir du temps, de l'espace pour faire un petit bout de chemin dans la connaissance de soi, et ceci en toute sécurité. Il est accompagné là ou il se sent capable d'aller, à la vitesse qui est la sienne pour découvrir ce qu'il a envie d'y trouver. Aucune porte ne lui est interdite, aucune clef ne lui est retirée. **L'empathie invite l'enfant à garder le contact avec ce qu'il ressent.**

Aider l'enfant à mettre des mots sur ce qu'il ressent

Notre vocabulaire émotionnel se résume souvent aux quelques émotions dites universelles telles que peur, joie, colère, tristesse, honte... Or mettre des mots sur des émotions permet d'affiner et de préciser la connaissance que l'on en a. Nommer l'émotion est une façon de la reconnaître et est une clef d'accès importante à la conscience et la connaissance de soi : qu'est-ce que je ressens ? Qu'est-ce qui a déclenché cette émotion ? Quel besoin fondamental ai-je satisfait ? ou, à l'inverse, de quoi suis-je frustré ? Qu'est-ce qui me manque ? Pour aider l'enfant à mettre des mots sur ce qu'il vit, on va nommer l'émotion dans laquelle il semble être :

> *Tu es **déçu** de ne pas avoir été choisi ?*

L'enfant peut ainsi comparer l'émotion proposée à l'expérience qu'il vit et acquiescer ou refuser la proposition que nous lui faisons. Si le mot tombe juste, l'enfant se sent alors compris et approfondit alors l'exploration de son état intérieur.

> *Thomas : Ben oui, je suis déçu. Je pensais vraiment être pris. Je n'ai pas manqué un entraînement depuis le début de l'année.*
> *Adulte : Tu trouves ça **injuste** ?*

Thomas : Oui, c'est injuste. Pourquoi l'entraîneur a choisi Bastien ? Bien sûr, il joue bien mais il a plus manqué que moi. Je m'entraîne beaucoup et il voit même pas que je progresse.

Adulte : Tu es **blessé** *de ne pas avoir été choisi alors que tu penses vraiment le mériter ?*

Thomas se tait un moment. Il est plus calme. Il semble réfléchir.

Thomas : Je comprends qu'il veuille les meilleurs joueurs mais dans ce cas il aurait pu le dire avant qu'il prendrait les meilleurs et pas ceux qui s'entraînaient le plus. Moi, ça m'est un peu égal qu'on perde mais j'ai envie de jouer le match. Lui, il veut qu'on gagne.

Petit à petit, grâce à l'empathie de l'adulte, Thomas explore ses sentiments et ses pensées. Il comprend de mieux en mieux ce qui a déclenché son ressentiment envers son entraîneur. Il passe peu à peu d'une accusation de l'autre (« c'est un c... ») à la mise en lumière de son ressenti (je suis déçu, je trouve cela injuste) qui lui permet de percevoir ce qui a été déclencheur du conflit (je pensais que la sélection allait se passer autrement) et identifier le point de vue de l'autre (lui, il veut qu'on gagne).

L'adulte met des mots sur l'émotion de l'enfant et reformule ce qu'il dit pour aider l'enfant à aller plus loin dans l'introspection. Si les mots choisis par l'adulte ne correspondent pas à ce que vit l'enfant, celui-ci va alors rectifier.

Adulte : Tu es déçu de ne pas avoir été choisi ?

Thomas : non, je m'en fiche. J'aime pas trop les matchs de compétition puis en plus ce jour-là je serai peut-être pas disponible. Mais quand même, il aurait pu me proposer !

Adulte : Tu trouves ça injuste ?

Thomas : Plus qu'injuste, je suis écœuré. Je m'entraîne beaucoup et il voit même pas que je progresse.

En comparant le mot proposé par l'adulte à ce qu'il ressent, l'enfant peut refuser (non je suis pas déçu), amplifier (je suis écœuré) ; il ajuste ainsi le mot aux sensations et émotions qu'il ressent. En se centrant ainsi sur lui tout en prenant de la distance, l'enfant retrouve plus facilement son calme.

La dernière étape consiste alors pour l'enfant à **trouver une alternative à la violence** qui émergeait en lui. Que peut-il faire pour faire connaître son point de vue et son ressenti et faire en sorte que les choses soient différentes la prochaine fois ? Parfois cette exploration permet à l'enfant de faire émerger une solution (je vais aller en parler à l'entraîneur). Sinon, l'adulte peut lui proposer des pistes susceptibles de l'aider (tu en as parlé avec tes copains ?

et l'autre club de sports que tu aimais bien, tu pourrais peut-être les recontacter ?).

L'empathie apaise la violence issue de la frustration et de la souffrance : l'enfant se sent compris, entendu et a donc moins besoin de crier, de hurler, de frapper. Elle crée du lien entre l'enfant et l'adulte : l'enfant prend confiance en lui et en l'adulte, il ose dire ce qu'il ressent et développe ses ressources intérieures qui lui seront utiles face aux épreuves qu'il rencontrera. Elle génère de l'empathie : **les enfants qui reçoivent de l'empathie développent plus facilement leur capacité à se mettre à la place des autres**[30]. Si l'empathie semble être une aptitude que chaque être humain peut développer lorsque le contexte le favorise, elle est parfois difficile à mettre en pratique parce que ce que dit ou fait l'enfant nous est insupportable. Se forcer à écouter n'est pas une solution. En effet, corps et esprit sont en désaccord et mobilisent l'énergie au détriment de la disponibilité et de l'ouverture nécessaires à l'écoute de l'autre. **L'empathie n'est pas le résultat d'une volonté**. On ne peut entendre les émotions de l'autre si elles nous effraient ou nous semblent méprisables. Plutôt que de prendre sur soi pour tenter de contenir l'émotion qui émerge en lui, l'adulte peut, par l'introspection, chercher à clarifier ce qu'il ressent.

Les conditions d'écoute pour l'adulte

Aider l'enfant à se connaître de l'intérieur peut être difficile, voire impossible, pour certains adultes qui se sont coupés de leurs émotions dès leur enfance parce que leur entourage leur en a interdit l'accès ou pour se protéger d'épreuves trop douloureuses. Ayant peu de perception de leur état intérieur, ils sont mal placés pour percevoir ce que ressentent les autres. D'où l'importance d'aider les parents qui ont rencontré ces difficultés à développer cette aptitude à créer du lien avec leurs enfants. De même, il est essentiel de s'assurer que les adultes en charge d'enfants (éducateurs, enseignants, puéricultrices, brigade des mineurs) soient capables d'introspection et donc d'empathie. Cette aptitude à l'empathie, fondement de l'écoute et de la rencontre avec l'autre, est un outil essentiel auprès d'enfants « blessés » qui expriment leurs besoins et émotions de façon brutale : leur ton, leurs paroles, leurs actes risquent de heurter et de déclencher des mécanismes de protection si nous n'arrivons à prendre la distance nécessaire. C'est pourquoi les

30. D. Favre, « L'alphabétisation émotionnelle », **Non Violence Actualité**, Avril 2001, p. 9.

adultes confrontés de plein fouet à des enfants malmenés par la vie ont besoin d'une force intérieure d'autant plus grande pour conserver de l'ouverture et de l'acceptation pour l'être humain qui se cache (qui se terre ?) derrière les cris, les insultes, le silence, la haine. Capacité d'introspection, à mettre des limites sans user de violence, à travailler en coopération avec d'autres adultes seront des ingrédients essentiels pour aider l'enfant à se connaître et développer confiance en lui et estime de lui.

L'introspection permet à l'enfant de débroussailler le chemin qui lui permet d'accéder plus facilement à son état intérieur. Il est ainsi plus conscient de ce qu'il sent et ressent et pense. La rencontre avec l'autre est le chemin complémentaire qui lui permet d'approfondir la connaissance qu'il a de lui-même et de l'être humain, la conscience de sa singularité et de son appartenance à l'humanité.

Synthèse

Émotions et sensations sont des informations vitales pour la survie, la réalisation et la socialisation de l'individu. Ceux qui en sont privés n'ont pas conscience de ce qui influence leurs actes ou leurs pensées, ils développent plus que d'autres des comportements violents.

L'introspection consiste à connaître, reconnaître et exprimer ses sensations et émotions.

L'attitude des adultes envers l'enfant joue un rôle essentiel. S'il veut aider l'enfant à explorer son for intérieur, il lui faut arrêter de juger l'enfant, de décider à sa place ou de minimiser la difficulté qu'il rencontre.

L'adulte favorise l'introspection par l'écoute, l'empathie et la reformulation et par sa propre capacité à s'introspecter.

Chapitre 7

Se connaître par la rencontre

Le premier sens du mot rencontre est la mise en présence de deux ou plusieurs personnes. La rencontre englobe donc la personne dans ses dimensions physique, émotionnelle et mentale. La silhouette, le regard, le ton de la voix, les gestes, l'habillement, les mots sont les premiers indices que l'on a sur l'autre. Ces signaux non verbaux déclenchent en nous des émotions conscientes ou inconscientes, exprimées ou dissimulées : sympathie, amour, curiosité, méfiance, rejet, haine... Elles passent d'abord par les sens et de façon très animale ; c'est ce qu'expriment d'ailleurs les expressions « Je ne peux pas le voir en peinture, je ne peux pas le sentir, ou encore j'ai eu le coup de foudre ». Toute rencontre porte en elle simultanément la promesse d'une alliance, d'une coopération, d'un enrichissement et le risque d'affrontement et de rejet. La rencontre est dangereuse parce que l'autre peut blesser, attaquer ou refuser de satisfaire nos besoins. Pour que la rencontre soit un échange fructueux et bénéfique, chacun doit se sentir suffisamment en **confiance** et en **sécurité** pour prendre le risque d'être lui-même et d'exprimer ce qu'il ressent et pense. C'est alors que la socialisation peut émerger.

Les bénéfices de la rencontre

> *« Pour obtenir une vérité quelconque sur moi, il faut que je passe par l'autre. L'autre est indispensable à mon existence, aussi bien d'ailleurs qu'à la connaissance que j'ai de moi. »* (Sartre)
> *« Ce qui est donné, ce n'est pas moi et d'autre part autrui, c'est moi avec autrui. »* (Merleau-Ponty)

Plusieurs écrivains ou philosophes font part de l'importance d'autrui dans la connaissance et la construction de soi. Par la rencontre, l'être humain prend à la fois conscience de son appartenance à l'humanité et de sa singularité.

L'enfant prend conscience de son appartenance à l'humanité

Dans la rencontre, l'enfant s'ouvre, observe, écoute, regarde et découvre que l'autre, comme lui, a froid, a mal, se blesse, rit, pleure, se fâche, tombe amoureux ; il a, comme lui, une vie intérieure faite de sensations, d'émotions, d'images, de pensées, de mots. Le lien se crée à partir de cette « condition humaine commune » qui rapproche et aide à mieux se comprendre. L'autre devient moins étranger, moins dangereux, plus familier. En prenant conscience de cette ressemblance, l'enfant découvre la part d'humanité qui est en lui et en l'autre. Découvrir par une parole, un geste, une lecture que quelqu'un qui nous est proche ou inconnu partage les mêmes joies, souffrances, questionnements que soi-même provoque un infini bien-être parce qu'il rassure : nous nous croyions seul sur cette planète et voici qu'un lien s'est créé. Nous nous sentons proches, nous le comprenons, en bref, il nous est sympathique. Par la rencontre, l'enfant prend conscience qu'il n'est pas seul à avoir une vie intérieure. C'est la *première dimension* de la rencontre : **sortir de sa solitude et réaliser que l'on fait partie de l'humanité**.

L'enfant prend conscience de sa singularité

La *deuxième dimension* de la rencontre est la découverte et l'élaboration de sa **singularité**. **On naît à soi-même par la rencontre**. Si tout humain éprouve des sensations et des émotions, il ne les éprouve pas pour les mêmes raisons et dans les mêmes conditions. L'enfant découvre qu'il a des goûts, des intérêts, des pensées, des croyances qui ne sont pas partagés par tous. L'enfant se construit alors par différenciation et apprend à reconnaître ce qui lui est propre, personnel : J'aime, je n'aime pas... j'ai envie, je n'ai pas envie... **Cette conscience qu'il acquiert de sa singularité sera le noyau vital de sa force intérieure**, le repère l'invitant à poursuivre la réalisation de ses rêves en dépit des obstacles rencontrés ou encore à prendre le risque d'agir face à des actes qui heurtent ses valeurs. La découverte de sa singularité s'élabore de façon progressive : en quoi suis-je unique ? Qu'est-ce qui me différencie des autres ? Qu'est-ce qui m'appartient en propre ? Les réponses à ces questions évoluent au fur et à mesure de la vie. Les rencontres entre personnes, groupes, cultures, religions sont autant d'occasions de prise de conscience de sa singularité et de son appartenance à certaines communautés. Ce sont également des facteurs d'ouverture, d'évolution, d'apprentissage, de remise en question. Ce qu'on croyait universel ne l'est pas : les langues, l'écriture, les codes, les valeurs reçues dans sa famille, son école, son pays sont relatives. Issues du passé et de la tradition, elles sont amenées à se transformer. La rencontre est socialisante non seulement parce qu'elle permet de mieux comprendre et accepter les différences entre individus et groupes mais aussi parce qu'elle permet de mieux savoir qui l'on est. **En faisant en sorte que l'autre nous soit moins étranger, nous nous familiarisons avec nos propres zones d'ombre**.

Bien évidemment, la rencontre est également une opportunité de mieux comprendre, connaître et accepter l'autre. C'est ce que nous développerons dans les parties suivantes. Dans un premier temps, nous concentrerons notre attention sur la rencontre comme vecteur d'une meilleure connaissance de soi.

Aider l'enfant à se connaître via la rencontre

La croyance selon laquelle un enfant se socialise dès lors qu'il est en contact avec d'autres enfants est un mythe. **Toute rencontre n'est pas socialisante**. Certaines familles, certaines écoles, certains établissements sont bien loin de socialiser l'enfant. Parfois même, ils entravent le processus de socialisation par leur incapacité à respecter l'être humain. Que faire pour qu'une rencontre permette à l'enfant de mieux se connaître et participe donc à sa socialisation ?

Pour prendre le risque d'être lui-même, de dire ce qu'il pense et ressent, **l'enfant a besoin de se sentir en sécurité**. Or, ce sont les adultes qui sont garants et responsables de ce climat de confiance : les parents dans la famille, les éducateurs dans les institutions, les enseignants dans les écoles. L'adulte doit s'efforcer de créer un climat permettant à chaque personne prenant part à la rencontre d'exprimer ce qu'elle ressent ou pense sans crainte, d'être écoutée sans être jugée, de s'affirmer en prenant garde de ne pas blesser les autres.

L'adulte gagne à être humain et authentique

L'enfant apprend à penser et à se comporter, à ressentir en observant l'adulte et en répondant à ses injonctions ou sollicitations. Mimétisme et identification sont des moteurs essentiels de la construction de la personnalité. L'adulte a valeur d'exemple ! Lorsqu'il exprime ce qu'il ressent, parle de lui-même, de ses goûts, passions, craintes, erreurs, questionnements non pas comme un modèle à suivre mais comme une expérience de vie, l'enfant est invité à s'interroger sur ce que lui-même ressent. Il prend alors conscience de ce qui le rapproche de l'adulte et de ce qui l'en différencie. Toute situation est l'occasion de percevoir comment chacun a ressenti une situation et d'en faire part aux autres sans agresser ni juger : un livre, une image, une photo, une situation, un repas, une rencontre, un conflit, un événement, une décision... L'adulte peut exprimer son ressenti et inviter l'enfant à exprimer le sien.

J'ai très envie d'aller marcher en montagne cet été pendant les vacances. Et toi de quoi as-tu envie ?
J'ai apprécié l'heure de cours que j'ai passée avec vous.
J'ai vu tel film qui m'a beaucoup intéressé. Il me semble qu'il pourrait te plaire.

En échangeant ainsi avec l'adulte qui a autorité sur lui et avec d'autres enfants, l'enfant découvre ce qui le caractérise, ce qui fait sa singularité. Il apprend également à écouter ce qui caractérise les autres. De ces échanges effectués dans le respect mutuel, se créent des liens qui seront un antidote puissant face au rejet, à l'exclusion, à la violence.

Dans un lycée parisien où j'accompagnais un projet sur le thème de la prévention de la violence et de la médiation, des enseignants ont animé des ateliers pour les lycéens intitulés « De la connaissance de soi à la gestion des conflits ». Ils ont proposé un certain nombre de jeux et d'exercices destinés à favoriser l'expression de soi et l'écoute de l'autre. D'eux-mêmes ou à la demande des lycéens, ils ont participé aux exercices. Les jeunes ont été très touchés par cette implication et ont parlé plus librement d'eux-mêmes. Les adultes appréhendaient le fait d'enlever leur masque et de laisser paraître leur humanité. Cette peur s'est estompée rapidement lorsqu'ils ont réalisé que loin de les fragiliser, cela leur conférait de la force et déclenchait du respect.

Lorsque l'enfant réalise que l'adulte est un être humain qui s'interroge, souffre, fait des erreurs, il prend davantage le risque de laisser voir sa propre part d'humanité.

Créer un cadre rassurant

La rencontre est déstabilisante pour l'enfant parce qu'elle met en relief des différences, des tensions, des incompréhensions. L'adulte peut aider l'enfant à reprendre confiance en l'incitant à exprimer la perception qu'il a de la situation, en donnant son point de vue personnel, en évoquant les faits qui viennent éclairer la compréhension de la situation. L'adulte doit se porter garant du respect de chacun. En particulier, il s'efforcera de transformer les jugements des enfants en expressions de sentiments.

C'est nul ! Il est trop bête... Espèce de débile ! ! ! !

Il n'est pas rare lorsqu'un enfant s'exprime qu'il fasse l'objet de commentaires, moqueries, phrases lapidaires qui l'arrêtent dans son élan et le conduisent à se protéger. Les critiques, insultes, menaces exprimées gestuellement ou verbalement tuent la confiance et l'expression personnelle. Si l'adulte souhaite que l'enfant développe sa confiance en lui, il est souhaitable de transformer les jugements dévalorisants et blessants en expressions personnelles. L'exemple suivant illustre cette action de reformulation au cours d'une discussion informelle entre enfants :

> *Lise (6 ans) : J'adore le film de « Petit Poney ».*
> *Thomas : C'est trop nul ! c'est pour les débiles ! (il rit en regardant son copain)*
> *Lise se renfrogne et hésite entre les pleurs et la contre-attaque.*
> *La mère intervient : Thomas, tu n'aimes pas le film de « Petit Poney » ?*
> *Thomas : Ah non !*
> *La mère : Qu'est-ce que tu n'aimes pas ?*
> *Thomas : C'est nul !*
> *La mère : Qu'est-ce qui est nul ? c'est l'histoire qui ne t'intéresse pas ? c'est lent ? tu n'aimes pas la musique ?*
> *Thomas réfléchit : J'aime pas les dessins. Et l'histoire est débile.*
> *La mère : L'histoire ne t'a pas intéressé et tu n'aimes pas le style des dessins. Et toi Lise, qu'est-ce que tu aimes bien dans « Petit Poney » ?*
> *Lise (souriante) : Tout ! J'adore.*
> *La mère continue, par des questions et reformulations, à aider chacun à clarifier en quoi il aime ou il n'aime pas et à entendre le point de vue de l'autre.*

En mettant en relief ce qui les rapproche et les différencie, la mère permet de recréer du lien entre les enfants et de modifier le regard qu'ils portent l'un sur l'autre. Confortés dans leur identité, ils reprennent confiance pour parler d'eux même si les autres ne partagent pas leur point de vue. Les différences sont alors moins vécues comme un danger. Elle peuvent commencer à être perçues comme un enrichissement, une complémentarité, une diversité bénéfique.

> *Mon copain et moi, on adore jouer au ballon ensemble. Mais lui, il pourrait jouer des heures et moi, j'aime bien aussi discuter ou bouquiner.*

Plus les jugements sont destructeurs, plus il est important d'intervenir, particulièrement lorsque l'enfant est petit et risque de recevoir la parole de l'autre comme « La » vérité. L'exemple suivant en est illustration :

> *Ludovic, un enfant de CP en difficulté vient voir la maîtresse en pleurant.*
> *Ludovic : Mathieu, il dit que j'arriverai jamais à lire parce que je suis bête.*

La maîtresse : Qu'est-ce que tu crois, toi ? (introspection)
Ludovic : Je ne sais pas.
La maîtresse : Tu as envie d'apprendre à lire ? (introspection)
Ludovic : Oui.
La maîtresse : Il y a des mots que tu sais lire aujourd'hui et tu ne savais pas lire avant ? (confrontation avec les faits)
Ludovic : Oui.
La maîtresse : Est-ce que tu as l'impression d'apprendre à lire ?
Ludovic : Oui. Mais il y en a qui lisent mieux que moi.
La maîtresse : Tu as peur de ne pas y arriver, tu te dis que Mathieu a peut-être raison c'est ça ?
Ludovic : Oui.
La maîtresse : Je comprends que tu aies peur. Tu veux que je te donne mon avis ?
Ludovic : Oui.
La maîtresse : Je pense que le plus important c'est ce que toi tu penses de toi, beaucoup plus important que ce que Mathieu pense de toi. Je vois que tu as envie d'apprendre et même quand c'est difficile, je vois que tu continues. Je te fais confiance pour y arriver et je ferai ce que je peux pour t'aider.

Par l'introspection et la rencontre avec les autres, l'enfant découvre son humanité et sa singularité qui favoriseront sa socialisation.

Synthèse

La rencontre est la mise en présence physique, émotionnelle et mentale de personnes. La rencontre est dangereuse, elle peut devenir affrontement et blesser. Elle est également éventualité d'alliance, de coopération, d'enrichissement, d'amour.

Dans la rencontre, l'enfant découvre ce qu'il a en commun avec les autres et ce qui lui est propre. Il prend ainsi conscience de son appartenance à l'humanité et de sa singularité.

L'adulte encourage la rencontre de deux manières : en créant un cadre sécurisant et en étant lui-même capable d'être lui-même.

Chapitre 8

Une technique : le cercle de parole

Parmi les techniques susceptibles d'aider l'enfant à se connaître et à s'affirmer au sein d'un groupe, le cercle de parole est la plus simple à maîtriser et à mettre en place. Le concept du « cercle de parole » est ancien. De façon plus ou moins formelle, les humains qui souhaitent discuter, palabrer, échanger ou prendre une décision se réunissent en cercle : conseils des anciens dans les villages africains, chevaliers de la table ronde, conseils municipaux, conseils d'école... Cette disposition permet à chacun de voir les autres participants et facilite donc l'attention et la concentration. Cette figure géométrique fermée permet également de créer une sécurité, une confiance et de resserrer les liens entre les membres du groupe : en effet, celui qui s'exprime s'adresse à tous les participants et non pas uniquement à l'animateur.

Les objectifs du cercle de parole

La mise en place de cercles de parole réguliers ou occasionnels a un impact important sur le climat de la classe, de la famille ou du groupe. Les participants y développent leur capacité à donner leur point de vue sur ce qu'ils vivent et à en écouter d'autres. Cet apprentissage leur permet de prendre conscience que leur perception du monde n'est pas le monde et qu'en conséquence cette image peut se transformer, devenir plus personnelle, plus élaborée et tenir compte des points de vue des autres. Ils prennent conscience de ce qui les rapproche des autres et de ce qui les en différencie. Ils sont plus à même de s'affirmer, y compris en situation de stress et de conflit, et d'aider les autres. Cette double dimension « se centrer sur soi », « se centrer sur l'autre » est fondamentale. Elle permet de sortir de l'opposition entre égoïsme et altruisme et d'intégrer la relation avec l'autre : « **C'est parce que je me connais et que je prends soin de moi que j'améliore mes relations avec les autres, c'est parce que j'améliore mes relations avec les autres que je vais mieux** ». Les relations entre enfants en sont profondément modifiées : chacun se sent accepté et reconnu en tant que personne, prend sa place dans le groupe plus sereinement et accepte plus facilement de faire place aux autres.

Les règles du cercle de parole

Les règles du cercle de parole sont simples même si leur mise en pratique demande un certain entraînement.

1. Chaque participant est invité à s'exprimer sur le sujet traité. Il n'y a pas de bonne ou mauvaise réponse donc pas d'évaluation ou de jugement sur ce qui est exprimé.
2. Ne parle que celui qui a envie de dire quelque chose.
3. Lorsque quelqu'un parle, les autres s'efforcent de l'écouter jusqu'au bout sans l'interrompre. En particulier, commentaires, critiques et moqueries sont proscrits.

Ces règles favorisent l'écoute. Elles évitent de déraper vers un débat plus difficile à maîtriser dans lequel les participants en viennent à se couper la parole avant d'avoir réellement compris le point de vue de l'autre. Le cercle de parole n'est pas une « dynamique de groupe sauvage », difficile à gérer pour l'animateur et risquant de déclencher des frustrations et des ressentiments contraires à l'objectif recherché.

Dans certains groupes (thérapeutiques par exemple), il peut être demandé aux participants de respecter la confidentialité de ce qui est dit dans le groupe. Cette règle permet aux enfants de se sentir plus libre d'exprimer des points de vue personnels. Cependant, il est difficile pour l'animateur de garantir le respect de cette règle car il n'en a pas la maîtrise. Pour contourner cette difficulté, il peut être demandé aux enfants de ne pas nommer les personnes dont ils parlent. Par exemple, si une enfant dit « Je déteste quand Antoine me frappe dans la cour de récréation », on reformulera en « Tu n'aimes pas être frappée quand tu es en récréation. »

Ce qu'on apprend dans un cercle de parole

Au cours d'un cercle de parole, l'enfant apprend à prendre conscience de ce qu'il ressent dans des situations précises, parler de lui, entendre et accepter les perceptions des autres, prendre conscience et exprimer ce qui le rapproche ou le différencie des autres.

Extrait d'un cercle de parole qui s'est déroulé en CM1.

L'animateur : Pensez à quelque chose que vous avez enseigné à quelqu'un, par exemple, à un enfant plus jeune que vous. Vous lui avez peut-être montré comment attraper une balle ou écrire un mot ou boutonner son manteau. Qui veut bien nous dire ce qu'il a enseigné à quelqu'un de plus jeune et ce qu'il a ressenti dans cette situation ?
Amélie : J'ai expliqué à un CE2 les règles du jeu de la marelle et comment sauter pour pas tomber.
L'animateur : Comment tu t'es sentie en faisant cela ?
Amélie : J'étais contente parce que maintenant on peut jouer ensemble !
Emeric : Moi, j'ai appris à ma petite sœur comment monter sur le canapé et d'ailleurs maman n'était pas très contente parce qu'elle trouvait ça dangereux.
L'animateur : Comment tu t'es senti en faisant cela ?
Emeric : Ben, au début, j'étais content parce qu'on rigolait tous les deux et puis quand elle est tombée et que maman est arrivée, j'étais pas très fier ! Et en plus ma petite sœur, elle disait que c'était de ma faute, alors là j'ai trouvé ça un peu injuste parce que c'était elle qui voulait le faire !
L'animateur : Comment elle se sentait ta petite sœur, à ton avis ?
Emeric : Elle avait un peu mal mais surtout ça l'a énervée de tomber !
L'animateur : Quelqu'un d'autre veut bien nous parler de son expérience ?
Elisa : Moi, j'ai aidé mon petit frère à apprendre à lire et à écrire son nom. Il était fier et moi aussi. Et mon père, il nous a félicités tous les deux.
(D'autres enfants partagent leurs expériences)
L'animateur : Qu'avez-vous appris de ce qui a été dit aujourd'hui dans le cercle de parole ?
Emma : Que ça fait plaisir quand l'autre comprend. Et quand il ne comprend pas, ça peut énerver.
Kevin : Et puis, après c'est bien parce qu'on peut jouer ensemble au jeu.
Amélie : Mais quand même parfois c'est pas facile, parce que l'autre n'y arrive pas ou que après il se fait mal comme la sœur d'Emeric.
(D'autres enfants partagent leurs réflexions qui leur sont venues suite à ce cercle de parole)

Cet exemple permet de montrer comment chaque enfant approfondit le regard qu'il porte sur ses propres actes, sur son histoire, sur ses souvenirs. En reprenant contact avec ce qu'il a éprouvé dans cette situation, il peut construire un sens qui lui est personnel et non pas dicté par ce qu'un autre en a pensé (parent, enseignant, copain...). **Cette démarche de *relecture* des événements de sa vie encourage les liens entre *vivre* et *parler*.** En écoutant les autres, l'enfant découvre que dans une même situation, les autres éprouvent, comme lui, des émotions et des sensations, mais qu'elles peuvent être différentes des siennes. Et enfin, l'enfant peut dans la deuxième partie du cercle de parole, verbaliser ce qui émerge du rapprochement entre son expérience et celle des autres.

Les occasions d'un cercle de parole

La technique du cercle de parole peut être employée à maintes occasions : de façon structurée, en appui d'un apprentissage ou d'une matière, suite à un conflit ou de façon informelle.

De façon régulière et selon un programme précis

La mise en place de cercles de parole réguliers permet d'aborder de façon progressive des thèmes développant chez l'enfant sa capacité à se connaître, à s'apprécier et à élaborer des relations de confiance et d'estime avec son entourage. C'est sur cette hypothèse et dans l'objectif d'élaborer des actions de prévention que des universitaires californiens[31] ont créé le Programme de développement affectif et social (PRODAS).

Ce programme, établi pour des enfants âgés de 3 à 12 ans, aborde les thèmes suivants :

- *Les sentiments, pensées, comportements agréables* : un endroit que j'affectionne tout particulièrement, quelque chose que j'attends avec impatience, quelqu'un qui a fait quelque chose que j'ai apprécié, ...
- *La confiance* : un endroit où je me sens en sécurité, un moment où j'ai su que j'allais réussir, une personne qui a confiance en moi, ...
- *Apprendre* : Ce que j'aime apprendre, ce que j'ai appris tout seul, j'apprendrais mieux si, ...
- *Identité personnelle, présente et future* : un groupe dont j'aime faire partie, ce que j'aime bien en toi, ...
- *Les efforts* : j'aime travailler à, j'ai réussi tout seul, ce que je veux faire un jour, ...

31. H. Bessel, **Le Développement socio-affectif de l'enfant**, Ed. Actualisation, 1985.

- *Les relations avec les autres* : comment je me suis fait un ami, ce que j'évite de faire lorsque je veux devenir l'ami de quelqu'un, mes amis ont tenté de me pousser à faire quelque chose que je n'aimais pas faire, ...
- *Explorer ses sentiments* : j'étais gêné, j'étais heureux, je me sentais pessimiste, je me suis senti seul, ...
- *Déceptions, problèmes et prises de décision* : J'avais un problème et je l'ai réglé, ce qui me préoccupe, quelqu'un a essayé de résoudre mon problème à ma place, ...
- *Résolutions de conflits* : j'étais fâché contre quelqu'un et je me suis mis en colère contre quelqu'un d'autre, si j'avais été plus fort ça se serait passé différemment, ...

Cette progression régulière permet d'aborder peu à peu différents éléments qui sont des morceaux de puzzle de la personnalité de l'enfant. L'enfant acquiert l'habitude de « réfléchir » à sa vie, de porter un regard sur ce qu'il a vécu ; il s'enrichit de chaque expérience. Cette capacité à mettre des mots sur un morceau de vie devient alors « une seconde nature » et reste efficace même en situation de conflit ou de stress. L'enfant, plus « compétent » socialement, prend sa place de façon plus aisée dans le groupe.

En lien avec une matière enseignée

Un enseignant peut mettre en place un cercle de parole demandant aux élèves ce qu'ils ont éprouvé en lisant un texte, écouté une musique, fait un contrôle, effectué un exercice... L'exemple suivant se déroule en 3e où les élèves ont l'habitude des cercles de parole depuis plusieurs années.

> *Hélène, enseignante de musique, fait écouter un morceau aux élèves puis leur demande ce que cela leur évoque.*
> *Etienne : J'avais envie que ça finisse. Je n'ai pas du tout aimé. Je serais bien parti au milieu ! (les autres rient...)*
> *Hélène : Tu n'a pas supporté cette musique ?*
> *Etienne : Non, c'était très fort et très brutal. Comme quelqu'un qui voulait me taper dessus. Ca m'a fait penser à la guerre.*
> *Hélène : Merci Etienne. Quelqu'un d'autre veut bien nous faire partager ce qu'il a ressenti en écoutant cette musique ?*
> *Malika : Moi, j'ai trouvé ça puissant, j'aime bien les trucs qui résonnent fort. On a l'impression que ça dure très longtemps. Ca fait des trucs bizarres dans le corps... (Elle sourit, rougit un peu, les autres rient et se moquent d'elle gentiment)*

Hélène : Merci de ne pas faire de commentaires sur ce que disent les autres. Qui a envie de parler ?
Jean : Moi. J'ai bien aimé le son très doux, c'est une flûte je crois !
Après d'autres interventions, l'enseignante passe à la deuxième partie du cercle de parole.
Hélène : Est-ce qu'en écoutant les autres, vous avez appris ou mieux compris quelque chose ?
Laura : Moi, quand j'écoute cette musique, ça ne me fait rien. En écoutant les autres, ça m'a donné envie de réécouter le morceau pour essayer de sentir quelque chose.
Hélène : J'ai été surprise que Jean ait bien aimé la flûte, comme moi.
Etienne : J'ai toujours du mal à aimer cette musique ! (les autres rient !)
L'enseignante donne ensuite des éléments techniques sur le morceau, leur propose de le réécouter et fait un deuxième cercle de parole.

En prenant conscience de son état intérieur, en l'exprimant et en écoutant les autres, l'enfant sort parfois de ses blocages, de ses refus, et retrouve une forme d'intérêt.

De façon informelle

Un cercle de parole peut également se dérouler de façon informelle, n'importe quand, n'importe où. En fait, toute situation où une personne exprime à l'autre son ressenti au sujet d'un livre, d'un film, d'une musique, d'un événement peut être considéré comme un cercle de parole. Toute expression de soi, aussi fugace soit elle, développe chez l'enfant une force intérieure qu'il pourra utiliser lorsqu'il se sent agressé ou manipulé.

Le déroulement d'un cercle de parole

Le déroulement d'un cercle de parole suit le scénario suivant :

Présentation du thème

L'animateur présente d'abord le thème du cercle de parole sous forme d'une question à laquelle les participants sont invités à répondre. Il peut également avoir annoncé le sujet à la fin du cercle de parole précédent afin de laisser le temps aux participants d'y réfléchir.

> *Aujourd'hui, nous allons nous exprimer sur le thème suivant : « Pensez à quelqu'un à qui vous voudriez ressembler. Il peut s'agir d'une personne de votre entourage ou d'une personnalité connue, d'un héros de livre ou de film, d'un personnage historique. »*

Implication de l'animateur

L'animateur peut, s'il le souhaite, répondre à cette question en son nom propre. Il clarifie ainsi de façon implicite le type de réponse attendu (implication personnelle, expression d'un ressenti).

> *« Moi, j'aimerais bien ressembler à Gandhi. Ce que j'admire chez lui, c'est sa capacité à inciter les autres à changer sans utiliser la force ou la violence. Quand je lis des livres sur lui, ça me redonne de l'énergie pour continuer de travailler. »*

Lorsque l'animateur donne son point de vue en premier, certains enfants ont tendance à se conformer au contenu de la réponse et à donner une réponse proche. En général, cette tendance s'estompe peu à peu lorsque les enfants comprennent qu'il n'y a ni bonne ni mauvaise réponse et que l'exercice consiste, pour chacun, à **trouver sa réponse**, c'est-à-dire celle qui reflète ce qu'il ressent. L'implication de l'adulte est très rassurante pour les enfants et les invite à s'impliquer eux-mêmes.

Expression des participants sur le thème

Ensuite, l'animateur invite ceux qui le souhaitent à s'exprimer sur le sujet et les aide à développer leur réponse.

> *Laurent : Moi, je voudrais ressembler à Zidane. (Les autres rient, ils connaissent sa passion du foot).*
>
> *L'animatrice : Qu'est-ce que tu aimes bien chez Zidane ?*
>
> *Laurent : D'abord, il joue bien au foot. Ensuite, il a fait gagner la France.*
>
> *L'animatrice : Comment il est avec les autres ?*
>
> *Laurent : Avec les autres ? Déjà, il ne la ramène pas. Il ne frime pas. Il ne joue pas perso. Et puis, il n'est pas devenu champion comme ça. Il s'est beaucoup entraîné.*
>
> *L'animatrice : Merci Laurent. Oui, Marie ?*

Marie : Moi, j'aimerais ressembler à Fantômette. (Quelques enfants se moquent ou posent la question « c'est qui celle là ? » de façon assez péjorative).
L'animatrice (fermement) : S'il vous plaît, J'aimerais que nous puissions écouter Marie comme nous avons pu écouter Laurent. Guillaume, nous t'écouterons après si tu as envie de parler de ton personnage. Alors, Marie parle-nous de Fantômette.
Marie : Moi, j'aime Fantômette parce qu'elle a vraiment du courage et elle se bat contre des gens vraiment plus forts qu'elle et en plus elle gagne !
L'animatrice : Comment est-elle avec les autres ?
Marie : Les méchants, elle les laisse pas faire. Mais comme personne sait qu'elle est Fantômette parce qu'elle se déguise, un peu comme Batman, elle se bat toujours toute seule. Et moi j'aime bien aussi me battre seule....

Expression suite à ce qui s'est dit dans le cercle de parole

Lorsque plus aucun participant ne souhaite parler sur le thème, l'animateur propose de s'exprimer sur ce qui a été dit.
L'animatrice : Était-ce difficile ou facile de répondre à cette question ? Avez-vous remarqué des ressemblances ou différences dans vos réponses ?
Lilian : Marie et Kevin, leurs personnages sont tous les deux masqués : Fantômette et Batman et personne ne sait que c'est eux.
Elise : Beaucoup de personnages sont forts et ils gagnent mais en même temps, ils sont gentils.
Laura : Sauf celui de Damien, Joker, qui aime bien faire mal aux gens. Il est fou, lui !
L'animatrice : Laura, tu as été choquée que Damien choisisse un personnage qui fait mal aux autres ?
Laura : Ben oui,
L'animatrice : Tu peux nous dire ce qui te choque ?
Laura : Je trouve ça bizarre de vouloir ressembler à quelqu'un qui fait peur et mal aux autres. (Elle réfléchit) Moi, Joker, j'aurai pas envie de le rencontrer. En plus, il a même pas l'air heureux.
L'animatrice : Merci Laura....

Clore le cercle de parole

Lorsque plus aucun participant ne souhaite s'exprimer, l'animateur peut faire une synthèse de ce que les participants ont remarqué et présente éventuellement le thème du prochain cercle de parole.

Réussir un cercle de parole

L'animateur du cercle de parole a pour mission de créer un climat sécurisant permettant aux participants de se sentir en confiance, faciliter l'expression de chacun par l'écoute, la reformulation et la neutralité, réfréner les réactions et comportements qui perturbent le groupe et diminuent la confiance et l'écoute.

Créer un climat sécurisant

Les enfants aiment participer aux cercles de parole dès qu'ils s'y sentent en confiance. Ils aiment parler d'eux. Comme le disait une adolescente « C'est un moment où l'on a l'impression d'exister en tant que personne. » Une fois le rituel institué, ils en deviennent « accros » !

Les premiers cercles de parole

Souvent, les enfants sont déconcertés par les premiers cercles de parole. Pour nombre d'entre eux, c'est la première fois où ils sont invités à exprimer une pensée ou un ressenti personnels sans que quelqu'un (un adulte ou un autre enfant) n'exprime un jugement. Certains éprouvent de l'appréhension et sont prudents : ils se taisent ou testent la capacité de l'adulte à faire respecter les règles qu'il a énoncées.

La durée d'un cercle et le nombre de participants

Il est nécessaire d'adapter les exigences du cercle de parole (nombre de participants, temps) à l'âge et la maturité des enfants. En effet, il est important que ce moment soit agréable. La durée doit s'adapter à la capacité du groupe et de l'animateur à rester concentré et à l'écoute. Si l'animateur a la sensation que les enfants s'ennuient, qu'ils sont énervés et que lui-même n'a pas la capacité à conserver un climat chaleureux et agréable, il est préférable d'arrêter. Les cercles qui concluent une activité durent en général environ 5 minutes, les cercles réguliers oscillent entre 15 et 30 minutes. L'état et l'humeur de l'enseignant jouent un rôle important sur sa capacité à animer ce moment en restant ouvert. Il est donc essentiel, si ce cercle a lieu de façon régulière, qu'il choisisse le moment de la journée ou de la semaine le plus approprié. Le nombre de participants peut varier entre 5 et 30 participants. Il est préférable de ne pas dépasser 15, si ce sont des enfants jeunes ou en difficulté.

Faciliter l'expression de chacun

Écouter

L'animateur écoute avec attention ce que dit chacun et l'aide à clarifier sa pensée et son ressenti. Son écoute conduit les autres à écouter aussi. Certains enfants ne parlent pas pendant plusieurs séances. Il est important d'être à l'écoute de leurs attitudes pour les inviter à parler s'ils semblent en avoir envie, et lorsqu'ils se décident à parler, ne pas les pousser au-delà de leurs limites. Certains prennent confiance peu à peu et progressent dans leur capacité à parler aux autres. D'autres restent très réservés. Mais même s'ils ne s'expriment pas, ils réfléchissent et se parlent à eux-mêmes. Et enfin, ils écoutent les autres, ce qui représente déjà la moitié du travail.

Questionner, reformuler le contenu

Si l'enfant a du mal à préciser ses sensations, émotions et pensées, les autres participants peuvent l'aider par des questions :

> *Qu'est-ce que tu as bien aimé dans ce film ? Y a-t-il un moment que tu as particulièrement apprécié ?*
> *Quel est le goût que tu n'aimes pas dans ce plat ? Comment pourrais-tu le décrire ?*
> *Qu'est-ce qui est difficile pour toi dans ce travail ? Est-ce qu'il y a d'autres exercices que tu arrives à faire facilement ?*

La reformulation reprend les mots de l'enfant et permet, lorsque le contenu est imprécis, de s'assurer que l'animateur et les participants ont bien compris ce qu'il a voulu dire.

> *Emilie : J'aime aller à la mer et surtout quand on va à Briançon.*
> *L'animateur : Tu aimes aller à la mer et aussi à Briançon parce qu'il y a un lac, c'est ça ?*
> *Emilie : Ah, c'est un lac ? Ah bon ! (Elle rit, les autres aussi). En tout cas ça ressemble à la mer parce que c'est grand.*

Questionner, reformuler le ressenti

Au-delà du contenu, l'animateur veille à ce que le ressenti soit exprimé. Certains enfants se perdent parfois dans la narration détaillée d'événements. La question suivante : « Comment te sentais-tu dans cette situation ? » leur permet de se recentrer sur leurs émotions, de synthétiser ce qu'ils ont vécu et de faciliter l'écoute des autres participants.

Hélène : J'aime pas les récréations parce qu'il y a souvent des bagarres. Hier, il y a un garçon qui est venu me prendre mon ballon et qui l'a lancé loin exprès. Je l'ai traité. Après, il m'a menacée. (...) Alors j'ai attendu la fin de la récréation sans jouer. Et à la fin, il m'a lancé le ballon dans la tête en se moquant de moi.
L'animateur : ***Qu'est-ce que tu as ressenti quand il t'a pris ton ballon*** *? (question)*
Hélène : J'étais très en colère. C'est vrai, c'est injuste, parce qu'il est plus fort, il croit qu'il peut faire sa loi. Je le déteste !
L'animateur : ***Tu trouves ça vraiment injuste et tu es encore très en colère contre lui*** *? (Reformulation du ressenti)*
Hélène : Oui, si je pouvais le tuer, je le ferais. D'ailleurs, j'y réfléchis. (Elle sourit, plus détendue et les autres rient avec elle)

La reformulation du ressenti diffère de l'interprétation. Il ne s'agit pas de chercher un sens caché à l'émotion ou au comportement de l'enfant. La reformulation sur le ressenti consiste simplement à écouter au-delà des mots ce que ressent la personne, à se « brancher sur ses tripes plus que sur son mental » et à lui proposer un mot qui décrit l'état émotionnel. Si le mot n'est pas juste, la personne, d'elle-même, le refusera ou le modifiera.

Christine : J'ai pas aimé l'autre jour quand Yvan m'a dit que j'étais grosse.
L'animateur : Tu étais mal à l'aise ?
Christine : Plus que mal à l'aise, j'étais vraiment vexée.

Inviter les participants à dire « Je »

Certains participants ont du mal à parler d'eux et utilisent sans en être conscient des termes tels que « On », « il faut », ...

Christine : Quand les autres font les idiots dans la classe, on peut plus travailler. Il faut être sage quand même.
L'animateur : Quand les autres font les idiots dans la classe, tu es gênée parce que tu ne peux plus travailler. C'est ça ?
Christine : Oui et en plus j'arrive plus à écouter ce que dit le maître et après je me fais gronder.

Eric : On se fait toujours gronder quand on est le plus grand.
La mère : Tu as l'impression que, parce que tu es l'aîné, je te gronde plus ?
Eric : Ben oui, et Etienne il en profite. Il pleure même quand je ne l'embête pas, juste parce qu'il sait que c'est moi qui me ferai gronder.
La mère : Tu penses que c'est injuste ?

Eric : Oui, exactement, je trouve ça injuste.
La mère : C'est difficile pour moi de savoir quoi faire quand vous vous disputez. Et comme Etienne est plus petit, j'ai peur qu'il se prenne un coup ou que tu lui dises des mots qui le blessent.

Ne pas juger ou évaluer ce qui est dit

Il est parfois difficile pour l'animateur de ne pas juger ou réagir à ce que dit un participant. En effet, certains propos peuvent choquer ou surprendre.

Christian : Moi, ce que j'aime bien faire c'est lancer des boulettes à la cantine, tomber de ma chaise ou embêter les filles.
Lilas : Je rêve que mon frère ne soit jamais né..
Maxime : Lucien, je lui pardonnerai jamais ce qu'il m'a fait. Un jour, je me vengerai

Parfois ce que dit l'enfant nous choque. Il est important que les participants, animateur compris, écoutent et ne fassent ni commentaires ni jugement. En effet, comme le montrent les exemples suivants, ces réactions entravent le processus de connaissance de soi.

Christian : Moi, ce que j'aime bien faire c'est lancer des boulettes à la cantine, tomber de ma chaise ou embêter les filles.
Une fille : C'est pas bien de faire ça, faut pas le faire, c'est interdit.

Lilas : Je rêve que mon frère ne soit jamais né...
L'animatrice : Il y a des rêves qui sont plus gentils que ça, tu ne penses pas ?

Maxime : Lucien, je lui pardonnerai jamais ce qu'il m'a fait. Un jour, je me vengerai.
L'animateur : Peut-être ça va passer avec le temps, non ?

Seule l'écoute et la reformulation vont permettre à l'enfant de préciser ses sensations. L'animateur aide à préciser et approfondir le ressenti. Pour cela, il reformule ce qui est dit en prenant garde que son ton de voix soit empathique, c'est à dire bienveillant et acceptant.

Christian : Moi, ce que j'aime bien faire c'est lancer des boulettes à la cantine, tomber de ma chaise ou traiter les filles.
L'animateur : Comment te sens-tu quand tu fais ça ?
Christian : (silence) Ça fait rire les autres, alors je me sens bien !
L'animateur : Quand tu fais rire les autres, tu te sens heureux ?
Christian : Oui, mais après je me fais punir, alors j'aime pas.

L'animateur : Au début, c'est agréable quand les autres rient et après c'est désagréable parce que tu te fais punir ?
Christian : Oui, c'est ça. J'aimerais bien faire rire les autres sans me faire punir.

Lilas : Je rêve que mon frère ne soit jamais né...
L'animatrice : Tu aimerais bien ne pas avoir ce frère ?
Lilas : J'aimerais qu'il soit mort, je le déteste !
L'animatrice : Tu ne le supportes plus du tout ?
Lilas : Tous les jours, il me fait pleurer, il se moque de moi.
L'animatrice : Tu en as vraiment assez.
Lilas : Oui, s'il n'était pas là ça serait plus facile pour moi.

Dans la deuxième partie du cercle de parole, l'animateur et les enfants ont l'opportunité de dire ce qui les a gênés ou choqués. Ainsi, la personne prend conscience qu'elle a été entendue et que les mots qu'elle prononce ont un poids, un impact.

L'animatrice : Quand Lilas a dit qu'elle souhaitait que son frère soit mort, ça m'a choquée parce que pour moi si je voulais la mort de quelqu'un, ça voudrait dire que je lui en veux à mort ! En fait, ça me donne envie d'aider Lilas.
Isabelle : Moi, ça m'a pas choquée parce qu'elle dit qu'elle aimerait qu'il soit mort, pas qu'elle va le tuer ! (tout le monde rit)

Certains enfants vivent des moments douloureux. L'adulte ne sait pas toujours quoi faire de ce qu'il entend[32]. Il est judicieux d'aller voir l'enfant et de lui dire que s'il souhaite parler de ses difficultés, des adultes sont prêts à l'écouter et à l'aider en dehors des cercles de parole.

Refréner les comportements qui gênent le groupe

Pour que les enfants se sentent en confiance, il est essentiel que l'animateur soit garant du respect des règles qui ont été édictées.

- **Rappeler les règles en début** de cercle de parole

L'animateur : Pour que chacun puisse parler le plus librement possible et être entendu par tous, je vous demande que ceux qui ont envie de par-

32. C'est d'ailleurs sans doute une des raisons qui conduisent les adultes à ne pas écouter les enfants : que faire de ce que l'on a entendu ?

ler le fassent à tour de rôle. Nous les écouterons sans les interrompre ni faire de commentaire. Nous pourrons poser des questions pour mieux comprendre mais sans donner notre avis. Dans la deuxième partie du cercle de parole, nous pourrons dire ce que nous avons ressenti ou appris en écoutant les autres.
Je demanderai aussi à ceux qui parlent de se concentrer sur eux, de dire comment ils se sont sentis dans la situation qu'ils nous décrivent et d'éviter les phrases qui jugent les autres.

- **Reformuler les jugements** :

Isabelle : Les profs de maths sont tous nuls dans cette école !
L'animatrice : Tu n'apprécies pas les cours de maths dans cette école ?
Isabelle : Non, les profs savent même pas enseigner, on peut même pas poser de questions.
L'animatrice : Tu es gênée parce ça n'est pas possible de poser des questions ?

Mathieu : Ceux qui parlent pas bien le français, ils retardent toute la classe, ils comprennent rien, ils sont nuls.
L'animatrice : Ça t'énerve d'attendre ceux qui vont plus lentement ?
Mathieu : Ben oui, je m'ennuie et on peut rien faire d'autre, on n'a pas le droit, faut attendre les bras croisés !
L'animatrice : Tu aimerais pouvoir faire autre chose sans avoir à attendre ceux qui n'ont pas fini ?
Mathieu : Oh oui ! ça j'aimerais vraiment !

- **Signaler à un participant qu'il gêne** : plus notre attention est portée sur celui qui parle, plus nous aidons le groupe à être également à l'écoute. Si un ou plusieurs enfants parlent ou bougent de façon gênante, on peut le leur signaler physiquement afin qu'ils en prennent conscience. Si cela ne suffit pas, il faut leur rappeler la règle de façon calme et non agressive.

Caroline et Pierre, quand vous parlez en même temps qu'Emilie, nous avons du mal à l'écouter et ce n'est pas agréable.

- prendre en compte la personnalité des enfants, leur capacité de concentration, leurs affinités dans la **place** qui est **donnée à chacun** dans le groupe.
- Exclure un enfant du cercle temporairement si cela lui est trop difficile d'y participer. Si c'est l'ensemble du groupe qui a du mal à travailler en cercle de parole, il est nécessaire de revoir l'organisation, l'animation et les thèmes du cercle de parole afin de les adapter aux capacités et intérêts des enfants.

Le cercle de parole à l'école

Les émotions ont peu le droit de cité dans les écoles. Implicitement, il est demandé à l'enfant de venir sans « état d'âme » en classe afin de se concentrer sur l'acquisition de savoirs (histoire, géographie, science, ...) et de savoir-faire (parler, écrire, lire correctement...). Ces savoirs et techniques sont évalués de façon assez objective car les réponses sont justes ou erronées : Paris est la capitale de la France, 2 et 2 font 4. L'enfant est rarement invité à parler de lui, de sa conception du monde, de sa relation avec l'école, les copains, etc. Et quand, parfois, l'enseignant l'y invite, l'enfant (comme l'adulte d'ailleurs) en a si peu l'habitude qu'il dira sans doute ce qui lui semble correspondre à l'attente de l'adulte plutôt que de chercher sa propre réponse. L'évaluation de la forme et du fond se confondent souvent. Pour que l'enfant puisse développer cette capacité à prendre conscience et exprimer ce qu'il ressent, il est essentiel que le contenu de ce que dit l'élève ne soit pas évalué. En revanche, ce qui fait l'objet d'une éventuelle **évaluation**, c'est la **capacité de l'enfant à parler de lui sans agresser et à écouter sans juger**. Cette capacité peut être considérée comme une **compétence transversale** ou encore faire l'objet d'une matière à part entière (comme cela existe dans certaines écoles anglo-saxonnes) au même titre que l'expression écrite ou l'expression orale.

Le cercle de parole en famille

En famille, la difficulté est autre. La plupart des parents sont soucieux des valeurs qu'ils transmettent à leurs enfants. Ils cherchent donc à obtenir d'eux des comportements reflétant ces valeurs. De ce fait, il leur est parfois difficile d'écouter leurs enfants exprimer des sentiments ou des points de vue différents des leurs, et ceci d'autant plus qu'ils sont exprimés agressivement. Il est donc utile de rappeler deux caractéristiques importantes de l'écoute, telle qu'elle est utilisée dans les cercles de parole :

- Écouter ne veut pas dire être d'accord, mais simplement accepter que l'autre puisse éprouver des sentiments, des sensations différents des nôtres.
- Écouter et reformuler permettent à la personne de mieux se connaître, de se sentir acceptée, en sécurité. Elle peut alors entendre le point de vue de l'autre de façon beaucoup plus ouverte.

L'écoute et le respect des points de vue de chacun permettent à chaque enfant de se construire et de se différencier de façon beaucoup plus sereine.

Les effets du cercle de parole

Cette technique est réellement déconcertante pour les adultes car elle donne l'impression de laisser chaque enfant là où il est sans chercher à le faire avancer dans une direction commune et connue d'avance, selon des objectifs pédagogiques clairs, reflétant des valeurs ou des connaissances objectives. Effectivement, contrairement à un débat ou un cours, on ne cherche pas à convaincre l'autre du bien-fondé de notre position et de la nécessité de ressentir et penser de la même manière. On l'invite simplement à devenir lui-même en prenant peu à peu conscience de ses valeurs, de ses sensations, de ses choix, de ses difficultés et de la liberté qu'il peut acquérir par l'affirmation de soi et l'écoute de l'autre.

Un cercle de parole n'est ni une dynamique de groupe ni une thérapie. Les émotions y ont leur place mais l'adulte n'a pas pour mission d'interpréter des comportements ou de chercher le pourquoi des attitudes de chacun. C'est une limite qu'il doit être capable de poser. C'est pourquoi il est préférable de se former à l'animation d'un groupe de parole et d'être supervisé régulièrement.

La progression se fait de façon « homéopathique ». Petit à petit, chacun ajuste sa position et prend en compte celle de l'autre. La sécurité et la confiance engendrée permettent à chacun d'être moins sur ses gardes. D'ailleurs les enfants ne s'y trompent pas. Ils viennent avec plaisir prendre leur place dans le cercle, cercle qu'ils qualifient de « magique » parce que les paroles prononcées dans ce cadre résonnent longtemps après que le cercle se soit dissous.

Synthèse

Le cercle de parole permet d'expérimenter la connaissance de soi via l'introspection et la rencontre. L'enfant apprend à relire les événements de sa vie.

Les cercles de parole ont des règles précises, peuvent être formels ou informels, réguliers ou occasionnels, porter sur une activité que l'on a faite ensemble.

Un cercle de parole se décompose en plusieurs phases. L'animateur doit créer un climat sécurisant, favoriser l'expression de chacun et réfréner les comportements qui gênent le groupe.

Apprendre à se connaître : du constat à l'action

Les constats	Ce que l'adulte peut faire
L'être humain agit sous l'influence de ses émotions, perceptions et pensées	Prendre conscience des **moteurs de ses actes** Repérer les **décalages** éventuels entre perceptions, état intérieur, pensées et actions. Chercher la **cohérence** globale de sa personne afin d'être plus entendu
Ce que l'on perçoit n'est pas la réalité	Prendre conscience des émotions et pensées qui influencent ses perceptions **Accepter que l'enfant soit autre** et puisse percevoir, ressentir et penser différemment
En apprenant à se connaître, l'enfant apprend à canaliser sa vitalité et évite qu'elle ne se transforme en violence.	Faire **confiance** à l'enfant **Arrêter de juger** l'enfant, de **décider à sa place** ou de **minimiser** les difficultés qu'il rencontre Lui donner les **moyens de se connaître**
L'enfant apprend à se connaître par l'introspection	Développer sa **propre capacité** à s'introspecter. Apprendre à **écouter** ce que ressent l'enfant et développer **l'empathie** Apprendre à écouter ce que dit l'enfant et à **reformuler**
L'enfant apprend à se connaître par la rencontre	Favoriser des **rencontres** fondées sur le **respect** et l'**ouverture** Être **capable d'ouverture** et d'authenticité dans sa rencontre avec l'enfant
La connaissance de soi se fait progressivement	Mettre en place des **rendez-vous ritualisés**, tels les cercles de parole.

Troisième partie

Apprendre à respecter autrui

La partie précédente était centrée sur l'importance de se connaître, de s'apprécier et d'avoir confiance dans ses propres ressources. Nous avons vu en quoi l'introspection et la rencontre avec les autres permettent à l'enfant d'être plus conscient de ses besoins, émotions, croyances, valeurs et de s'affirmer de façon plus sereine. Cependant, la présence des autres est source de conflits et vient mettre des limites à l'affirmation de soi. Lorsque les enfants grandissent sans acquérir la conscience et le respect de l'autre ils continuent d'agir comme s'ils étaient le centre du monde : ils cherchent à satisfaire leurs besoins envers et contre tout, s'imposent en force et s'évitent de ***gérer la frustration inhérente à la vie en société****. Dans cette partie, nous allons nous centrer sur le pôle « répressif » de l'autorité et voir de quelle manière nous pouvons* ***fixer des limites*** *aux enfants, qui tiennent compte de leurs capacités intellectuelles et relationnelles. Le premier chapitre sera centré sur les difficultés que rencontre l'enfant à se socialiser. Les chapitres suivants détailleront les attitudes des adultes susceptibles d'aider l'enfant à se socialiser : adopter la position juste et efficace dans une situation de conflit, affirmer son désaccord sans blesser, se référer aux règles, sanctionner de façon éducative et faire évoluer les règles lorsqu'elles ne sont plus adaptées.*

Chapitre 9

Comprendre les difficultés de la socialisation

Fixer des limites à l'enfant tout en préservant sa vitalité, tel est l'enjeu de l'autorité éducative. L'approche proposée va donc éviter de contrecarrer l'enfant en lui demandant de renoncer à ses besoins et de taire ses émotions. A l'inverse, nous allons encourager l'enfant à prendre conscience du besoin auquel il tente de répondre et, fort de cette connaissance, à chercher des solutions qui lui permettent de répondre à son besoin sans nuire à autrui.

Pourquoi il est important de répondre à ses propres besoins

Les manuels d'éducation et de psychologie, l'approche philosophique ou morale auxquels nous sommes habitués nous ont rendus peu familiers du concept de « besoin ». Une notion péjorative y est même souvent associée : nous avons plus appris à oublier, mépriser, contenir ou renoncer à nos besoins qu'à y répondre de façon adaptée.

Un besoin est ce qui est considéré comme nécessaire à l'existence humaine. Kant[33] en parle ainsi :

> « *Il y a toujours dans le mot besoin l'idée d'une force à laquelle il n'est pas répréhensible de céder, à cause de son caractère naturel, de son intensité ou des conséquences graves qui résulteraient de l'avoir négligée.* »

Certains besoins sont d'ordre physiologique : respirer, manger, boire, évacuer, bouger, se reproduire... D'autres sont du ressort psychique et affectif. A. Maslow en recense trois qu'il qualifie d'inhérents à la nature humaine : la sécurité, l'amour et la reconnaissance. Ce sont les besoins fondamentaux. Lorsque ces besoins ne sont pas satisfaits, l'individu ressent un manque qu'il cherche à combler même au détriment de son développement personnel.

33. A. Lalande, **Vocabulaire technique et critique de la philosophie**, PUF, 1980.

« Les besoins de l'espèce doivent être habituellement satisfaits de manière convenable avant que l'individualité réelle puisse se développer pleinement. De la même manière que les arbres ont besoin de soleil, d'eau et de nourriture, qu'ils reçoivent de l'environnement, les humains ont besoin de recevoir de l'environnement sécurité, amour et considération. Pour les arbres comme pour les humains, le développement réel de l'individu peut commencer une fois qu'ont été satisfaits les besoins réels de l'espèce. A ce moment-là, chaque arbre, chaque personne commence son développement selon son propre style unique[34]. »

Pour grandir et se développer, l'être humain cherche à comprendre le monde, à y prendre sa place et à le modifier. Il satisfait ainsi à ses besoins d'apprendre, de créer, de réaliser, besoins qui, à l'inverse des besoins de l'espèce, ne diminuent pas lorsqu'ils sont satisfaits. Au contraire, ils accroissent la motivation.

Parfois, l'enfant est tiraillé entre des besoins qui ne peuvent être satisfaits simultanément : rester avec maman (besoin de sécurité) ou aller jouer avec les enfants de la halte-garderie (besoin d'explorer), répondre à une question posée par la maîtresse (besoin d'apprendre) au risque de se tromper (risque d'être rejeté), demander à faire partie de l'équipe de basket (besoin d'être intégré et reconnu) alors qu'on n'y excelle pas (peur d'être rejeté).... Apprendre, partir, explorer répondent aux besoins de liberté, de développement et font prendre des risques : suis-je capable ? Va-t-on m'aimer ? Serai-je à la hauteur ? Il n'est pas rare que l'enfant choisisse la sécurité, l'amour ou la reconnaissance au détriment de son développement :

- Il préférera se taire et ne rien ressentir s'il pense que son point de vue ou son émotion risquent de déclencher rejet, moqueries ou coups (besoin de sécurité)

I. était enceinte. Elle n'en a parlé à personne, persuadée que si elle le disait, elle serait renvoyée de sa famille et de l'école.

- Pour éviter de perdre l'amour de ses parents, de ses amis, de son conjoint, il peut renoncer à certains désirs, actes, apprentissages. (besoin d'être aimé)

P. refusait de répondre aux questions en classe et faisait en sorte d'avoir des notes médiocres pour ne pas apparaître comme le chouchou aux yeux de ses copains.

34. A.H. Maslow, **Vers une psychologie de l'être**, Fayard, 1972, p. 38.

• Pour avoir une bonne estime de soi, on répond aux désirs des autres en oubliant de s'écouter. (besoin d'être reconnu)

C. continuait de suivre ses cours de danse parce que tout le monde la trouvait excellente et la félicitait. Mais en fait, elle s'y ennuyait mortellement.

En prenant conscience de ses besoins, l'enfant peut les exprimer de façon moins violente et plus sociale. Lorsque l'entourage lui reconnaît ce droit, l'enfant se sent aimé et reconnu. Il peut alors plus facilement prendre le risque de s'ouvrir au monde et aux autres. La connaissance qu'il acquiert de lui-même lui permet de mener sa vie de façon plus éclairée.

Pourquoi il est difficile de prendre en compte autrui

Prendre en compte autrui est un long cheminement : du centre du monde, il lui faut devenir un élément du monde en relation avec d'autres éléments. Cet apprentissage est difficile, plus difficile encore que d'apprendre à lire, à écrire ou à compter pour plusieurs raisons.

D'abord, l'enfant n'a pas conscience des besoins auxquels il tente de répondre. Un événement déclenche chez lui un état intérieur de peur, de souffrance, de mal-être dont il va essayer de sortir. Il va chercher de la sécurité, de l'amour ou de la reconnaissance de manière maladroite et parfois insupportable pour l'autre : cris, coups, insultes, fugue...

Peu à peu, en grandissant, il prend peu à peu conscience de son moteur interne sous réserve que les adultes l'initient à la connaissance de soi.

Mais ce processus ne va pas sans difficultés. Il doit faire face à des obstacles et surtout à des frustrations qu'il rencontre au fur et à mesure de son développement. La difficulté vient de ce que l'enfant n'a pas (ni l'adulte d'ailleurs) a priori envie de gérer ses frustrations et ses peurs.

Il doit néanmoins apprendre à gérer les frustrations inhérentes à :

• la réalité physique : on ne peut revenir en arrière ; le feu brûle, ...

- la réalité sociale : les autres ont aussi des besoins qu'ils cherchent à satisfaire, les règles contraignent et limitent la satisfaction des besoins

- son désir de croissance : apprendre demande des efforts, explorer comporte des risques...

Pour grandir, l'enfant doit sortir de la « toute-puissance » et passer du principe de plaisir au plaisir de réalité. Il doit accepter de ne plus être au centre du monde, **se décentrer**, consentir à ce que les autres aient également des besoins et des droits, admettre que le monde physique a ses lois que nous ne pouvons pas changer. Tout cela est éprouvant et assez désagréable. Il est donc humain de chercher à satisfaire d'abord ses propres besoins et d'éviter de prendre en compte les autres. Or, l'enfant a peu l'occasion de développer son intelligence relationnelle. Répondre à ses besoins sans nuire aux autres est une compétence que l'on acquiert. Elle demande certaines capacités cognitives permettant à l'enfant d'avoir conscience de lui et des autres, et de verbaliser la difficulté qu'il rencontre à prendre en compte autrui. Les enfants qui ne savent pas ce qu'ils ressentent ou qui ont peu d'estime d'eux-mêmes, ont plus de mal que les autres à répondre à leurs besoins sans nuire à autrui.

Comment l'adulte peut aider l'enfant à prendre en compte autrui

La façon dont l'adulte met des limites au comportement de l'enfant est fondamentale : elle peut aider l'enfant à se socialiser ou à l'inverse endommager l'enfant et freiner le processus de socialisation. La démarche proposée s'appuie sur les postulats suivants :

- L'enfant a des paroles ou actes qui blessent sans qu'il ait conscience de nuire à autrui ou même l'intention de nuire

- Les exigences de l'adulte doivent être adaptées aux capacités cognitives et relationnelles de l'enfant

- Prendre en compte l'autre est un apprentissage lent et difficile qui nécessite de l'adulte patience et fermeté.

- Quand l'enfant sait ce dont il a besoin et peut l'exprimer sans être jugé, il reconnaît à l'autre plus facilement les mêmes droits.

Dire à l'enfant que nous n'acceptons pas son comportement ou que nous refusons sa demande devient alors un acte éducatif : l'adulte fixe une limite tout en reconnaissant la frustration qu'elle entraîne.

Synthèse

L'autorité éducative encourage l'enfant à prendre conscience de ses besoins de manière à les exprimer de façon moins violente et plus sociale et à prendre le risque de s'ouvrir au monde et aux autres.

Respecter autrui demande à l'enfant de gérer ses frustrations, de se décentrer, d'accepter la réalité : c'est éprouvant. Cela demande d'acquérir des compétences intellectuelles et relationnelles qui sont le résultat d'un apprentissage progressif.

L'autorité éducative fixe des limites de façon ferme tout en reconnaissant la frustration qu'elle génère.

Chapitre 10

Adopter la position juste

Pour adopter la position juste, l'adulte doit développer sa capacité d'évaluation de la situation : Y a-t-il lieu d'intervenir ? Le conflit est-il stérile ? L'environnement est-il adapté ? L'enfant peut-il anticiper ?

Évaluer s'il y a lieu d'intervenir

L'agression ou l'accident sont rarement imprévisibles, du moins pour celui qui sait observer et décoder le langage non verbal, percevoir les émotions et les tensions. Anticiper permet d'aider l'autre à voir, à comprendre et se maîtriser avant que le conflit ne se transforme en affrontement violent. Lorsqu'un adulte perçoit que la tension monte ou qu'un conflit émerge, il peut choisir d'intervenir ou non : est-il nécessaire d'intervenir ou les protagonistes sont-ils capables de régler tous seuls ce conflit ? Faisons l'analogie avec l'apprentissage de la natation. Lorsqu'un enfant apprend à nager, on lui fournit des manchons, une bouée, on le suit, on le surveille, on le rassure. On l'incite à sentir comment l'eau le porte, à chercher les mouvements qui le maintiennent à la surface de l'eau. On l'encourage à garder son calme, à ne pas faire la guerre avec l'eau mais à en faire son alliée. Peu à peu, on lui retire ses appuis, on le laisse faire quelques brasses, on s'assure qu'il ne coule pas. Il boit quelques tasses et puis il prend confiance dans sa capacité à nager. Il peut aller là où il n'a pas pied puis nager dans les vagues, dans l'eau plus froide, descendre des rivières... Pour que l'enfant sache nager, l'adulte doit donc lui donner confiance, lui fournir des éléments techniques, le laisser expérimenter sans danger, prendre le risque qu'il boive quelques tasses et le lâcher lorsqu'on pense qu'il est capable de nager.

Il en est de même dans l'apprentissage de la socialisation : quand l'enfant se retrouve empêché de répondre à son besoin par la présence de l'autre, il expérimente la frustration et la résolution du conflit. Si l'adulte intervient trop tôt ou maladroitement, les enfants s'habituent à ce que l'adulte tranche à leur place et sont perdus lorsqu'ils se retrouvent seuls en situation de conflits. Si l'adulte estime les enfants à même de résoudre leurs différends sans danger de risques de blessures physiques ou psychologiques pour l'un d'entre eux, il est alors **éducatif de ne pas intervenir**. A l'inverse, si l'adulte estime que les conditions d'une résolution de conflits constructive ne sont pas en place (temps, contexte, maturité des enfants...) ou si un enfant demande de l'aide, il est de la responsabilité de l'adulte de faire respecter les règles supposées protéger l'enfant. Si l'adulte n'intervient pas quelles en sont les conséquences ?

- Un climat d'insécurité s'installe : les enfants, ne se sentant pas protégés, cherchent comment éviter le danger en fuyant, en réduisant leur territoire ou en se faisant justice eux-mêmes
- Les comportements violents s'accentuent : chacun a intérêt à devenir violent pour se protéger et défendre ses besoins,
- Puisque ces actions sont impunies, elles se banalisent et les enfants intègrent l'idée que nuire à autrui n'est pas grave, mais normal, inévitable, banal...

> *A la récré, je reste toujours près du surveillant parce que j'en ai marre de me faire bousculer.*
>
> *Quand mon grand frère est là, j'essaie d'aller dormir chez une copine parce que sinon tous les soirs, je pleure.*
>
> *Quand Antoine et Damien nous attaquent, nous avons un cri de ralliement. On est au moins dix à foncer dessus. C'est comme cela qu'on se tire. Les éducs, quand on va les voir, il nous disent de nous débrouiller. Alors c'est ce qu'on fait.*

Les conséquences concernent non seulement les victimes mais également les agresseurs et les observateurs. Une étude suédoise[35] a montré que, dans les établissements scolaires où les adultes n'interviennent pas en cas de conflits, la violence augmente et le phénomène s'accentue : les agresseurs agressent de plus en plus et les victimes perdent de plus en plus confiance en elles. A l'inverse, la violence baisse de façon drastique lorsque les adultes interviennent en cas d'agression.

La capacité de l'adulte à évaluer les risques d'une situation de conflit est donc un élément primordial :

- **s'il intervient trop souvent ou trop tôt, les enfants restent dépendants de l'adulte** : ils n'apprennent ni à affirmer leurs besoins ni à prendre en compte ceux des autres

35. Dan Olweus, **Violences entre élèves, harcèlements et brutalités : les faits, les solutions**, Ed. ESF, 1998.

- **s'il intervient trop tard, le conflit s'envenime**, devient plus difficile à maîtriser et risque de laisser des traces physiques ou psychologiques rendant plus laborieuse la restauration de la relation
- **s'il n'intervient pas du tout, l'enfant ne fait plus confiance en l'adulte** pour le protéger ou lui fixer des limites. Il cherche alors à s'en sortir non plus avec l'autre mais contre l'autre.

Lorsque l'adulte estime qu'il est de sa responsabilité d'intervenir, se pose alors la question : comment intervenir de manière à s'opposer efficacement aux actes qui nuisent aux autres ?

Éviter les conflits stériles et prévenir la violence

Un conflit est stérile si l'adulte demande à l'enfant quelque chose qui va à l'encontre de ses besoins fondamentaux et est au-dessus de ses compétences.

> *Lorsque Martin (18 mois) voit le téléphone, il veut jouer avec. Je refuse et cela finit à chaque fois dans les cris.*
> *Le cours de français du vendredi après-midi est un enfer. Ils ont eu 6 heures de cours avant et il m'est impossible d'obtenir leur concentration et leur attention.*
> *Amélie (6 ans) laisse toujours son cartable par terre en arrivant. J'ai tout essayé : crier, sanctionner, supplier. Mais rien n'a changé.*

Il n'est pas toujours facile de savoir si les exigences de l'adulte sont adaptées ou non aux capacités de l'enfant. Si la demande est trop difficile, on risque de les mettre en échec, de les démotiver, de leur faire perdre confiance en eux. A l'inverse, si on cède trop facilement, cela ne les aide pas à traverser les épreuves inhérentes au développement de l'individu, à l'apprentissage et à la vie en groupe. Les capacités de l'enfant sont liées à sa personne, à son âge mais également à sa culture[36]. Un conflit est stérile également s'il peut être facilement évité sans pour autant frustrer ni l'adulte ni l'enfant. Il y a suffisamment d'occasions de frustrations éducatives liées aux contraintes physiques (se cogner fait mal), sociales (les autres m'embêtent) ou aux exigences éducatives (se laver, manger de tout, dormir, aller à l'école...). Point

36. Mère, père, enseignants, éducateurs n'ont pas nécessairement la même perception de ce que l'enfant est capable de faire. D'où l'intérêt des échanges entre adultes pour confronter ces points de vue sur l'enfant.

n'est besoin d'en rajouter ! **En limitant les exigences, on prévient ainsi la violence engendrée par le trop d'exigences ou encore par des exigences impossibles à satisfaire.**

Pour éviter les conflits inutiles et prévenir la violence, l'adulte cherchera d'une part à adapter l'environnement aux besoins et compétences des enfants, d'autre part à guider l'enfant vers d'autres portes que celle de la violence.

Créer des environnements adaptés aux besoins des enfants

Nombre de tensions ou de conflits sont dus à des environnements pas ou peu adaptés aux besoins des enfants. Il peut s'agir de :

- problèmes d'espace : salle trop petite, densité trop importante, impossibilité de bouger,
- problèmes de temps : attention demandée trop longtemps, pas de prise en compte du rythme de l'enfant,
- environnement trop stimulant ou trop pauvre.

Les adultes ignorent souvent les étapes du développement de l'enfant et les compétences attendues à un âge donné, ils exigent alors de lui des comportements ou une réflexion dont il n'est pas capable. On demande alors à l'enfant de restreindre ses mouvements, de contrôler son activité et son expression de façon parfois drastique et dommageable pour l'enfant. Dans ce cas, soit il arrive à répondre aux attentes des adultes au détriment de son développement, soit il n'y arrive pas et le conflit se répète et nuit à la relation. Plutôt que de vouloir changer en force le comportement de l'enfant alors qu'il n'y est pas prêt, il est plus judicieux de modifier l'environnement de manière à répondre aux besoins de chacun et ainsi d'éviter les conflits stériles. A chaque fois que l'on est en présence d'une tension susceptible de générer en conflit, il est judicieux de se poser les questions suivantes : en quoi le contexte génère-t-il de la tension ? Que peut-on changer ? Est-ce que l'exigence que nous avons vis-à-vis de l'enfant est justifiée, éducative, socialisante, adaptée aux capacités de l'enfant ?

Exemple 1

> *A chaque fois que Marine (2 ans) se retrouve nez à nez face au bocal de bonbons, elle en demande. Sa mère lui répond « Non, tu en auras un tout à l'heure pour le goûter. » Marine insiste et sa mère s'énerve. Marine pleure.*

Le problème a été résolu en mettant le bocal de bonbons hors de la vue de Marine. Du coup, l'envie de bonbons de Marine est beaucoup moins forte.

Exemple 2

En classe de primaire, les enfants étaient gênés par le bruit de ceux qui avaient fini leur travail en premier.
Un coin lecture a été installé dans lequel peuvent aller ceux qui ont fini. Du coup, ils sont occupés, ne chahutent plus et parlent plus doucement.

Exemple 3

A la cantine, les enfants arrivaient en hurlant et se bousculant pour se mettre aux meilleures tables.
Un adulte se poste à l'entrée de la cantine pour les faire entrer par petits groupes.

Exemple 4

Tous les soirs, mes enfants laissaient traîner cartables et manteaux et ça m'énervait !
Nous sommes allés acheter un petit portemanteau et avons mis un bac pour recevoir les cartables, tout ça à un mètre de la porte d'entrée. Depuis, ça marche !

Un **environnement adapté** aide l'enfant à répondre à ses besoins sans nuire à autrui. Il nécessite de la part de l'adulte créativité et imagination. Il faut pour cela considérer les contraintes supposées et lever celles qui ne nous semblent plus judicieuses ou adaptées. Elles peuvent concerner l'organisation de l'espace ou du temps, nos principes éducatifs...

Dans une école primaire, le repas de Noël à la cantine se passait mal. En effet, la majorité des enfants souhaitant y aller, le personnel se retrouvait avec un nombre accru d'enfants ce qui entraînait un surcroît de bruit, de travail, de tensions et plus aucun plaisir pour les enfants.
La responsable municipale avait cru résoudre le problème en évitant d'afficher l'information. Effectivement, le personnel fut moins débordé mais parents comme enfants eurent l'impression d'être floués.
Une réunion sur ce sujet permit de faire émerger des solutions : proposer le repas sur deux jours, demander de l'aide aux parents, réserver ce repas en priorité aux enfants qui mangent régulièrement à la cantine, etc. Cette recherche fut bénéfique pour les enfants mais également pour les relations entre enseignants, personnel de cantine et parents. Elle permit

de transformer un moment qui était devenu une corvée pour les adultes en un moment de fête et de rencontres.

Il est vain et stérile de demander à quelqu'un d'adopter un comportement qui lui est impossible ou en tout cas extrêmement difficile. Celui ci s'efforcera éventuellement de répondre à la demande pendant quelques instants puis s'essoufflera vraisemblablement ou deviendra tendu. Seule, une analyse de l'ensemble de la situation (contexte, espace, temps, objectifs, comportements, ...) permettra de faire émerger des solutions viables et éducatives.

Anticiper l'évolution violente d'un conflit

Il est très difficile d'éteindre un feu de forêt, beaucoup plus simple d'éviter d'allumer un feu aux abords de la forêt ou d'en garder la maîtrise en le canalisant. En comprenant mieux le processus qui conduit à la violence, il est plus facile pour l'adulte de prendre en compte l'environnement et les capacités des enfants dont il a la charge, pressentir les tensions et les gérer. Il s'évite ainsi d'avoir à intervenir dans des situations plus difficiles où les protagonistes sont « hors d'eux » et « à couteaux tirés », situations évidemment beaucoup plus difficiles à maîtriser. Lorsque l'adulte pressent une montée en tension et souhaite aider l'enfant à respecter autrui, il peut agir en faisant remarquer à l'enfant les conséquences possibles de son comportement, en accueillant son émotion, en proposant des alternatives. Nous allons préciser à présent ces actions.

Prévenir l'enfant des conséquences possibles de son comportement

Prévoir les conséquences de ses gestes sur l'autre, cela s'apprend au même titre que de comprendre les règles physiques qui gèrent le monde. Souvent, l'enfant qui nuit à autrui ne le fait ni par provocation ni par intention malveillante, mais simplement par ignorance : il lui faut développer sa capacité à se mettre à la place de l'autre et à imaginer ce qui va pouvoir lui arriver, comment il va le vivre et ce qu'il risque de faire[37]. Pour cela, il est en général nécessaire de lui dire et lui montrer les effets de ses actes plusieurs fois avant qu'il n'en intègre les règles.

37. Il est d'ailleurs intéressant de remarquer que nombre d'adultes n'ont pas acquis cette compétence et n'ont donc pas conscience des conséquences sur l'autre de leurs propres attitudes.

Si tu te mets debout sur la chaise, la personne derrière toi ne peut pas voir l'écran. C'est pour cela qu'elle t'a demandé de t'asseoir.
Ta mère n'arrive pas à entendre la personne au téléphone si tu cries comme ça.
Si tu bouscules cette personne, elle risque de tomber et de se faire mal. Elle risque de t'en vouloir et de te bousculer aussi.
Si tu touches au jouet de ton frère, tu risques de le casser et il sera triste parce qu'il a passé beaucoup de temps à le construire.

Aider l'enfant à se décentrer

Nombreuses sont les situations qui donnent l'occasion de faire observer à l'enfant le lien entre ce qu'il a fait ou dit et l'émotion de l'autre.

Regarde ton petit frère. Il rit. Il aime quand tu le pousses sur la balançoire...
Ta copine pleure. Elle est triste parce que personne n'a voulu la prendre dans son groupe.
Tu as dessiné sur le cahier de ta sœur. C'est son cahier de poésies. Elle y tient beaucoup. C'est pour cela qu'elle est en colère.

Le premier argument qui se fonde sur la similitude entre soi et l'autre consiste à dire : « Est-ce que toi tu éprouverais la même émotion dans cette situation ? » Cette question a d'autant plus de poids qu'elle est posée sans volonté de punir ou de rabaisser. Lorsque l'enfant reconnaît qu'il éprouverait la même émotion à la place de l'autre, le processus de compassion se met en place. Le chemin de la connaissance et de l'amour de soi est donc un élément essentiel de la construction de l'empathie. Il existe cependant des situations où l'enfant a du mal à comprendre, accepter, reconnaître ce qu'éprouve l'autre parce que cela lui est étranger : il ne ressentirait pas la même émotion dans cette situation, ou il ne connaît pas cette situation.

La maîtresse : Mathieu, Ludovic a été blessé par ce que tu lui as dit.
Ludovic : Qu'est-ce que je lui ai dit ?
La maîtresse : Qu'il n'arriverait pas à lire parce qu'il était bête.
Ludovic : Ben, c'est vrai qu'il arrive pas à lire.
La maîtresse : Je comprends que tu sois étonné qu'il ne lise pas aussi bien que toi. Est-ce que tu peux comprendre que les mots que tu as dit ont fait du mal à Ludovic et que cela ne l'aide pas à apprendre à lire ?
Ludovic : Je savais pas.

La maîtresse ne cherche pas à culpabiliser Mathieu ou à le « faire avouer ». Elle ne le sermonne pas. Elle cherche uniquement à lui faire prendre conscience que Ludovic a été blessé.

Entendre l'émotion qui lui fait perdre le contrôle

Lorsqu'une personne commence à voir rouge, cela se voit ! Avant qu'elle ne soit débordée par l'émotion qui la submerge, l'adulte a le temps de tenter d'apaiser la violence qui monte en elle. L'écoute empathique l'aide à ressentir et **canaliser son état intérieur** de manière à l'exprimer de la façon la moins agressive possible.

> *Tu es vraiment furieux contre Antoine parce qu'il t'a cassé ton jouet...*
> *Tu as peur de retourner chez le dentiste...*
> *Tu te sens repoussé par cette copine et tu trouves cela injuste. Tu lui en veux ?*

Parfois, cette écoute empathique suffit pour que l'enfant s'apaise et reprenne son contrôle de soi et trouve d'autres manières de réagir moins dommageables pour lui et autrui.

Proposer des alternatives

Lorsque l'enfant refuse de prendre en compte les autres, qu'il refuse la règle ou la contrainte, l'adulte peut lui **proposer des alternatives** : plutôt que de rester avec l'enfant le nez collé sur l'objet du problème, il est préférable de l'aider à en sortir.

> *Peut-être devriez vous jouer à un autre jeu si celui-ci ne vous va pas ! Par exemple celui que tu as eu à Noël et avec lequel on s'était bien amusés.*
> *Tu veux aller crier dehors pendant 5 minutes ? ou te reposer avec ton doudou sur le canapé ?*

En ouvrant ainsi une porte qui nous convient parce que l'énergie est canalisée et ne se déverse pas en violence sur l'autre ou sur nous, on aide l'enfant à sortir de l'émotion qui le submerge et de « l'objet du désir ». On peut également proposer à l'enfant de parler de la difficulté qu'il rencontre dans l'instance chargée de faire évoluer les règles (conseil de famille, conseil de classe, conseil de groupe) si elle existe... Quand c'est le cas et que les enfants ont pris l'habitude de ces lieux de régulations des tensions, ils frappent d'eux-mêmes à cette porte qui leur permet de différer et de transformer leur ressenti : « J'en parlerai au conseil ». Parfois proférée sous forme de menace, elle a cependant une fonction de désamorçage et de gestion des frustrations importante.

En anticipant, on a plus de temps et de lucidité pour intervenir. Les interventions préventives et adaptées aux besoins et compétences des enfants évitent les conflits stériles et préviennent la violence. L'adulte peut notamment modifier l'environnement, expliquer à l'enfant les conséquences possibles de ses actes sur lui et autrui, nommer l'émotion qui est en train d'envahir l'enfant, et proposer des solutions qui lui permettent de sortir du conflit « la tête haute ». Si l'intervention est arrivée trop tard ou que l'adulte n'a pas réussi à faire sortir les protagonistes de l'engrenage de la violence, il est alors nécessaire de s'opposer aux actes qui blessent autrui pour éviter des dommages physiques ou psychologiques et de restaurer auprès des enfants sécurité et confiance.

S'opposer aux actes qui blessent autrui

Lorsque l'enfant dépasse les limites fixées par l'adulte et refuse de prendre en compte le point de vue d'autrui, il est de la responsabilité de l'adulte de **poser des limites** qui donnent à l'enfant des **points de repère** sur ce qui est autorisé ou interdit même s'il n'en comprend pas encore toujours la cause. L'adulte dispose de *trois atouts* sur lesquels il peut s'appuyer et qui sont susceptibles de l'aider à affirmer son autorité sous réserve qu'il les utilise au bon moment et à bon escient : sa supériorité physique, son statut d'autorité et le soutien des autres adultes.

User de sa supériorité physique

L'adulte est plus fort physiquement que l'enfant, du moins pendant une certaine période. Il peut user de cette supériorité physique pour le protéger, protéger les autres ou l'environnement.

> *J'ai pris mon fils de 3 ans, lui ai retiré le bâton des mains en lui expliquant qu'il risquait de se faire mal ou de faire mal à quelqu'un. Il s'est mis à hurler parce qu'il était frustré. Je l'ai empêché de reprendre le bâton, lui ai proposé une épée en plastique qu'il a acceptée.*
> *J'ai obligé ma fille de 8 ans à sortir de la chambre de son petit frère. Nous avons ensuite discuté. Je lui ai rappelé qu'elle avait aussi ce droit de demander à son frère de sortir et qu'il paraissait donc juste que les autres l'aient.*
> *Cet élève m'a insulté puis menacé d'un couteau. Étant initié aux arts martiaux et me sentant en légitime défense, je l'ai ceinturé et ai demandé que l'on appelle la police.*

Cet atout physique donne un avantage majeur aux adultes pour intervenir lorsqu'un enfant a un comportement violent et lui mettre des limites : « Non, je ne te laisserai pas agir comme cela parce que c'est dangereux pour toi, pour les autres ou pour l'environnement et parce que j'ai les moyens de t'en empêcher. » Cependant cette supériorité est une arme à double tranchant. D'abord, si elle est utilisée dans le désir de blesser et d'humilier, elle portera atteinte de façon grave au développement physique, psychique, affectif et intellectuel de l'enfant. De plus, si elle ne s'accompagne pas du dialogue, elle ne permet pas le travail de connaissance de soi nécessaire à la socialisation et au respect de l'autre : l'enfant grandit en force mais pas en sagesse. Aussi, quand l'enfant devient aussi fort que l'adulte, la colère et le ressentiment accumulés se transforment souvent en comportements irrespectueux de l'autre. A l'inverse, lorsque les adultes n'abusent pas de leur supériorité physique, ils ont de moins en moins besoin de l'utiliser au fur et à mesure que l'enfant grandit, développe sa compréhension du monde et se socialise. Pour que l'utilisation de la force physique reste dans le domaine de l'autorité et ne bascule pas vers la maltraitance, elle doit répondre aux critères suivants :

- la force utilisée n'est pas supérieure à ce qui est nécessaire pour « arrêter » l'enfant dans son acte
- l'adulte n'agit pas sous l'emprise de la colère. Si c'est le cas et que les mots ou les gestes qu'il a eus envers l'enfant ont dépassé son intention, il est capable de s'en excuser auprès de l'enfant.
- l'adulte n'utilise cette supériorité physique que lorsqu'il y a un danger imminent ou que les autres moyens ont échoué (l'enfant est trop petit pour comprendre ou refuse de prendre en compte l'autre dans sa manière d'agir)
- les gifles et coups pour « punir » l'enfant doivent être prohibés. Ils sont plus de l'ordre de la maltraitance que de l'autorité. De plus, en dessous de 2 ans, l'enfant ne peut pas comprendre la raison de ces coups.

Utiliser sa supériorité physique pour **empêcher l'enfant de nuire aux autres** est de la responsabilité de l'adulte : c'est un **acte d'autorité**.

Utiliser sa supériorité physique pour **blesser ou humilier l'enfant** n'est plus de l'ordre de l'autorité mais de la **maltraitance**.

User de son statut d'autorité éducative

L'enfant attend des parents, éducateurs, enseignants qu'ils se positionnent dans des situations de conflits parce qu'ils ont un statut d'autorité et sont donc responsables et garants des valeurs et règles en place. Notre parole, notre silence, notre attitude ont un poids particulier par le fait même que nous représentons l'autorité. L'enfant en tirera des leçons sur ce qui est important et ce qui l'est moins. Que faisons-nous lorsqu'un enfant insulte, raille, menace, frappe un adulte ? un autre enfant ? lorsqu'un adulte insulte, raille, menace, frappe un enfant ? Un autre adulte ? Quelles sont valeurs ou émotions qui sont à l'initiative de nos interventions ou de nos silences ? Qu'en apprend l'enfant ?

User de son autorité, c'est intervenir lorsque nous estimons que les valeurs auxquelles nous adhérons et que nous souhaitons transmettre aux enfants dont nous avons la charge ne sont pas respectées. Parfois, nous avons l'impression de ne pas avoir l'autorité suffisante pour parer à certaines situations : parent éduquant seul ses enfants, éducateurs ou enseignants devant faire face à des comportements violents, policiers, juges, élus confrontés à des situations qui se répètent et dans lesquelles ils se sentent démunis. Voici quelques exemples :

> *Je suis seule avec mon fils de 14 ans. Son père ne s'occupe de lui que de façon épisodique. Il a été renvoyé de l'école. Je ne sais plus quoi faire.*
> *Je ne tiens pas ma classe. J'en ai parlé en début d'année à un collègue. Il m'a répondu que lui, il n'avait aucun problème.*

Lorsque l'on se sent dépassé par une situation, incapable d'autorité, il est nécessaire d'aller chercher du soutien auprès d'autres adultes susceptibles de nous aider.

Chercher le soutien des autres adultes

L'autorité n'est pas seulement une affaire individuelle, comme on le croit parfois, c'est également une histoire de respect mutuel entre adultes. Le regard de l'enfant est imprégné du regard de l'adulte. Dans les établissements où les éducateurs sont respectueux des personnes qui font le ménage, dans les actes et pas seulement en paroles, ces personnes ont plus de facilité à se faire entendre et respecter par les enfants. Dans les familles où chaque conjoint respecte le corps, la parole, les désirs et valeurs de l'autre, mère comme père exercent leur autorité plus aisément.

C'est par une collaboration concertée entre adultes que les limites pourront être posées et respectées.

> *Lorsque mon mari et moi-même sommes en conflit avec un enfant, nous demandons parfois de l'aide à l'autre pour nous aider à tenir la limite*

qui nous semble juste (heure de coucher, devoirs scolaires, ...). Cela nous évite de céder sous la pression ou la fatigue mais également de devenir violent.

Sandra (puéricultrice en crèche municipale) : Parfois, je ne sais plus comment faire avec un petit, je n'arrive plus à le calmer. Alors entre nous, on n'hésite pas à appeler une autre puéricultrice pour passer le relais.

Philippe (enseignant en collège) : Nous avons des réunions qui nous permettent d'échanger sur les difficultés que nous rencontrons avec les élèves et les solutions que nous expérimentons. On se sent moins seul et ça nous aide à sortir de situations qui paraissent bloquées.

Marie (mère de Jérémie, 14 ans) : Quand je suis allée accompagner mon fils chez les policiers suite au vol qu'il avait fait, le policier a expliqué la gravité de son acte à Jérémie sans lui faire de morale et il lui a dit qu'il pouvait venir le voir quand il voulait. Il m'a soutenue sans pour autant enfoncer Jérémie. Ça m'a vraiment aidée.

Nous sommes encore souvent dans le jugement de l'autre : les parents sont démissionnaires, les enseignants corporatistes et incompétents, les policiers des incapables bornés et sadiques... Ces jugements péremptoires sont assez confortables. Ils évitent souvent de réfléchir sur sa propre responsabilité, de chercher à comprendre le point de vue de l'autre et **surtout d'imaginer ensemble des solutions susceptibles de faire évoluer la situation. Cette dimension collective de l'autorité**, fondée sur une coopération entre les adultes concernés (parents, enseignants, éducateurs, élus, policiers, juges, ...) se développe depuis quelques années. A de nombreux endroits, des impulsions sont données pour favoriser des rencontres entre partenaires éventuels et promouvoir des collaborations. Elles favorisent la mise en place de climats sereins où adultes et enfants se sentent en confiance et en sécurité. Cependant, cette approche est souvent ralentie par la peur qu'elle ne manque de faire naître : ne vais-je pas me faire avoir en coopérant ? ne vais-je pas y perdre mon pouvoir, mon autorité ? comment les autres vont-ils me juger ? serai-je à la hauteur ? Travailler en équipe, prendre des décisions à plusieurs, coopérer, soutenir d'autres adultes nécessitent des compétences qui s'apprennent : les partenariats efficaces s'élaborent avec des familles, écoles, institutions où ces compétences sont transmises, discutées, expérimentées dans un cadre sécurisant et formateur.

Synthèse

L'adulte doit apprendre à évaluer les situations dans lesquelles un enfant a un comportement qui nuit à autrui.

Si l'adulte estime les enfants à même de résoudre leurs différends sans risques de blessures physiques ou psychologiques, il est alors éducatif de ne pas intervenir. Les enfants font ainsi l'expérience de la résolution de conflits sans violence.

Demander à l'enfant des comportements dont il n'est pas capable est inefficace et dommageable.

L'adulte évite des conflits inutiles en adaptant l'environnement aux besoins et capacités des enfants. Il prévient la violence en anticipant sur l'évolution probable d'une situation et en réagissant de façon adaptée : prévenir l'enfant des conséquences possibles de son comportement, accepter et accompagner la frustration générée par l'interdit, proposer des alternatives au comportement qui pose problème.

Si la situation le nécessite, l'adulte cherchera à s'opposer aux actes qui nuisent à autrui. Il peut user de sa supériorité physique sans pour autant blesser ni humilier, user de son statut qui confère à la parole un poids spécifique et enfin chercher le soutien d'autres adultes.

Lorsque les adultes coopèrent pour poser des limites, les enfants se sentent en sécurité et confiance et respectent davantage autrui.

Chapitre 11

Exprimer son désaccord sans blesser

Les mots ont au moins autant de force que les coups, ils sont des armes qui atteignent l'autre dans ce qu'il a de plus profond : la confiance en lui et l'estime de lui. Ils résonnent encore plus fort lorsqu'ils sont prononcés par des personnes qui ont de l'autorité. En effet, l'enfant les prend comme des vérités qui lui collent à la peau comme un papier sale dont on n'arrive pas à se débarrasser. L'enfant se construit, en grande partie, au travers du regard que lui portent les adultes ayant autorité sur lui. Prenons donc le temps d'observer la manière dont nous fixons des limites aux enfants. **En comprenant mieux les mécanismes de communication et l'impact de nos gestes, de nos attitudes, et de nos mots sur autrui, nous serons moins blessants et plus entendus**. Cette réflexion sur « les règles de la communication » peut sembler normative et contraignante car elle donne des règles et un cadre à l'expression. Loin de nous faire taire ou de normaliser ce qui est dit, elle invite à parler librement, à être entendu et à entendre l'autre. L'autorité s'inscrit alors dans le dialogue : en s'affirmant différemment, nous recevons moins d'agressivité et sommes plus entendus.

Éviter les regards et les mots qui « cassent »

Que disons-nous aux enfants lorsqu'ils font ou disent quelque chose qui ne nous plaît pas ? Généralement nous retrouvons les trois grandes attitudes éducatives néfastes que nous avons évoquées dans le chapitre sur la connaissance de soi : ordonner, juger ou minimiser :

- Les ordres invitent ou tentent de contraindre l'enfant à obéir. Si l'on a suffisamment d'autorité sur l'enfant, il agira en conséquence. Ils sont parfois adaptés lorsque l'enfant n'a pas la capacité à trouver par lui-même comment agir autrement. Cependant l'enfant n'aura probablement pas compris en quoi ce qu'il a fait gênait et n'aura pas eu l'opportunité de chercher par lui-même ce qu'il pourrait faire pour réparer et faire en sorte que cela ne se reproduise plus.

- Les jugements font mal et incitent l'enfant à se refermer comme une huître ou à déclencher une contre-attaque. L'enfant perd des points en confiance en lui et en estime de lui. Se sentant attaqué, il cherche à se protéger, se ferme à lui-même et aux autres. Il lui sera de plus en plus difficile de répondre à ses besoins en prenant en compte autrui. Le rapport de forces s'installe.
- La minimisation ne permet pas à l'enfant de réaliser que ce qu'il a fait vous pose problème. Il risque donc très vraisemblablement de reproduire le même comportement.

Prenons l'exemple suivant :

> *Amanda, 7 ans, fait de la peinture avec une copine. Elles ont mis de l'eau dans un verre et se sont installées sur la moquette du salon. Amanda fait tomber le verre qui se casse en renversant de l'eau violette sur leurs dessins qui séchaient.*
> *Va chercher la pelle et l'éponge, dépêche-toi sinon ça va barder, si tu t'asseyais correctement, ça ne t'arriverait pas... (ordonner)*
> *Ce que tu es maladroite, c'est bien fait, tu aurais pu blesser quelqu'un, il n'y a qu'avec moi que tu fais des bêtises comme ça... (juger)*
> *C'est pas grave, tu voulais peut-être simplement dessiner la mer par terre !... (minimiser)*

Pour aider l'enfant à prendre en compte autrui, l'attitude de l'adulte cherchera à atteindre le double objectif suivant : **faire entendre à l'enfant que son comportement a des conséquences sur les autres tout en préservant son capital de confiance et d'estime de lui**. Pour cela, l'adulte doit réfléchir sur la manière dont il interpelle l'enfant.

Oser confronter l'enfant

Certains parents ou éducateurs hésitent parfois à dire à un enfant que son comportement gêne. La peur est souvent à l'origine de ce silence : peur de la réaction de l'enfant, peur de ne pas arriver à se faire entendre ou obéir, peur de perdre, peur de blesser l'enfant, peur d'avoir une exigence trop forte envers lui, peur d'être détesté, peur de passer pour « le méchant parent »... Il est pourtant essentiel que les adultes osent se confronter aux enfants et aux adolescents au risque de recevoir de l'agressivité ! C'est ainsi qu'ils leur donnent l'occasion de grandir. Ce sont non seulement les personnes qui détiennent l'autorité qui doivent intervenir lorsque l'enfant dépasse les limites ou ne respecte pas les règles établies, mais tout adulte témoin d'un acte qui nuit à autrui. Confronter l'enfant nécessite d'avoir confiance en soi, d'estimer sa requête juste et de prendre le risque de faire une demande à l'enfant. Ainsi, apprendre à dire les choses de façon non jugeante et en invitant l'autre à participer à la recherche d'une solution facilite grandement le succès de l'opération.

De nombreux auteurs ont étudié les mécanismes de communication. L'approche proposée dans les paragraphes suivants s'appuie en particulier sur les auteurs suivants : Thomas Gordon[38], Marshall B. Rosenberg[39], Sharon A. et H. Bower[40]. Ces auteurs s'accordent pour proposer une grammaire de la communication qui permet de dire les choses avec force sans pour autant casser l'autre dans l'estime qu'il a de lui-même. L'adulte doit notamment apprendre à observer sans juger, exprimer clairement le problème qu'il rencontre et trouver des solutions.

Apprendre à observer sans juger

On juge l'enfant sur son comportement : comment il se tient, comment il s'habille, comment il parle, ce qu'il dit. On interprète ensuite ces signaux en fonction de ses valeurs, de ses croyances, de sa culture, de son « modèle du monde » conscient ou inconscient.

> *Il est concentré, elle est paresseuse, il est agressif, il me provoque...*

Le jugement que l'on porte sur l'autre dépend donc tout autant de celui qui agit que de celui qui juge. Un enfant n'est pas paresseux en soi. Le qualificatif de paresseux est le résultat d'un comportement de l'enfant interprété d'une certaine manière par l'adulte qui a autorité sur lui. **Le jugement est le résultat d'un comportement de l'enfant passé au filtre de son système de valeurs conscient ou inconscient**.

---

38. Thomas Gordon, **Être parent ça s'apprend**, Ed. Marabout, 1995.

39. M.B. Rosenberg, **Les mots sont des fenêtres (ou bien ce sont des murs) : Initiation à la communication non-violente**, Ed. Syros, 1999.

40. M.P. Chalvin, **Prévenir conflits et violence**, Ed. Nathan, 1994.

Pourquoi les jugements que l'on porte sur les enfants ne les aident pas à changer ?

- Un jugement est souvent perçu comme une attaque et incite donc l'enfant à se défendre.
- Il peut être erroné : comme on n'a pas accès au monde intérieur de l'autre, on ne peut faire que des hypothèses sur ce qui motive son comportement. Si quelqu'un ne me dit pas bonjour, est-ce parce qu'il est impoli, distrait, fatigué, préoccupé ? La réponse dépendra de l'image que j'ai de cette personne.
- Il enferme l'enfant dans une étiquette dont lui comme nous aurons du mal à sortir. Le jugement vient déformer notre perception : les efforts de l'autre pour évoluer sont rarement perçus et valorisés. Il aura alors tout intérêt à revendiquer le jugement et le brandir comme un étendard : Si je voulais, j'y arriverais mais je suis paresseux ! Je suis nul en maths, c'est même pas la peine que j'essaie !

Ne plus juger le comportement des autres ne veut pas dire, loin de là, que l'on a plus de valeurs. Bien au contraire ! Lorsque l'enfant fait quelque chose qui nous dérange, nous allons apprendre à identifier la valeur qui est touchée chez nous pour en faire part à l'enfant. Prenons l'exemple d'un enfant qui frappe l'autre pour obtenir ce qu'il veut :

- Si je lui dis « tu es vraiment violent » c'est un jugement de valeur,
- si je dis « je n'accepte pas la violence comme manière de résoudre un conflit », je prends la responsabilité d'affirmer mes valeurs sans pour autant attribuer des torts à autrui lorsque mes valeurs sont atteintes.

Le jugement ferme l'enfant à lui-même et aux autres. Il va à l'encontre de l'ouverture nécessaire pour que l'enfant prenne conscience des besoins auxquels il essaie de répondre et entende le point de vue et le ressenti de l'autre. C'est pourquoi il est indispensable de **cesser de juger** l'enfant si l'on souhaite créer une relation fondée sur le respect, susceptible d'aider l'enfant à se socialiser. Malheureusement, il ne suffit pas de se dire « J'arrête de juger » pour y arriver. Ce n'est pas affaire de volonté mais de changement de regard sur soi et les autres. Le jugement est particulièrement prégnant dans les cultures comme la nôtre où s'occuper de soi et parler de soi a été longtemps montré du doigt voire puni. A l'inverse, lorsqu'on s'autorise à exprimer son état intérieur et que l'on fait en sorte de prendre soin de soi, on utilise ses ressources pour dire aux autres nos besoins et nos valeurs. Le jugement n'est plus nécessaire. Au lieu d'utiliser des messages TU qui « tuent » (tu es stupide, égoïste, rancunier, susceptible...), sont peu efficaces et blessent l'autre, on va parler de soi dans un **message JE de confrontation**.

Le message JE de confrontation tel qu'il a été décrit par T. Gordon se compose de 3 parties :

- la description du comportement qui me pose problème (Quand tu cries pendant que je fais ma sieste)
- en quoi ce comportement m'affecte (je ne récupère pas le sommeil dont j'ai besoin)
- comment je me sens face à ce comportement (du coup, je suis fatigué et je n'ai plus ni l'énergie ni l'envie de faire un jeu avec toi)

Rosenberg et Sharon ajoutent une quatrième partie qui consiste à proposer à l'enfant un changement d'attitude. (Je te propose de lire pendant une demiheure. Comme ça après, je serai reposé et en bien meilleure forme pour faire un jeu avec toi).

La première étape va donc consister à transformer les jugements qui nous viennent en bouche en descriptions de faits et de comportements dénués d'évaluation.

Transformer un jugement en description

Le philosophe indien J. Krishnamurti disait « **Observer sans évaluer est la plus haute forme de l'intelligence humaine.** » La tâche s'annonce donc difficile ! Comment différencier un jugement d'une observation ? Un jugement ne peut être enregistré ou filmé, une description peut l'être. Tous ces mots sont des jugements : concentré, rêveur, mollasson, malade, déprimé... Elle est impolie, distraite, fatiguée, préoccupée... Il est violent, impulsif, courageux, viril, inconscient... En effet, ils sont l'interprétation d'un comportement dont on ne sait rien. On mélange facilement ce que l'on pense de l'autre et ce que l'on observe sans même s'en apercevoir. On ne sait même plus parfois ce qui a provoqué notre jugement.

> *Je suis en train d'expliquer un exercice que les élèves vont devoir exécuter. Antoine parle à son voisin et visiblement n'écoute pas. Lorsque j'ai fini, il se tourne vers sa voisine et lui demande ce qu'il faut faire. J'explose et lui dis : « Antoine, tu te fiches du monde. Sors de la classe ! »*

Pour transformer un jugement en description, il est nécessaire de revenir à la source de l'interprétation : quels sont les faits, paroles ou actes qui ont déclenché le jugement ?

> *Il est insupportable cet enfant.*
> *Qu'est-ce qu'il fait ?*
> *Il bouge tout le temps, il n'écoute pas, il coupe la parole.*

Rosenberg[41] présente un tableau donnant quelques repères pour dissocier les observations mêlées d'évaluation de celles qui en sont exemptes. Apprendre à observer sans juger permet d'exprimer des faits ou des comportements qui nous dérangent sans dresser un mur entre soi et l'autre.

Mode de communication	**Exemple d'observation mêlée d'évaluation**	**Exemple d'observation exempte d'évaluation**
L'emploi du verbe être sans indiquer qu'il s'agit d'un jugement	Tu es trop généreux.	Quand je te vois donner tout ton argent de poche, je pense que tu es trop généreux.
Emploi de verbes à connotation évaluative	Pierre traîne dans son travail.	Pierre ne révise qu'à la veille de ses examens.
Propension à considérer son évaluation des pensées, sentiments ou désirs d'autrui comme la seule possible	Elle ne rendra pas son travail.	Je ne pense pas qu'elle rende son travail ou Elle a dit « Je ne rendrai pas mon travail ».
Confusion entre prédiction et certitude	Si tu ne prends pas des repas équilibrés, tu auras des problèmes de santé.	Si…, je crains que tu n'aies des problèmes de santé.
Emploi de référents vagues	Les immigrés ne savent pas entretenir leur jardin.	Je n'ai pas vu nos voisins immigrés tondre la pelouse.
Emploi de mots exprimant l'aptitude ou l'inaptitude sans indiquer qu'il s'agit d'un jugement	Jacques est un mauvais footballeur.	En vingt matchs, je n'ai pas vu Jacques marquer un seul but.
Emploi d'adverbes ou d'adjectifs sans indiquer qu'il s'agit d'un jugement	Paul écrit mal.	Je n'arrive pas à déchiffrer l'écriture de Paul.
L'utilisation des mots « toujours, jamais, à chaque fois » employés de façon exagérée	Tu es toujours au téléphone.	J'ai essayé de te joindre 5 fois depuis hier, sans succès.

41. M.B. Rosenberg, *Op. cit.* p. 43.

Identifier et exprimer son état intérieur

Souvent l'adulte demande à l'enfant de changer de comportement sans exprimer pour autant ce qu'il ressent. Du coup, l'enfant a l'impression que ce que lui demande l'adulte est la conséquence d'une loi, de règles, d'une morale, d'une logique d'où les êtres humains sont absents. Il n'y a pas de rencontre. Or, en l'exprimant son émotion, l'adulte donne l'occasion à **l'enfant de prendre conscience que ses actes ont un impact sur l'état intérieur des autres et des adultes en particulier**.

> *Je suis agacée par le bruit que ton pied fait contre la table. Ça me gêne pour écouter la télé.*
>
> *Je m'inquiète quand tu me dis que tu rentres à 21 heures et qu'à minuit tu n'es pas rentré.*
>
> *Je suis découragée par vos résultats scolaires. J'avais l'impression que vous aviez compris le sujet que nous avions traité en cours et je ne sais plus trop.*

A la différence d'un jugement, l'expression d'un état intérieur n'est pas discutable. L'enfant est amené à constater que ce qu'il fait a des conséquences sur l'autre. Pourquoi les adultes omettent-ils d'exprimer à l'enfant ce qu'ils ressentent ? Parfois l'adulte ne sait pas ce qu'il ressent ou il a peur de perdre son autorité en laissant ainsi voir ce qu'il pense être une fragilité ou encore il craint d'insécuriser l'enfant ou de le culpabiliser. L'adulte va donc devoir se familiariser avec ses émotions, prendre conscience qu'en étant lui-même, il devient plus fort et plus crédible et enfin devenir responsable de ses émotions, ce qui permettra à l'enfant de ne pas se sentir coupable mais de développer sa capacité à entendre et prendre en compte l'émotion des autres.

Exprimer en quoi un acte nous affecte

Pour faire comprendre à l'enfant les conséquences de son comportement sur les autres, nous avons vu comment décrire sans juger et exprimer son état intérieur. Nous allons maintenant expliquer à l'enfant pourquoi son comportement nous met dans cet état, en quoi nos valeurs ou nos besoins sont touchés.

Quand tu mets la télé très fort alors que je téléphone, je suis contrarié parce que j'entends mal ce que dit la personne et j'ai besoin de bien comprendre l'adresse qu'elle me donne pour aller chez elle (besoin d'entendre).
Quand tu craches sur un autre enfant, je suis choqué parce que si on me crachait dessus, je me sentirais humilié et haineux (valeur de respect).

Comprendre, accepter et prendre en compte le point de vue de l'autre ne s'apprend pas en un jour, c'est un long processus de décentration et d'ouverture au monde. L'enfant n'a pas forcément intégré en quoi son attitude dérangeait. Il est donc important de le dire et redire. Cette clarification est également bénéfique pour l'adulte. Décrypter le pourquoi de ses émotions permet de mieux se connaître : quelle valeur ou besoin se cache derrière un ressenti ?

J'aime être prévenue des retards parce que j'ai du mal à attendre et je m'inquiète facilement, surtout depuis l'accident de mon frère.

En s'exprimant ainsi, l'adulte déclenche moins de résistance et suscite plus de coopération. Cette parole suffit parfois à ce que l'enfant prenne conscience de la gêne qu'il occasionne et change d'attitude par respect pour l'autre. Si l'adulte en a le temps et l'enfant la capacité, il est socialisant de laisser le temps à l'enfant de trouver une alternative à son comportement.

L'enseignant : Emeric et Vincent, vous jouez au ballon dans un endroit de la cour où il y a plein de petits. J'ai peur que l'un d'eux ne se prenne un mauvais coup.
Emeric : Mais il n'y a pas d'autres endroits.
L'enseignant se tait et attend un éventuelle proposition.
Vincent regarde autour de lui : Ah ! Ils ont fini leur partie de basket. Allons-y !

Proposer un changement d'attitude

Si l'enfant est trop petit, pas assez mature pour trouver de lui-même une solution susceptible de convenir à l'adulte, ou si l'adulte est pressé, il est alors opportun que l'adulte propose des solutions. Sharon A. et H. Bower[42] proposent, après avoir décrit les faits et comportements qui posent problème

42. M.P. Chalvin, *Op. cit.* p. 90.

(D) et exprimé les sentiments désagréables ressentis (E) d'ajouter deux éléments :

- indiquer précisément ce que l'on souhaite qui change en faisant éventuellement plusieurs propositions de solutions pour que l'autre puisse choisir (S)
- indiquer les répercussions positives qu'apporterait un nouveau comportement (R)

Illustrons cette approche par l'exemple suivant :

> *Dans un groupe de soutien scolaire, Héléna, 8 ans, vous interrompt souvent pour que vous regardiez son travail alors que vous êtes avec un autre enfant.*
> *Helena, quand tu me parles pendant que je m'occupe de quelqu'un d'autre, (D)*
> *je suis vraiment gênée parce ça me prend du temps, je ne sais plus où j'en suis et l'autre enfant s'impatiente. (E)*
> *J'aimerais pouvoir m'occuper bien de toi et bien des autres et pour cela j'ai besoin de ta coopération : peut-être ce serait plus facile pour toi si tu passais en premier ou si tu mettais sur un papier ce que tu as envie de me dire et on reprendrait un moment ensemble à la fin, peut-être il y a un des grands à qui tu pourrais poser une question ? (S)*
> *Ça me permettrait d'avoir plus de temps vraiment pour toi et vraiment pour les autres (R).*

Cette manière de faire a l'avantage de focaliser sur le changement, l'avenir, le positif, le possible. Elle invite l'enfant à changer et le guide vers une porte de sortie qui convient à l'adulte.

Quelle peut-être sa réaction de l'enfant face à cette demande ?

1. Il accepte de changer : tout va bien !
2. Il change pendant un certain temps puis adopte à nouveau la même attitude.
3. Il fait ce que vous lui demandez, en râlant, et vous sentez qu'il vous en veut.
4. Il refuse de changer.

Dans le premier cas, le message de confrontation a suffi pour mettre en œuvre une solution qui fonctionne et préserve la relation. Les autres réactions témoignent en revanche de la difficulté de l'enfant à répondre à la demande. Est-ce parce que l'enfant n'en comprend pas la signification, qu'il n'arrive pas à y répondre ou qu'il estime la demande injustifiée ? Pour le savoir, la meilleure façon est de se centrer sur l'enfant : s'il est petit, on cherchera par l'observation et l'empathie à comprendre sa difficulté, s'il est plus grand on l'invitera à exprimer ce qui l'empêche de répondre à notre demande.

Rester ouvert au point de vue de l'enfant

Lorsque l'enfant ne fait pas ce qu'on lui demande, qu'il se ferme, crie, pleure, s'énerve, s'oppose..., on a alors tendance à monter l'exigence. On cherche à s'imposer en force alors que l'état émotionnel dans lequel se trouve l'enfant ne lui permet plus d'entendre raison : il est devenu sourd ! Il est plus judicieux d'accepter l'émotion de l'enfant et de lui laisser le temps de l'exprimer. En utilisant l'écoute active et l'empathie, on aide l'enfant à mettre des mots sur son émotion et sur le besoin qui n'est pas satisfait chez lui. **Écouter le point de vue de l'enfant n'implique pas que l'on va céder**, contrairement à ce que l'on croit souvent. C'est simplement **rester ouvert** de manière à ce que le dialogue puisse rester instauré en dépit du conflit. Pour conserver cette ouverture à l'autre sans être affecté par sa colère ou sa haine, on peut s'aider d'images. Un enfant me disait que lorsque ses parents se disputaient, il enfilait une armure « virtuelle » et se protégeait ainsi des cris, insultes, coups échangés entre eux. Pour ma part, j'utilise volontiers des images qui me viennent de ma pratique de l'aïkido : je cherche à rester en équilibre et détendue. Cela m'aide à me protéger des effets des émotions et de l'énergie de l'autre sans pour autant m'enfuir ou agresser.

Lorsque l'enfant ne se sent ni rejeté ni humilié, il accepte peu à peu la frustration liée à l'exigence de l'adulte ; parfois il lui faut quelques minutes, mais cela peut également prendre plusieurs jours ou semaines. Ce temps est un temps d'apprentissage en profondeur. **L'adulte ne doit pas pour autant lâcher le fil qui fixe la limite de façon ferme, ouverte et calme**.

Parfois les conflits violents blessent également l'adulte et lui font perdre son contrôle. Il est prudent alors de passer le relais, prendre du recul afin de ne pas agir ou décider sous l'emprise de la colère ou de la haine. Il est également important de **reparler à froid des situations** de conflits qui ont engendré de la violence. Cela aide l'enfant à mettre des mots sur les émotions, à décoder la difficulté rencontrée et parfois à lui permettre de s'excuser.

> *Emilie (4 ans) a invité une amie, Carine (5 ans). Le grand frère d'Emilie, Martin (6 ans) et Carine se découvrent des affinités de jeux et bientôt*

Emilie se retrouve à l'écart. Elle sort de la chambre, et commence à jeter tous les jouets de son frère par terre en hurlant et pleurant. L'émotion est tellement forte qu'elle est absolument incapable de comprendre et de verbaliser.
Sa mère la prend dans les bras. Emilie la frappe. Sa mère la met à l'écart dans la cuisine en lui demandant de se calmer. Elle utilise sa force physique pour l'empêcher de frapper et de casser. Peu à peu Emilie se calme mais refuse d'en parler.
Le lendemain, c'est Emilie qui entame la discussion par « j'étais en colère hier ? » S'ensuit une discussion où Emilie prend conscience de la frustration et de la tristesse d'avoir vu Carine se tourner vers Martin et la laisser tomber. Martin participe à la discussion et comprend mieux la réaction de Carine.

La capacité à prendre en compte les conséquences de ses actes sur les autres s'acquiert via la rencontre avec l'autre et particulièrement avec les adultes qui ont autorité sur l'enfant. Formulée de façon ferme et respectueuse, la demande de l'adulte aboutit fréquemment si elle est compatible avec les besoins et compétences relationnelles et intellectuelles de l'enfant.

Si l'enfant refuse d'entendre, de prendre en compte le point de vue de l'autre et de modifier son comportement en conséquence, il devient alors nécessaire de confronter l'enfant aux règles qui gèrent la vie du groupe dont il fait partie.

Synthèse

En comprenant mieux les mécanismes de communication et l'impact de ses gestes, attitudes, et mots sur autrui, l'adulte génère moins de violence réactionnelle et plus de coopération de la part de l'enfant.

Pour être entendu, l'adulte évite les jugements qui blessent, les ordres qui déresponsabilisent et dit clairement et fermement à l'enfant ce qui le gêne.

Il décrit le comportement ou les faits qui lui posent problème sans pour autant juger la personne. Il explique à l'enfant les conséquences que cela a pour lui et l'émotion que cela déclenche chez lui. Il propose éventuellement des alternatives à la situation.

La confrontation peut engendrer chez l'enfant de la frustration. L'adulte cherche alors à accompagner l'émotion de l'enfant sans pour autant perdre son objectif.

Si l'enfant refuse de prendre en compte le point de vue de l'adulte, il est alors nécessaire de se référer aux règles du groupe.

Chapitre 12

Se référer aux règles

Les règles sont des **repères** qui fixent des limites au comportement en société. **Elles sont issues de valeurs portées par un groupe**.

Par exemple, la valeur de la liberté individuelle très forte aux États-Unis est sous-jacente à nombre de règles protégeant la liberté d'expression, de pensée, de croyance. A l'inverse, en France, la valeur de l'égalité et de la protection de chaque individu a initié nombre de règles concernant le licenciement, le RMI, le droit au logement...

Il y a deux niveaux de règles :

1. celles auxquelles sous soumis tous les citoyens d'un pays. C'est ce qu'on appelle la loi.

2. celles spécifiques à une famille ou une institution et qui concernent plus particulièrement les enfants, pour lesquelles nous garderons le terme de règles.

L'adulte inscrit son autorité dans le cadre de la loi. Il doit lui même la respecter et la faire respecter même s'il n'y adhère pas totalement. A l'intérieur de ce cadre, il a la liberté, seul ou en équipe, d'élaborer des règles qui concrétiseront les valeurs qui sont les siennes en tant que parent, éducateur ou enseignant. Par exemple, la loi française sanctionne la violence physique ainsi que la violence verbale envers les représentants de l'autorité. Les adultes peuvent aller plus loin en instaurant des règles qui freinent la violence verbale et dénoncent des comportements de harcèlement moral entre enfants. La loi évolue lentement et suivant des procédures bien définies, de façon dictatoriale ou démocratique selon le contexte politique. En revanche, les règles définies au sein d'un groupe, à l'intérieur du cadre autorisé par la loi, s'élaborent et se transforment de façon plus aisée. Les adultes ont, en tout cas, plus de latitude et de pouvoir pour faire en sorte que les règles proposées soient cohérentes et représentatives des valeurs auxquelles ils adhèrent.

Voici quelques exemple de valeurs et de règles concrétisant ces valeurs :

Valeurs	**Règles**
L'erreur est humaine, elle fait partie de l'apprentissage	On a le droit de faire des erreurs mais on doit éviter de refaire la même erreur. Si l'erreur a eu des conséquences, on doit participer à sa réparation de façon concrète ou symbolique.
Chaque être est respectable	Si quelqu'un dit « Arrête », l'autre doit arrêter ce qu'il dit ou fait. Chacun doit prendre soin des affaires des autres ou communes au groupe.
Les émotions sont respectables et utiles	On a le droit d'exprimer ses émotions sous réserve de ne pas blesser l'autre.
La coopération et la solidarité sont importantes	Chacun doit participer aux tâches qui facilitent la vie de famille ou du groupe à la mesure de ses goûts et de ses compétences
La responsabilité des adultes	Les adultes sont responsables de la santé physique et psychique de l'enfant et de leur développement. Ils doivent protéger l'enfant et l'inciter à apprendre et se responsabiliser.

Les règles génériques se déclinent ensuite en règles concrètes clarifiant les comportements attendus dans des situations précises. Ces règles concrètes sont regroupées en général sous forme de règlement définissant un ensemble de droits et de devoirs.

On a le droit de faire des erreurs mais on doit éviter de refaire la même erreur Si l'erreur a eu des conséquences, on doit participer à sa réparation de façon concrète ou symbolique.	Si un élève est en retard plus de 3 fois dans le mois, il a un avertissement. Si un enfant abîme un jouet qui ne lui appartient pas, il doit faire en sorte de le remplacer ou de le réparer.
Si quelqu'un dit « Arrête », l'autre doit arrêter ce qu'il dit ou fait.	Si ton frère te demande de sortir de sa chambre, tu dois le faire. Si l'autre ne veut plus jouer à la bagarre, tu dois arrêter.
On a le droit d'exprimer ses émotions sous réserve de ne pas blesser l'autre.	Quand on est en colère, on peut venir en parler au conseil de classe mais on ne frappe pas et on n'insulte pas l'autre.

Chacun doit participer aux tâches qui facilitent la vie de famille ou du groupe à la mesure de ses goûts et de ses compétences.	On décide en conseil de famille les tâches affectées à chacun.
Les adultes sont responsables de la santé physique et psychique de l'enfant et de leur développement. Ils doivent protéger l'enfant et l'inciter à apprendre et à se responsabiliser.	Les jours d'école, le coucher est à 20 h 30.

A une valeur peut correspondre plusieurs règles concrètes différentes et parfois même contradictoires. Par exemple, à la question suivante posée à des parents : « Concrètement, quelles règles enseignent le respect de l'autre ? », les réponses obtenues ont été variées : être poli, ne pas insulter, ne pas frapper, ne pas bousculer, ne pas se moquer, être propre, bien s'habiller, ne pas juger, bien écrire, ne pas faire de fautes d'orthographe, manger proprement...

En respectant le cadre donné par la loi fixant ce qui est autorisé et interdit, les adultes donnent un cadre ordonné qui sécurise, ainsi que des repères qui aident à se situer, grandir, apprendre et se maîtriser. Elles sont une forme de **ciment social** censé créer du lien entre les différents membres et les protéger contre les actes « asociaux ». Dans le cadre de l'éducation, les règles concrètes sont censées répondre aux besoins physiologiques, affectifs des enfants et favoriser apprentissage et développement. Elles sont issues de connaissances médicales, psychologiques, pédagogiques mais également de conceptions philosophiques ou religieuses de l'éducation et de l'humanité. Elles peuvent devenir obsolètes ou inadéquates en quelques années. Elles peuvent même parfois aller à l'encontre même des valeurs qu'elles sont censées transmettre. C'est pourquoi l'adulte doit pouvoir questionner et faire évoluer le règlement afin de garantir l'adéquation entre les valeurs et les règles[43].

Les règles ont le mérite d'expliciter de façon précise les comportements attendus. Elles s'appuient sur l'expérience des « anciens » et proposent des solutions qui ont donné des résultats. Elles évitent de repenser le monde et de recréer le cadre tous les jours. Pour garantir leur caractère éducatif, les

43. Nous verrons dans le chapitre suivant que l'étape ultérieure consistera à faire participer les enfants à la réflexion sur les règles et à décider ensemble de leur mise en application.

règles concrètes doivent être justes : concrétiser effectivement les valeurs qu'elles sont censées représenter (le respect de l'individu, la liberté d'expression, l'égalité des droits, ...) et prendre en compte les compétences cognitives et sociales de l'enfant (est-il capable de comprendre les conséquences de son acte sur l'autre et de se contrôler ?).

Les valeurs sont des concepts abstraits. Pourtant on peut s'y référer dans la plupart des situations et elles sont compréhensibles par un enfant même petit. Le rappel des valeurs développe un certain état d'esprit chez l'enfant. Il n'obéit plus simplement à une injonction (dis bonjour à la dame, mets tes mains sur la table, tais-toi quand l'autre parle...) mais **acquiert l'habitude de vérifier par lui-même si ce qu'il compte faire ou dire est respectueux** des autres et de l'environnement.

> *On se bat pour s'amuser. Regarde, on a mis le matelas pour éviter de se faire mal !*
> *On discute. On n'est pas d'accord et il m'énerve. Mais t'en fais pas si j'en ai marre, je lui dirai.*
> *J'ai demandé au prof si je pouvais garder la casquette. Ça le dérange pas !*

Si les règles sont justes et adaptées aux capacités des enfants, il ne reste plus (!) qu'à les expliciter, les faire appliquer et sanctionner les comportements qui enfreignent la règle.

Expliciter les règles

Les règles peuvent être implicites ou explicites. Dans les sociétés traditionnelles, les rôles de chaque individu sont très dépendants du sexe, du statut social, de l'âge et évoluent lentement. Les règles sont donc très souvent implicites : point n'est besoin de les dire et de les répéter, l'enfant sait, en regardant les autres, les comportements que l'on attend de lui. Dans notre société qui a comme valeur forte le respect de la singularité de chaque individu (ses choix, sa liberté, son autonomie), l'enfant a moins de points de repères. C'est pourquoi les règles doivent être nécessairement plus explicites.

Les enfants connaissent-ils les règles auxquelles ils sont soumis ? La première condition nécessaire au respect d'une règle est de la connaître, que cette règle concerne la grammaire d'une langue, l'évolution du monde physique ou la vie en société. **L'adulte a donc la responsabilité de porter à la**

connaissance de l'enfant les règles qui sont de mise dans la famille, l'école ou l'institution. Il est donc préférable qu'il les connaisse !

Ces règles peuvent être écrite ou orales. Dans certains établissements, elles sont données à la famille en début d'année ou présentées dans une réunion d'information. Pour en faciliter l'acquisition et la mémorisation, il est judicieux de respecter les quelques conseils proposés par William Glasser[44] :

- Les règles doivent être peu nombreuses car les enfants ne peuvent se rappeler beaucoup de règles.
- Elles gagnent à être formulées sous forme de proposition positive (Par exemple, on doit se taire quand... est la formulation positive de : il est interdit de parler quand...).
- L'infraction à une règle doit entraîner une conséquence.

Hiérarchiser les règles

Trop de règles tuent les règles, particulièrement lorsqu'elles sont toutes mises au même niveau. Qu'est-ce qui est plus grave ? Arriver en retard à un cours ou tricher à un devoir ? Frapper un enfant plus jeune que soi ou insulter un adulte ? Hiérarchiser les règles permet à l'enfant de focaliser son effort sur certains moments, certaines attitudes qui sont les plus importants pour le groupe.

Hélène (enseignante) : Si je demande à mes élèves de se taire durant tout le cours, ils n'y arrivent pas et se mettent à parler n'importe quand. Ils ne m'entendent même plus quand je demande le silence sauf si j'use de menaces et sanctions. Je me suis aperçue que j'avais besoin de leur attention plus particulièrement à certains moments. Je leur ai donc précisé les moments où ils doivent vraiment se taire, ceux où ils peuvent parler entre eux doucement et ponctuellement et ceux où ils peuvent « se lâcher »... Je m'épuise moins et eux aussi !
Pierre (parent) : Avec notre fils Jérémie qui a 5 ans, il y a une règle vraiment importante qui concerne la sécurité. Il peut aller jouer dans le jardin seul mais il n'a pas le droit de sortir dans la rue sans son grand frère ou un adulte. C'est une règle que l'on rappelle souvent, on lui fait part de notre inquiétude face à ce danger.

44. W. Glasser, cité dans Diane Chelsom Gossen, **La réparation : pour une restructuration de la discipline à l'école**, Ed. Chenelière, 1997, p. 86.

C'est aux adultes qu'incombe le travail de hiérarchiser les règles de manière à faire ressortir celles qui sont fondamentales. C'est toute une organisation de l'espace, du temps, des codes sociaux qui est alors explicitée. L'adulte peut donner l'origine de la règle et la valeur à laquelle elle fait référence. La règle peut être de l'ordre de la loi ou avoir été élaborée par les parents ou une équipe éducative comme le montrent les exemples suivants :

> *Il faut mettre ta ceinture de sécurité. Parce que si l'on a un accident, tu seras mieux protégé mais également parce que si un policier nous voit, je devrai payer une amende (référence à la loi à laquelle est soumis l'adulte responsable de l'enfant).*
> *Rends à ton frère son jouet parce qu'il te le demande et que c'est à lui (référence à la valeur de la propriété comme respect de l'autre).*
> *Dans cette école, il est interdit de fumer (loi).*

Lorsque l'adulte clarifie le niveau auquel il se réfère, les valeurs sous-jacentes à sa demande et son niveau d'adhésion, il gagne en clarté, en conviction et donc en autorité. Il est plus entendu. L'enfant comprend l'intérêt de la règle pour lui-même et le groupe, il l'accepte plus volontiers même si cela l'oblige à gérer la frustration éventuelle qui en découle.

Faire respecter les règles

Une règle n'existe réellement que si elle est respectée. Si on peut enfreindre les règles sans conséquence, l'enfant acquiert l'intime conviction que les droits qu'elles sont censées garantir, les personnes censées être protégées n'ont pas de valeur : il peut se sentir alors en danger s'il est victime ou, au contraire, tout-puissant s'il agresse. L'enfant ne fait plus confiance à l'adulte pour faire respecter les règles édictées. Chacun met alors en place des stratégies d'attaque ou de défense pour sauver sa peau ou gagner du territoire. Le groupe social perd alors de sa cohésion comme nous l'expliquent F. Oury et A. Vasquez[45] :

> *« La loi ne peut être mise en question n'importe comment et n'importe quand par un individu sans provoquer une réaction. Si cette loi n'est pas réaffirmée, on court le risque de voir ledit groupe se détériorer en un magma : béton bloqué par les inhibitions, soupe à l'anxiété avec agressivité, régressions, voire passages à l'acte incontrôlables. »*

45. F. Oury et A. Vasquez, **De la classe coopérative à la pédagogie institutionnelle**, Maspéro, 1991.

Les règles socialisent l'enfant si elles sont justes et respectueuses de ses besoins et de ses capacités, mais également si les adultes réagissent lorsqu'il ont connaissance d'une infraction aux règles.

La réaction de l'adulte doit permettre de :

1• dire à l'enfant que l'on est en désaccord avec son comportement parce qu'il va à l'encontre des règles posées,

2• s'assurer que l'enfant connaît la règle : s'il ne la connaît pas ou refuse de l'énoncer, la lui rappeler,

3• s'assurer qu'il est capable de la respecter : lui demander s'il est capable de la respecter et donner son propre avis sur la question,

4• sanctionner ou dire que cette infraction aura une conséquence même si l'on ne sait pas encore quelle sanction sera appliquée.

La sanction permet de mettre des limites et de préserver ainsi l'identité du groupe. Elle vient en dernier recours lorsque les autres leviers de l'éducation n'ont pas été efficaces : persuader, faire entendre raison, influencer. La sanction vient contraindre l'enfant à prendre en compte les autres. Quelle forme peut prendre la sanction pour être éducative ?

Synthèse

Les règles concrétisent les valeurs d'un groupe. Elles sont des repères qui fixent des limites au comportement en société.

L'adulte élabore et fait respecter des règles dans le cadre de la loi à laquelle il est soumis.

L'adulte a la responsabilité de porter à la connaissance de l'enfant les règles qui le concernent, de lui en expliquer le sens et de les faire respecter.

Les règles doivent être peu nombreuses et formulées de façon positive.

L'infraction à une règle doit entraîner une conséquence.

Chapitre 13

Sanctionner

La sanction est le « moyen destiné à assurer le respect de l'exécution effective d'un droit ou d'une obligation ». L'adulte en sanctionnant l'enfant lui dit qu'il avait la capacité, la conscience et la liberté de faire autrement et l'incite à prendre en compte l'autre.

Voici quelques exemples de comportements sanctionnables parce que l'enfant semble avoir la maturité pour comprendre la règle et la respecter.

> *Julie (5 ans) dessine sur le mur avec ses feutres.*
> *Anthony (13 ans) a apporté un couteau au collège et s'amuse avec dans la cour de récréation.*
> *Carole (7 ans), en colère contre son frère, a déchiré un de ses livres.*
> *Jean (6 ans) a craché sur une de ses camarades.*
> *Damien (8 ans) s'amuse à soulever la jupe des filles.*
> *Sylvain (11 ans) a insulté une aide-éducatrice.*
> *Emilie (17 ans) a frappé un enseignant.*

En transgressant la règle, l'agresseur se met hors-la-loi, il s'exclut du groupe, il rompt le contrat social. La sanction doit lui permettre de réintégrer le groupe parce qu'il aura pris conscience des conséquences de son acte sur les autres, du choix qu'il avait d'agir autrement et qu'il aura payé sa dette envers ceux auxquels il aura nui. La sanction vise à apaiser la culpabilité, à réconcilier le fautif avec lui-même, elle n'est pas une contre-violence symétrique mais un coup d'arrêt.

Les conditions de la sanction éducative

Une sanction est éducative si elle aide l'enfant à s'ouvrir au point de vue de l'autre et à le prendre en compte dans sa manière d'agir. Pour donner une sanction éducative, l'adulte doit d'abord reconnaître à l'enfant le **droit à l'erreur**. Puisque l'enfant est en développement, il apprend, expérimente, se trompe. Et nécessairement, il va lui arriver d'agir sous l'emprise de l'émotion, de sous-évaluer les conséquences de ses actes, tout simplement d'errer... Si l'adulte accepte que l'erreur fasse partie intégrante du processus d'apprentissage, il lui sera plus aisé de maîtriser sa colère, son énervement, son impatience. Il évitera ainsi les critiques qui culpabilisent l'enfant et l'enferment dans une attitude défensive menant à l'échec. Ce n'est pas l'enfant qui est jugé, rejeté, humilié, c'est un acte commis dans une situation particulière qui est sanctionné parce qu'il met à mal les valeurs dont l'adulte est garant. L'adulte focalisera non pas sur l'erreur qui a été commise mais sur l'évolution possible de l'enfant. **La sanction éducative est tournée vers l'avenir**. Comment faire pour que l'enfant agisse différemment lorsqu'il se retrouvera confronté à la même situation ? La sanction n'a donc de sens éducatif que si l'enfant est capable de comprendre les conséquences de son acte.

> « *Demander à l'enfant le pourquoi de son geste, revenir sur la transgression et ses conséquences, demander, écouter mais aussi expliquer ce que l'on refuse, car sanctionner sans que la sanction soit comprise (ou puisse être tôt ou tard comprise) c'est tout simplement sévir (du latin* saevus *qui signifie cruel)*[46]. »

Si l'enfant est trop petit ou immature pour comprendre les conséquences de son geste sur l'autre, la sanction ne l'aidera pas à prendre en compte autrui[47]. Lorsque ce que fait l'enfant nous choque par son inhumanité (violence qui semble gratuite, cruauté...), il est tentant de sanctionner de « façon inhumaine », en humiliant, en faisant honte, en rejetant la personne. En agissant ainsi, le groupe se donne l'illusion de se protéger de cet être[48] et obtient parfois un comportement qui semble plus social. Mais pour amener l'enfant à plus d'humanité envers lui et l'autre, la sanction doit être compatible avec la dignité humaine. Elle doit également prendre en compte les circonstances de l'acte, l'intention de la personne et des conséquences sur la victime. Peut-on sanctionner uniformément un vol, selon l'âge de l'enfant, ses raisons, ses conditions ? Si la sanction ne prend pas en compte les spécificités de l'acte, elle risque fort d'être injuste et de perdre son sens éducatif.

La forme de la sanction éducative

E. Prairat résume ainsi la conception de la sanction chez Rousseau :

« *Tout d'abord, la sanction doit permettre un retour sur soi. Emile doit*

46. E. Prairat, **La sanction, petite méditation à l'usage des éducateurs**, Ed. L'Harmattan, 1999, p. 57.

47. Ce qui n'empêche pas qu'il puisse y avoir sanction comme on le constate dans le cadre de la justice : un jeune de 14 ans a tué à coups de couteau un autre jeune qui l'avait insulté. Il n'a pas par la suite semblé comprendre la gravité de son acte et en quoi il méritait une sanction. Il a cependant été sanctionné.

48. Il y arrive parfois lorsqu'il condamne un être à la prison à perpétuité ou à la peine de mort.

prendre la mesure de ses actes, c'est-à-dire en éprouver les conséquences sociales. Il doit comprendre qu'il a transgressé un principe auquel il peut raisonnablement consentir si tant est qu'il est capable de se déprendre de ses désirs immédiats. Enfin la sanction est ouverture, mouvement ouvert à l'élaboration de médiations censées garantir la nécessité et la continuité des échanges. La sanction rousseauiste est une sanction intégratrice puisque elle vise à resocialiser l'enfant. »

Les formes de sanctions susceptibles d'aider l'enfant à changer non seulement de comportement mais également de regard sur son acte, pour lui permettre un retour en lui et une ouverture à l'autre, et faciliter ainsi sa réintégration dans le groupe, sont la frustration, la mise à l'écart et la réparation.

La frustration

Le ressort de la sanction éducative peut être la frustration. Lorsque l'enfant ne respecte pas les règles du groupe, il y a des conséquences. Le message que l'adulte lui donne alors est celui-ci : « puisque tu as agi sans prendre en compte les besoins des autres, que tu n'as pas respecté la règle, alors tu perds le bénéfice que prévoyait cette règle. »

> *Acte : L'enfant a cassé, dérangé, pris sans permission, perdu un objet.*
> *Sanction : Il n'a plus le droit d'utiliser ces objets tout seul ou sans permission.*
>
> *Acte : L'enfant a enfreint une règle : il est en retard, il a bu, fumé, il s'est battu...*
> *Sanction : Il perd le bénéfice que lui permettait la règle : autorisation de sorties, loisirs...*

La sanction est d'autant plus efficace qu'elle est en rapport avec l'acte commis. Elle donne corps à la règle. Elle rappelle que les règles ne peuvent être impunément violées et que le respect de chacun est une valeur fondatrice de notre société. La frustration est adaptée en particulier avec les enfants petits qui ne comprennent pas toujours le pourquoi des règles posées. Elle contraint l'enfant à intégrer la dimension de l'autre et à lui reconnaître une place équivalente à la sienne. Grandir et se socialiser, c'est apprendre à gérer la frustration qui naît de la présence de l'autre. Sanctionner par la frustration, c'est contraindre l'enfant à accepter cette limite posée par les règles physiques et sociales. Pour trouver sa place dans le groupe, l'enfant doit développer la capacité à prendre en compte l'autre. Si l'adulte ne se charge pas de lui mettre des limites, ce sont les lois sociales qui le sanctionneront de toute façon et de manière souvent plus brutale parce que moins accompagnée : il sera exclu des jeux par ses pairs, rejeté parce que maladroit et incapable de prendre en compte l'autre, et en prise éventuelle avec la justice.

La mise à l'écart

Mettre à l'écart est une sanction éducative si l'objectif n'est pas d'exclure mais de permettre à l'enfant de faire un retour sur soi, comme le préconisait Rousseau. L'isolement diminue les interactions avec les autres, les stimulations de l'environnement. Dans le calme et le silence, l'enfant se retrouve seul avec lui-même. Cette mise à l'écart lui facilite alors le travail d'introspection, l'accès à ses émotions, le retour au calme intérieur. Il peut alors plus facilement s'ouvrir au point de vue de l'autre. La mise à l'écart est socialisante si l'enfant revient dans le groupe en envisageant la situation sous un autre angle intégrant le point de vue de l'autre. Elle ne doit alors pas être présentée comme une humiliation (tu retournes dans la classe des bébés puisque tu es un bébé...), un rejet (va-t-en je ne t'aime plus, tu es trop méchant) mais comme une *aide*. D'ailleurs certains enseignants utilisent cette mise à l'écart de façon préventive : ils prévoient un lieu dans la classe ou la cour qui s'apparente à un refuge où les enfants vont de leur plein gré quand ils sentent que la tension monte et qu'ils risquent d'enfreindre les règles et donc d'être sanctionnés. De même dans certaines familles, la chambre est un lieu de retour sur soi dans lequel les autres ne rentrent pas sans y avoir été invités. On y va parce qu'on a envie d'être seul ou pour retrouver du calme intérieur. On peut également, comme le préconise E. Crazy[49], envoyer l'enfant dans sa chambre jusqu'à ce qu'il trouve comment faire pour prendre en compte le point de vue de l'autre.

La mise à l'écart n'a de sens que si elle permet à l'enfant de réintégrer le groupe. L'exclusion définitive d'un établissement scolaire ou d'une famille n'est pas une sanction éducative. Elle protège éventuellement le groupe mais ne socialise pas l'enfant qui a enfreint la règle. Elle est une sanction efficace quel que soit l'âge de l'enfant sous réserve qu'elle soit accompagnée et permette à l'enfant de retrouver un calme intérieur. Le temps de mise à l'écart dépend en fait de la capacité de l'enfant à accepter la règle et à s'ouvrir au point de vue de l'autre. L'adulte doit donc évaluer, éventuellement avec l'en-

49. E. Crary, **Négocier, ça s'apprend tôt**, Ed. Université de la Paix, 1984. Ce livre est excellent ouvrage pour les adultes qui souhaitent aider les enfants à gérer leurs conflits sans perdant.

fant, sa capacité à **retrouver son calme**. La mise à l'écart ne doit pas être associée à la peur ou l'angoisse. Pour les enfants petits, la mise à l'écart permet souvent de diminuer les stimuli qui fatiguent et énervent. Elle favorise la gestion de la frustration.

Accompagner l'enfant, c'est s'assurer que la mise à l'écart n'est pas trop angoissante pour lui. Parfois, il suffit de demander à l'enfant d'aller manger seul sur la table de la cuisine, d'aller dans le jardin, de sortir de la salle, de s'éloigner de 3 mètres pour qu'il puisse « revenir en lui ». En lui demandant de se mettre à l'écart, on lui dit clairement que ce qu'il fait ou ce qu'il a fait nuit à une personne du groupe ou au groupe tout entier. Il va falloir donc que quelque chose change avant qu'il ne puisse **retrouver sa place dans le groupe**. Si l'isolement a permis à l'enfant un retour sur lui et une ouverture à l'autre suffisantes pour dialoguer à nouveau et envisager un changement, alors la sanction a été efficace. Point n'est besoin de prolonger. A l'inverse, il n'est pas judicieux d'aller à la rencontre de l'enfant tant que celui-ci n'est pas prêt à dialoguer. On risque de trouver porte close. Avec les enfants plus grands, les adolescents la mise à l'écart devient un temps de **réflexion** susceptible de l'aider à aller vers des propositions et éventuellement la réparation.

La réparation

Passer d'une sanction subie à une sanction active, c'est aller vers la réparation. La réparation est orientée vers autrui. Elle transforme la peine en un effort. Pour évoquer le concept de réparation, nous nous appuierons principalement sur les réflexions et l'expérience de la canadienne D. Chelsom Gossen[50] :

> *« Souvent la punition ne réconforte ni la victime ni le coupable et elle laisse aux deux un sentiment d'échec. (...) la punition confirme la faute mais provoque la culpabilité ou la colère chez le fautif. Elle ne lui donne pas les moyens de réparer les torts commis ni d'offrir à la victime ce qu'elle considérerait comme une juste compensation. »*

Pour qu'une réparation soit réussie, il faut que les trois conditions suivantes soient réunies :

• La victime considère la compensation comme suffisante.

50. Diane Chelsom Gossen, *Op. cit.,* Je recommande vivement ce livre québecois à ceux qui souhaitent utiliser de façon concrète la réparation en tant que sanction.

- Le fautif accepte de faire un effort pour réparer son erreur.
- La réparation a un rapport avec l'erreur, elle aide l'enfant à intégrer la règle qui a été enfreinte.

L'adulte s'efforcera donc d'imaginer avec l'enfant des actions qui puissent « réparer » ce qui a été fait, de façon physique, matérielle ou psychique et également de lui faire prendre conscience des conséquences de son comportement et de l'inciter à chercher des alternatives.

Le moment de la sanction

La sanction peut être immédiate et/ou différée. La sanction est immédiate lorsque la règle a été posée clairement et que l'enfant refuse de la respecter. Elle pose une limite et permet aux enfants de vérifier que les adultes sont capables et soucieux d'appliquer les règles dont ils sont garants.

> *Tant que les enfants n'arrivent pas à se mettre d'accord sur l'utilisation de l'ordinateur, ils n'ont pas le droit de s'en servir (frustration).*
> *Lorsqu'un enfant frappe intentionnellement un de ses frères ou sœurs, il va dans sa chambre pendant un certain temps (isolement).*
> *Les élèves savent que s'ils oublient leur matériel, ils gênent la classe pour travailler. Quand ils oublient pour la deuxième fois dans le mois, ils sont chargés d'aider les autres à penser à leur matériel (réparation).*
> *Un enfant pris en possession d'une arme dans l'établissement passe systématiquement et rapidement en conseil de discipline qui décide alors de la sanction à appliquer.*

La sanction peut également être différée, donnant ainsi du temps à l'adulte pour réfléchir à la situation. Parfois, sous le coup de la colère, l'adulte « promet » une sanction qui lui paraît ensuite démesurée ou inadaptée. Il est alors coincé entre le maintien de la sanction pour rester crédible ou sa modification qui peut donner à penser que l'enfant a gagné contre l'autorité. Il peut également confronter sa position avec d'autres adultes (conjoint, ami, collègue, ...) afin de s'assurer que sa position n'est pas un abus de pouvoir mais bien l'application d'une règle garantissant la sécurité et le respect de chacun.

> *Dans un établissement scolaire, lorsque l'élève enfreint les règles, l'enseignant l'informe qu'il va demander une sanction à son égard. Il donne au responsable de la vie scolaire une fiche indiquant le pourquoi de la*

sanction et la sanction demandée. Le responsable de la vie scolaire rencontre l'enfant. La plupart du temps l'enfant reconnaît sa responsabilité et accepte la sanction proposée, parfois l'enfant la trouve injuste : « le professeur était énervé, c'est tombé sur lui alors qu'il n'avait rien fait. » Le responsable de la vie scolaire en parle à l'enseignant qui reconnaît en général le caractère partial de la sanction et accepte de l'alléger.

Certains parents évitent de donner des sanctions sous le coup de la colère et attendent que leur conjoint soit là.

Différer une sanction comporte le risque de laisser un acte impuni : on ne sait pas comment sanctionner, on n'en a pas les moyens, on a d'autres priorités... Il est important, face à un acte qui va contre les règles du groupe, que l'adulte dise qu'il est au courant de ce qui s'est passé, en désaccord avec cet acte et qu'il a le souci d'éviter que cela ne recommence. D'où l'importance de lieux d'échanges et de décisions entre adultes pour rendre cohérentes et justes les règles proposées.

Une instance de sanction : le conseil de discipline

Pour les infractions graves qui dénotent vraisemblablement chez l'enfant une difficulté de socialisation, il est important d'officialiser la sanction. Nous utiliserons le terme « conseil de discipline » pour décrire cette instance qui permet de formaliser et ritualiser la confrontation avec le fautif et la sanction prononcée. Nous allons présenter comment cette instance peut fonctionner afin de n'être pas le lieu redouté qui accuse, rejette et exclut mais une structure solide et ferme qui fait respecter la loi et éduque.

L'objectif du conseil de discipline est *triple* : faire prendre conscience à l'enfant de la gravité de son acte, décider de la sanction méritée et trouver des solutions permettant à l'enfant d'évoluer. Comment faire pour qu'un conseil de discipline soit éducatif ? Il doit présenter clairement et sans haine les actes qui sont reprochés à l'enfant ou l'adolescent. Les faits doivent être éclairés aussi bien par les personnes qui ont eu à subir le comportement (enseignants, camarades, etc.) que par ceux susceptibles d'expliquer le comportement reproché et lui trouver des circonstances atténuantes (l'enfant lui-même, les délégués de classe, les parents, certains adultes de l'établissement). Il doit donner lieu à discussion. La sanction est ensuite prononcée par les adultes de l'établissement dont c'est la mission, avec éventuellement la collaboration de l'enfant. En tout cas, la sanction doit être expliquée à l'enfant et appliquée. Comme on l'a vu, les sanctions sont d'autant plus efficaces qu'elles favorisent la réintégration de l'enfant dans le groupe. Il est donc important d'accompagner l'enfant pendant le temps de sa sanction afin de faciliter ce processus de retour sur soi et de réouverture aux autres. Notamment, si l'enfant est exclu, il doit pouvoir parler régulièrement à un adulte de ce qu'il vit et de la manière dont il va réintégrer le groupe.

Certains établissements mettent en place, en amont du conseil de discipline, des conseils d'éducation pour suivre et aider les enfants dont le comportement pose problème. Plutôt que d'attendre l'acte « grave » et donc répréhensible de façon forte, les adultes réfléchissent entre eux (ou avec les enfants) sur les difficultés rencontrées, les attentes des adultes et l'aide à apporter. L'enfant qui rencontre des difficultés et « pose problème » a ainsi un référent qui est l'interlocuteur privilégié des parents, des enseignants, etc. Il est une sorte de tuteur qui fait le point régulièrement avec l'enfant pour définir des objectifs. L'enfant peut aller le voir quand il en a besoin pour poser une question ou évoquer un problème. L'adulte l'aide en particulier à trouver des manières de répondre à ses besoins sans nuire à autrui.

Synthèse

La sanction vise à apaiser la culpabilité, à réconcilier le fautif avec lui-même, elle n'est pas une contre-violence symétrique mais un coup d'arrêt. Elle est éducative si elle aide l'enfant à se décentrer et à s'ouvrir au point de vue de l'autre.

La sanction éducative peut être de l'ordre de la frustration, de la mise à l'écart temporaire ou de la réparation.

Elle peut être immédiate ou différée.

Elle peut être officialisée dans le cadre d'une instance, telle un conseil de discipline qui décide selon des règles précises de la sanction appliquée.

Chapitre 14

Faire évoluer les règles

De nombreux établissements et familles s'efforcent d'établir des règles claires et de les faire respecter : elles définissent et posent un cadre cohérent et sécurisant. Ce n'est cependant pas suffisant : que se passe-t-il lorsqu'une règle respectée jusqu'à présent ne l'est plus ou encore lorsqu'elle n'obtient pas les résultats attendus ? Les sanctions ne font plus effet, le climat se tend, les adultes perdent de leur autorité.

De la nécessité de faire évoluer les règles

Lorsqu'un enfant refuse d'obéir à une règle qui lui semble injuste, deux cas sont possibles :

Premier cas : les adultes estiment que la règle est adaptée et qu'elle a été appliquée de façon juste, l'infraction fait alors l'objet d'une sanction éducative. Les adultes se portent garants du caractère éducatif de la règle, ils posent les limites nécessaires à la protection de chacun et à la cohésion du groupe.

Deuxième cas : Les adultes sont incapables de démontrer le bien-fondé de la règle, de retrouver la valeur qui a donné naissance à la règle. **Adaptée à une certaine époque, elle peut s'avérer obsolète ou dangereuse** pour différentes raisons : l'arrivée d'objets nouveaux dont l'utilisation précède la réglementation (calculatrices, portables, habitudes vestimentaires nouvelles (jeans déchirés, piercings...), nouvelles connaissances bouleversant les habitudes (l'impact des châtiments corporels sur le développement de l'enfant), évolutions des droits, etc.

> *Pourquoi il est interdit de mâcher de la gomme en classe ?*
> *Pourquoi le téléphone portable est-il interdit dans la cour de récréation ?*
> *Pourquoi les élèves sont-ils sanctionnés lorsqu'ils sont en retard et pas les profs ?*
> *Pourquoi les adultes ont-ils le droit de dire des gros mots et pas les enfants ?*

Pourquoi les parents ont le droit de frapper mon petit frère et pas moi quand mon petit frère ne veut pas m'obéir ?

Pour une règle injuste, ce sont toutes les règles qui risquent d'être rejetées et la confiance dans l'autorité, dans le monde des adultes qui est ébranlée. Il est donc urgent d'y réfléchir et de prendre acte. **Ce ne sont pas les règles qui sont sacrées mais les valeurs qu'elles sont censées représenter.** Comment faire évoluer les règles afin qu'elles soient le reflet fidèle des valeurs qu'elles portent ? Cela passe-t-il nécessairement par un rapport de forces entre ceux qui font la loi et ceux qui la subissent ?

De la manière de faire évoluer les règles

Les règles évoluent sous la pression de ceux qui en souffrent, et/ou de ceux qui sont sensibles à leur souffrance. Ces évolutions sont parfois le fruit d'événements graves ayant alerté l'opinion publique et d'un combat acharné de personnes engagées.

Des SDF morts de froid dans la rue ont été un déclencheur dans l'évolution des conditions d'accueil des personnes n'ayant pas de logement. Un enfant renversé par une voiture a été le déclencheur de changements d'aménagement d'un carrefour, changement pourtant demandés par une association de parents d'élèves depuis 2 ans.

Cette manière de faire est coûteuse. En effet, chercher à faire évoluer des règles « dures comme un mur de pierre », pour lesquelles aucun cadre d'évolution n'est prévu, demande une volonté et une énergie considérables. Certains s'y attellent, parfois de façon extrémiste d'ailleurs. La majorité se plaignent, se résignent, ironisent, apprennent à mentir et à dissimuler, s'en débrouillent, prennent leur mal en patience, trouvent des solutions individuelles. Démotivation et indifférence s'installent alors progressivement, participant à la stagnation de la situation. Comment faire pour que les règles évoluent de manière préventive sans nécessiter la mise en œuvre d'un rapport de forces souvent épuisant et sans attendre l'accident ? **Les règles doivent pouvoir être questionnées par ceux qui ont à charge de les faire respecter**. Lorsque la règle que l'adulte est censé faire appliquer provoque désaccords, refus, démotivation de la part des enfants et participe à la détérioration du climat et des relations, que peut faire cet adulte ? expliquer, sanctionner mais également, lorsque la règle lui paraît impropre, faire en sorte qu'elle évolue. La marge de manœuvre de l'adulte dépend du contexte. Quatre cas sont possibles : la règle ne dépend que de soi, elle dépend d'autres personnes qui sont à même niveau d'autorité (conjoint, collègue...), elle vient de la hiérarchie, elle est issue d'une loi externe à laquelle l'adulte est également soumis.

Quand la règle ne dépend que de soi

Dans cette situation, l'adulte a toute latitude pour faire évoluer la règle qu'il a mise en place.

> *Mon fils refuse d'aller se coucher à la même heure que son petit frère. Chaque coucher devient une période pénible et du coup il met plus de temps à s'endormir. Cette règle censée lui assurer le sommeil suffisant ne fonctionne plus. Je lui ai proposé de se préparer au coucher en même temps que son frère et de rester ensuite lire 15 minutes dans le salon.*
> *Depuis toujours, je faisais mettre mes élèves en rang 2 par 2 pour entrer en classe. L'énervement montait. Cette mise en ordre était censée les calmer mais en fait ils arrivaient en classe encore plus énervés. Je leur ai proposé de rentrer comme ils le souhaitaient sous réserve qu'ils ne se bousculent pas. J'ai proposé qu'un enfant se mette à l'entrée de la classe pour ralentir l'entrée et éviter les bousculades.*

L'adulte propose ainsi des nouvelles règles qui restent cohérentes avec ses valeurs, ses objectifs et qu'il arrive à faire respecter.

Quand la règle dépend aussi du conjoint, du collègue ou du voisin...

Parfois, la règle dépend de plusieurs adultes : les membres d'une équipe éducative, le couple de parents mais également le voisin, le parent du copain de classe. Lorsqu'un adulte applique la règle, qu'un autre la modifie et qu'un troisième ne l'applique pas, les enfants perçoivent la règle comme peu importante puisque l'enfreindre présente des conséquences aléatoires. Pire, lorsqu'ils se font sanctionner, ils ont une profonde sensation d'injustice et éprouvent du ressentiment contre l'adulte qui a sévi.

> *La mère de ma fille refuse qu'elle sorte avec des copains. Moi, je lui fais confiance. Alors parfois, je la couvre...*
> *Ils n'ont pas le droit de fumer dans l'établissement. Ils le font. Certains adultes font semblant de ne pas les avoir vus. Moi, quand j'en prends un,*

je le colle ; alors du coup je passe pour la grande méchante. Mais bon, s'il y a des règles c'est pour qu'elles soient respectées, non ?

Si les adultes veulent être crédibles et donc respectés par les enfants, il est nécessaire qu'ils échangent leurs points de vue sur les règles à mettre en place. Pour cela, il faut prévoir des moments permettant à chacun d'exprimer ses préoccupations sur l'intérêt de la règle ou ses difficultés à la faire appliquer et ses propositions de changements susceptibles d'améliorer la situation.

A chaque fois que je sens comme un flottement dans ce que dit mon mari et ce que je dis, on en parle. Par exemple, l'heure du coucher. Avec moi, ils doivent éteindre à 20 h 30 quand il y a école le lendemain. Avec leur père, ça mène parfois à 21 heures. Le matin, ils ont du mal à se lever et comme c'est moi qui les emmène, j'en fais les frais. On a trouvé comme solution de manger quand c'est possible un peu plus tôt les veilles d'école afin qu'il ait le temps de les coucher à son rythme. Sinon, c'est plutôt moi qui les couche !

Arriver à un consensus cohérent où chaque adulte adhère aux règles et se sent du coup plus concerné et à l'aise pour les faire respecter est bien sûr un idéal difficile à atteindre. Parfois, on est amené à faire respecter une règle qui ne nous convient pas. L'efficacité en est réduite parce que l'enfant sent la dissonance entre ce que l'adulte dit et ce qu'il pense. L'adulte se trouve alors devant sa propre responsabilité lorsqu'il est face à des règles qui lui semblent inadaptées et engendrent de l'insécurité et de la violence :

- Fait-il part aux autres adultes de sa préoccupation ?
- A-t-il entamé un dialogue permettant de confronter les différents points de vue ?
- Participe-t-il à l'élaboration de règles susceptibles de donner corps aux valeurs prônées ?
- S'il réalise qu'il est en désaccord avec ce qui est pratiqué et qu'il n'arrive pas à le modifier, continue-t-il de « cautionner » des règles qu'il désapprouve ?

Je travaillais dans une équipe d'éducateurs qui laissaient les adolescents se frapper entre eux sans réagir. La valeur prônée était celle-ci : « La vie sera dure pour eux. Autant qu'ils s'y préparent tout de suite. » J'ai tenté à plusieurs reprises de faire évoluer les règles de manière à garantir à chaque enfant le respect qui lui était dû. Je n'ai pas réussi. Je me sentais très mal à l'aise et j'ai préféré partir.

Leur père frappait nos enfants et les insultait fréquemment. Au début, j'ai laissé faire, je pensais que c'était pour leur bien. J'essayais d'en parler avec lui mais il refusait. Je lui mentais, je permettais des choses qu'il interdisait.

Si effectivement, l'adulte sent qu'il lui est impossible de faire évoluer la situation parce que l'autre n'est pas à ce jour capable d'établir des relations fondées sur le respect mutuel et le dialogue, il est alors judicieux de **trouver des parades** qui permettent de se protéger et de protéger les enfants.

Des règles qui évoluent ainsi grâce à la discussion entre adultes chargés d'autorité sont le meilleur garant de leur adéquation avec les valeurs affichées. Apprendre à accepter des règles et à les faire respecter même si on n'y adhère pas totalement est une nécessité en tant que parent. Partager notre point de vue sur l'inefficacité de ces règles et proposer des évolutions possibles est tout aussi important.

Quand la règle est du ressort d'une autorité hiérarchique

Parfois les adultes sont conscients de l'inadéquation des règles avec les valeurs et perçoivent à quel point elles empoisonnent le climat et mettent à mal les relations entre adultes et enfants. Les adultes souhaitent faire évoluer les règles et la manière dont elles sont appliquées mais ils n'en ont pas le pouvoir. Ils ne sont pas associés à l'élaboration des règles. Ils les subissent au même titre que les enfants et, de plus, ils sont censés les faire respecter même s'ils les désapprouvent.

De nombreux surveillants se retrouvent face à des élèves très en colère parce qu'ils ont été collés pour 1 minute de retard alors que parfois ils attendent leur prof 5 minutes. Ils ont l'impression qu'il y a 2 poids, 2 mesures. Du coup, ils se font agresser. Ils n'y sont pour rien et aimeraient que cela change.
Les enfants n'ont pas le droit de jouer dans la cour. C'est écrit dans le règlement de copropriété. Nous, nous sommes locataires. Donc on s'y plie. Mais cette règle est constamment source de conflits et de tensions entre adultes et enfants. Comment voulez-vous faire respecter une règle comme celle-là ?

Que peut faire l'adulte lorsqu'il doit appliquer une règle à laquelle il n'adhère pas ?

- **Interpeller** : Comme dans la situation précédente, il peut faire part aux décideurs de ses préoccupations, difficultés, propositions et entendre le point de vue de la direction qui a peut-être des raisons pertinentes de préserver cette règle. L'autorité hiérarchique a souvent une vision plus globale des conséquences de la disparition d'une règle ou de sa transformation.

- **Faire pression** : Pour faire entendre son point de vue à un supérieur hiérarchique, il est souvent nécessaire d'insister. L'influence que l'on a est plus faible que vis-à-vis de quelqu'un qui est son égal ou sur qui l'on a autorité. S'appuyer sur les textes de loi et les personnes de poids pour donner la légitimité à sa demande aboutit parfois aux changements attendus.

Lorsque la règle peut être modifiée par le fait d'une autorité hiérarchique, l'adulte ou les adultes peuvent donc faire pression pour tenter d'en modifier le contenu. Parfois la parole suffit, mais souvent la mise en œuvre d'un rapport de forces est nécessaire.

Quand la règle est issue de la loi

Certaines règles sont issues de lois auxquels tous les citoyens d'un pays sont soumis. Emises de façon démocratique ou autoritariste, en référence à des valeurs politiques ou spirituelles, elles définissent ce qui est autorisé et ce qui est interdit et sanctionnent en conséquence.

> *L'école est obligatoire jusqu'à 16 ans. C'est la loi. Moi, ça ne me dérangerait pas que tu arrêtes mais je ne peux rien faire dans ce sens.*

L'histoire regorge de lois qui se retrouvent être à un moment porteuses de discrimination et d'injustice parce que les valeurs ont évolué. Lorsque l'adulte se retrouve à devoir appliquer des règles auxquelles il n'adhère pas et qui sont issus d'une loi « intangible » difficilement modifiable, il se retrouve devant les choix suivants : se soumettre, faire semblant de se soumettre, s'opposer ou fuir. Il n'y a pas de bonne ou mauvaise réaction. Chacun fait ce qu'il peut, ce qu'il sent au vu de ses peurs, de ses intérêts et de ses valeurs.

> *Lorsque la loi interdisait l'avortement en France, certains adultes ont été confrontés à des mineures souhaitant avorter et qui ne le pouvaient pas.*

La méthode

Prévoir des rencontres régulières permettant à des équipes ou des couples de réfléchir au cadre éducatif dont ils sont responsables est un garde-fou efficace pour faire évoluer les règles de façon préventive. Des instances existent déjà et jouent parfois ce rôle : conseils d'école, réunions d'équipe, conseils d'établissement, groupe de parole de parents.... Quel que soit le contexte, si l'on souhaite faire émerger ou faire évoluer avec succès une règle, il est judicieux d'avancer avec méthode, étape par étape. De cette rigueur, naîtra l'imagination nécessaire à l'élaboration de solutions satisfaisantes.

Voici un aperçu d'une démarche permettant d'aborder toute situation dans laquelle un désaccord, une tension ou un conflit apparaissent :

1 – **Exprimer ce qui pose problème** : quelle est la règle ? Quelle est sa raison d'être ? Est-elle efficace ? En quoi est-elle gênante ? A-t-elle des conséquences sur l'adulte ? sur l'enfant ? Est-elle appliquée ? Est-elle applicable ? En précisant ainsi l'impact que la règle a sur soi ou sur les enfants et les difficultés qu'elle semble générer, l'adulte clarifie son point de vue sur l'inadéquation de la règle avec des valeurs ou sur sa difficulté à la faire respecter.

2 – **Entendre les réticences possibles à l'évolution de la règle** : pourquoi a-t-elle été mise en place ? A-t-elle des bénéfices ? Y a-t-il un risque à la faire évoluer ?

3 – **Chercher des solutions** qui prennent en compte la règle vue dans sa globalité

Illustrons cet aperçu par un exemple :

Dans une établissement scolaire, une règle disait que les téléphones portables étaient interdits. Un élève qui se faisait prendre se voyait confisquer son téléphone. Et un téléphone sonnant pendant un cours donnait droit à une colle.

Les élèves râlaient parce qu'ils trouvaient cette règle injuste, certains enseignants ne l'appliquaient pas.

Ce thème a été évoqué dans le cadre d'une commission chargée de l'évolution du règlement et a permis de trouver des solutions qui ont fonctionné.

1. Les élèves ont exprimé leur indignation face à la sévérité des sanctions et le côté aléatoire qui leur paraissait très injuste.

2. Le problème : les téléphones avaient été interdits pour éviter de perturber les cours mais également par souci que les temps de récréation restent des temps conviviaux et ne soient pas « pollués » par les appels incessants.

3. Les solutions : Il a été proposé d'une part, l'interdiction des téléphones pendant les cours avec sanction à la clef si un élève oublie de l'éteindre

plus d'une fois dans un trimestre, d'autre part l'autorisation des téléphones dans une partie de la cour et une salle du foyer des élèves. Quelques adultes ont élaboré avec des élèves une charte de l'utilisation du portable dans ces lieux.

Les bénéfices de cette démarche

Lorsque une démarche est ainsi mise en œuvre pour aider les enfants à répondre à leurs besoins sans nuire aux autres, le climat de la famille ou de l'institution en est grandement amélioré : l'enfant apprend à respecter la règle, à reconnaître à l'autre ses droits, il prend conscience des conséquences de son comportement, il prend confiance dans les règles qui sont posées par les adultes et par la manière dont la justice est rendue, il acquiert des repères et s'approprie la règle comme étant nécessaire, cherche à la respecter et à la faire respecter par les autres. L'enfant fait alors réellement l'apprentissage de la liberté et de la responsabilité.

L'implication de l'adulte est bien sûr plus importante puisqu'il prend la responsabilité du cadre éducatif proposé : il explique, sanctionne et cherche à adapter les règles aux valeurs prônées. Il s'assure que son autorité et celle des autres adultes prend en compte les besoins et les capacités des enfants. Mais il est également bénéficiaire du climat qu'il installe : les enfants s'affirment plus sereinement, prennent des initiatives et sont susceptibles de développer des attitudes de coopération. En effet, comme nous allons le voir dans la dernière partie de ce livre, l'état d'esprit permettant de coopérer se développe dans un climat éducatif favorisant la connaissance de soi et le respect d'autrui.

Synthèse

Les règles doivent évoluer parce que les connaissances, les mœurs et les pratiques évoluent.

Les règles évoluent souvent sous la pression de ceux qui les subissent et qui en souffrent. Cette façon de faire nécessite une énergie considérable, des tensions fortes parfois violentes.

L'adulte est responsable des règles qu'il fait respecter. Si elles lui semblent inappropriées ou dommageables, il peut travailler à leur évolution. Sa marge de manœuvre dépend du contexte : la règle ne dépend que de lui, elle dépend d'autres personnes qui sont à même niveau d'autorité, elle vient de la hiérarchie, elle est issue d'une loi externe à laquelle l'adulte est également soumis.

Les règles évoluent de façon plus sereine lorsqu'elles sont étudiées et discutées avec méthode et rigueur dans des instances prévues à cet effet.

Apprendre à respecter : du constat à l'action

Les constats	Ce que l'adulte peut faire
Respecter autrui est éprouvant : l'enfant apprend à gérer les frustrations qui découlent des règles physiques et sociales.	**Fixer des limites** de façon ferme tout en **reconnaissant la frustration** qu'elles engendrent Aider l'enfant à **développer les compétences** intellectuelles et relationnelles nécessaires
Pour être efficace et éducative, la demande de l'adulte doit prendre en compte les besoins et compétences de l'enfant.	**Évaluer** les compétences de l'enfant pour adapter son exigence en conséquence **Adapter l'environnement** aux besoins et capacités des enfants. **Anticiper** sur l'évolution possible d'une situation, n'intervenir que si nécessaire
L'enfant doit sentir l'adulte capable de le protéger contre sa propre violence et celle des autres.	Exercer son autorité en usant si besoin de sa **supériorité physique** (sans blesser), de son **statut** (sans humilier) et en faisant appel à d'autres adultes.
En comprenant les mécanismes de la communication, l'adulte devient plus adroit et déclenche moins de violence.	Faire des **demandes claires, décrire les faits** ou comportements qui posent problème sans juger, parler de **son ressenti**, expliquer les **conséquences** du comportement de l'enfant, proposer des **alternatives**.
Les règles permettent de garantir les droits de chaque membre du groupe. Elles fixent des limites au comportement en société.	Élaborer des **règles hiérarchisées** et exprimées de façon **positive, informer** l'enfant des règles, lui en **expliquer** le sens.
Une règle n'existe que si elle est respectée.	Faire en sorte que l'infraction à la règle entraîne une **conséquence** ou supprimer la règle !
La sanction n'est pas une contre violence symétrique mais un coup d'arrêt. Elle doit aider l'enfant à s'ouvrir au point de vue de l'autre.	Sanctionner de façon éducative : par la **frustration**, la **mise à l'écart temporaire** ou la **réparation**.

À quoi sert l'autorité ?, V. Guérin, Chronique Sociale.

Pour être juste, la sanction doit tenir compte des circonstances de l'infraction.	Mettre en place des procédures ou des instances limitant l'arbitraire de sanctions données à chaud par une personne. Traiter les infractions graves dans le cadre d'une **instance**.
Des règles qui n'évoluent pas deviennent souvent inadaptées, injustes ou dommageables. Elle génèrent de la révolte, de la démotivation et de la défiance.	Quand l'adulte estime que les règles qu'il est censé faire respecter sont inappropriées ou dommageables, il est de sa **responsabilité** de les faire **évoluer**. Prévoir des **instances** permettant de discuter des règles et de les faire évoluer

Apprendre à coopérer

La partie traitant de la connaissance de soi a montré comment la rencontre avec l'autre permet à l'enfant de mieux se connaître et de prendre conscience de son humanité et de sa singularité. Celle traitant du respect de l'autre a abordé la rencontre sous l'angle de la confrontation, de la frustration. De cette rencontre, il résulte un climat de peur et de violence qui nécessite que l'adulte pose des limites. Le cadre sécurise et incite l'enfant à s'affirmer sans agresser et à intégrer les règles comme nécessaires à la vie en société. Dans cette partie, nous allons montrer en quoi **la rencontre avec autrui** *peut être également* **source de plaisir et d'enrichissement** *ou encore comment faire pour que l'autre ne soit plus un danger potentiel, un ennemi, mais celui avec lequel on va échanger et s'entraider.*

Coopérer consiste à mettre en commun énergie, compétences et ressources de manière à ce que le groupe d'une part, et chaque individu d'autre part, en tire bénéfice. **La coopération est d'abord un état d'esprit**, *une manière de regarder l'autre et d'entrer en relation avec lui. Elle s'appuie principalement sur les aptitudes que nous venons de présenter, la connaissance de soi et le respect des autres, mais nécessite également d'autres compétences cognitives et relationnelles. Pourquoi est-ce important d'investir dans l'apprentissage de la coopération ? N'est-il pas plus simple, plus efficace d'apprendre à l'enfant à se débrouiller tout seul, à ne compter que sur lui, et à se battre pour devenir le meilleur ? Ces compétences sont-elles utiles et prioritaires ?*

Des études[51] ont permis de mettre en évidence l'intérêt de la coopération et de questionner certains mythes concernant la compétition :

51. P. Abrami, B. Chambers, C. Poulsen, C. De Simone, S. d'Apollonia, J. Howden, **L'apprentissage coopératif : Théories, méthodes, activités**, Ed. Chenelière, 1996, p. 200.

- *Le* premier mythe *est que nous vivons dans une société très compétitive où seul le plus apte survit. En fait,* ***la majorité des interactions entre les êtres humains nécessite des aptitudes à coopérer*** *: fonder un couple, éduquer ses enfants, avoir de bons rapports de voisinage, participer à la vie du quartier, avoir une bonne qualité de vie, faire aboutir un projet, construire, travailler en équipe... Ceux qui n'ont pas développé cette intelligence relationnelle en pâtissent et en font pâtir le groupe dans nombre de situations.*
- *Le* deuxième mythe *concerne la motivation : elle serait liée à la capacité de concurrencer les autres avec succès. Or,* ***la compétition*** *diminue le rendement, en tout cas pour tous ceux qui perdent : c'est une structure* ***menaçante et démoralisante pour celles et ceux qui s'estiment incapables de gagner****, ils adoptent une attitude de retrait ou ne donnent pas toute leur mesure.*
- *Le* troisième mythe *prétend que la compétition forme le caractère et endurcit les jeunes en vue de la lutte pour la vie : « la vie c'est la jungle, il faut les y préparer ».* ***La compétition endurcit mais ne développe pas la force intérieure*** *: s'endurcir consiste à se désensibiliser, ne plus ressentir son état intérieur et celui des autres pour pouvoir gagner et tuer sans émotion, sans faille. A l'inverse, développer sa force intérieure consiste à rester ouvert à soi et à l'autre afin d'utiliser toutes ses facultés même en situations de stress ou de conflits.*
- *Enfin, le* quatrième mythe *tend à nous faire croire que les êtres humains préfèrent les structures compétitives. Oui, sous réserve qu'ils gagnent... La compétition crée des sensations fortes et un état d'esprit de battant. La coopération offre également des sensations fortes, l'envie de réussir. Pour cela, point n'est besoin de faire perdre l'autre. Il suffit de réussir l'épreuve ensemble, qu'elle soit fictive (jeux coopératifs) ou réelle (participer à des secours en montagne ou en mer, organiser une fête ou un événement, construire une histoire, ...). La coopération offre même un plus : la création de liens de solidarité forts entre ceux qui ont participé à l'épreuve.*

La culture actuelle favorise énormément l'excellence de l'individu au détriment de l'équipe : chacun est évalué individuellement, sélectionné selon les critères propres et non selon sa capacité à travailler avec les autres. Les meilleurs sont valorisés, mis en avant et les moins bons « réorientés ». Si l'on souhaite favoriser la socialisation de l'enfant, il apparaît au mini-

mum nécessaire de ***rééquilibrer la place prise par la coopération en comparaison de celle prise par la compétition****. De plus, en encourageant les échanges entre enfants, l'adulte favorise non seulement le développement de leurs capacités relationnelles mais également intellectuelles :*

- ***capacités relationnelles*** *: l'enfant apprend à donner son point de vue, écouter et comprendre les autres, argumenter. Ces échanges fondés sur la compréhension mutuelle et le respect génèrent un climat de confiance et de motivation propice à l'affirmation et l'épanouissement de chacun.*
- ***capacités intellectuelles*** *: quand un enfant explique ses idées à ses partenaires, les illustre par des exemples, répond aux questions des autres, entend d'autres points de vue, il élabore et ajuste sa compréhension du monde. Se sentant en confiance et en sécurité, il peut prendre le risque de se tromper ou d'être en désaccord.*

La capacité à coopérer est difficile à acquérir mais elle participe de façon importante au développement des capacités relationnelles et cognitives de l'enfant. Elle a de plus un effet bénéfique sur le groupe dans son entier comme l'exprime le dicton populaire « l'union fait la force ». La coopération s'appuie sur l'hypothèse suivante : ***Toute rencontre est source d'enrichissement mutuel****. Le fait d'être deux ou plus permet à chacun d'en sortir grandi et plus fort, sous réserve que des relations de coopération soient posées. L'état d'esprit inhérent à la coopération peut être présent dans de nombreuses situations que nous allons décrire :*

- ***Coopérer dans la gestion des conflits*** *ou comment aborder un conflit dans un esprit non pas guerrier mais ouvert et serein,*
- ***Coopérer dans le jeu*** *ou comment inviter l'enfant à gagner avec l'autre et non pas contre l'autre,*
- ***Coopérer dans l'apprentissage*** *ou comment la relation aux autres peut aider à mieux apprendre,*
- ***Décider ensemble*** *ou l'apprentissage de prises de décisions démocratiques,*
- ***Aider l'autre*** *ou comment l'altruisme est bénéfique pour l'individu.*

Pour chacun de ces contextes, nous présenterons les apports de la coopération et les conditions de sa mise en œuvre.

Chapitre 15

Coopérer dans la gestion des conflits

Un conflit peut naître à tout moment dans une relation qui réunit plusieurs individus : même objet convoité par plusieurs personnes, sensation d'injustice, refus de reconnaître à l'autre un droit, volonté de tester ou d'imposer son pouvoir... Les conflits viennent souvent empoisonner les relations entre frères et sœurs ou entre des camarades de classe. Les adultes peuvent, comme nous l'avons vu dans la partie précédente, créer un cadre et avoir une attitude susceptibles de freiner l'utilisation de la violence dans la résolution du conflit. Dans ce chapitre, nous allons aller plus loin en aidant l'enfant à développer sa capacité à **résoudre les conflits dans un état d'esprit coopératif**. Le conflit, sous réserve qu'il soit bien géré, est une opportunité d'évolution pour l'enfant. Pour cela, l'adulte peut d'une part favoriser le développement des compétences nécessaires, d'autre part utiliser la médiation comme processus de gestion des conflits.

Développer les compétences nécessaires à la gestion des conflits

Les deux compétences suivantes sont essentielles dans la gestion des conflits : d'une part, la capacité à anticiper sur les conséquences de ses actes, d'autre part la capacité à imaginer des alternatives à l'agression ou la soumission.

- **Savoir anticiper sur les conséquences de ses actes :**

> *Si tu frappes l'autre, si tu l'insultes, si tu lui prends ses affaires sans lui demander, que va-t-il ressentir ? que risque-t-il de faire ? (agression)*
>
> *Si tu te tais, si tu le laisses te prendre ton jouet sans réagir, que va-t-il ressentir ? que va-t-il comprendre ? que risque-t-il de faire ? (soumission)*

Quelle que soit la solution envisagée par l'enfant dans le conflit qu'il rencontre, prendre conscience des conséquences de son attitude est un atout fondamental dans la maîtrise et la liberté qu'il peut acquérir.

• **Être capable d'imaginer des alternatives possibles** à l'agression ou la soumission

> *Est-ce que tu peux faire quelque chose d'autre ? Est-ce que tu peux envisager une autre solution pour sortir du conflit ?*

L'enfant a parfois l'impression qu'il ne peut rien faire d'autre que frapper, fuir ou se soumettre. Il reste dans l'idée que, puisqu'il y a conflit, l'un ou l'autre doit perdre. Les techniques que nous proposons ont pour objectif de l'aider à modifier sa compréhension de la situation de manière à pouvoir envisager que lui et l'autre sont reliés et que ce qu'il fait joue sur l'autre et par ricochet sur lui. Prendre conscience qu'il dispose d'une marge de manœuvre, qu'il a du choix, de la liberté lui permet de mieux canaliser l'émotion qui s'empare de lui face au risque de perdre et l'aide à bannir l'utilisation de la violence pour satisfaire ses désirs. Comment développer ces compétences de façon préventive afin que l'enfant puisse les utiliser lors d'un conflit auquel il est confronté ? Il existe de nombreuses techniques qui savent allier l'aspect ludique à l'apprentissage de ces compétences relationnelles. Nous en présenterons trois que nous avons davantage eu l'occasion d'explorer : raconter, lire, inventer des histoires, jouer des situations de conflits et présenter un spectacle mettant en scène un conflit.

Raconter, lire, inventer des histoires

Les suggestions proposées sont issues en grande partie de l'approche remarquable de E. Crary[52] qui a expérimenté de nombreuses pratiques de gestion des conflits avec des enfants dont l'âge variait entre 3 et 12 ans.

« Il était une fois... » : ces mots magiques nous convient au voyage dans l'espace, le temps, l'imaginaire et à l'intérieur de nous-mêmes. « Et s'il m'arrivait la même chose, que ferais-je ? » Toute histoire est une **rencontre** qui permet à l'enfant de s'identifier au personnage, de vivre les aventures et les émotions du héros. Elle est également l'occasion pour l'enfant d'explorer d'autres pistes à chaque fois que le héros se trouve confronté à un problème ou à un choix. Les livres, les contes regorgent d'histoires où les personnages se retrouvent face à un problème.

> *Le Petit Chaperon se retrouve dans la forêt face au loup. Il lui pose des questions et elle lui répond. Qu'est-ce qui se passe après ? Qu'aurait-elle pu faire d'autre ? En quoi cela aurait changé le cours de l'histoire ?*

52. E. Crary, *Op. cit.*

Boucle d'Or entre dans la maison des 3 Ours. Elle mange la soupe, s'assoit sur la chaise et s'endort dans le lit. Pourquoi les ours ne sont pas contents ? Qu'est-ce que tu aurais fait à sa place ? Comment se sentait Boucle d'Or ?

Inventer des histoires, trouver d'autres fins aux histoires, chercher les liens entre des événements, se mettre à la place du héros, comprendre ce qu'il peut ressentir... sont des occasions de tous les jours de travailler l'introspection et l'empathie. Ce travail ne doit pas être confondu avec l'approche morale ou rationnelle. Il ne s'agit ni de faire entendre raison à l'enfant, ni de lui enseigner ce qui est bien et ce qui est mal. Le jugement de l'adulte sur ce que dit l'enfant n'a donc pas lieu d'être. Il s'agit simplement d'inviter l'enfant à faire des liens entre l'attitude d'une personne et ses conséquences sur les autres et sur la relation afin de l'inciter à chercher des alternatives qui transforment la relation et l'histoire.

Alexis (6 ans) parlant du dessin animé intitulé Kirikou et la sorcière *: Les gens du village ont peur de la sorcière alors ils font tout ce qu'elle demande. Kirikou essaie de comprendre et c'est comme cela qu'il redonne de l'eau au village. Et après il essaie de comprendre pourquoi la sorcière est méchante. C'est parce qu'elle a mal, elle a son épine dans le dos. Kirikou lui enlève son épine et comme elle n'a plus mal, elle devient plus gentille. Moi, je me demande qui a mis l'épine dans le dos de la sorcière, ça je sais pas.*

Jouer des situations de conflit

La manière dont l'enfant réagit dans un conflit s'effectue au-delà de sa compréhension intellectuelle de la situation ou du jugement moral qu'il en a. Le moteur de ses actes est émotionnel : la peur paralyse, la colère met hors de soi et conduit à dire ou faire des choses que l'on ne pense pas. Jouer des histoires permet donc d'explorer avec son corps, ses émotions et son esprit la façon dont sa propre attitude joue sur la réaction de l'autre. L'exemple suivant est tiré d'un **atelier de théâtre** en classe de CP. Les enfants sont invités à jouer une situation dans laquelle s'affrontent deux animaux : l'un est faible et vulnérable. Il doit, pour atteindre son objectif, obtenir la coopération de l'autre animal qui est bien plus fort et puissant que lui, même s'il n'a pas nécessairement de mauvaises intentions à son égard.

Thomas joue le rôle d'une petite grenouille qui a très envie de rejoindre sa famille en train de se baigner dans l'étang. Mais voilà qu'un éléphant, joué par Camille, une autre élève, prend son bain de soleil devant l'étang

et lui barre s'en sans rendre compte le chemin, l'empêchant ainsi de retourner parmi les siens... Comment faire ?
Thomas est un enfant qui craint les conflits et renonce rapidement lorsqu'il rencontre des difficultés. Il s'approche de Camille tout doucement pour la saluer et lui faire part de ses préoccupations. Camille, complètement dans son rôle, se lève, le regarde droit dans les yeux, un peu en colère et lui explique qu'elle n'aime pas être dérangée.
Thomas recule de quelques pas, décontenancé et prêt à abandonner. Je viens me glisser derrière lui pour le soutenir et l'aider à trouver l'attitude et les mots lui permettant d'affronter l'obstacle. Je le rassure, en lui disant que cet éléphant est vraiment gros mais qu'il n'a pas l'air trop méchant. Je lui propose de chercher les mots qui aideront l'éléphant à mieux comprendre ce que veut cette petite grenouille. Je l'accompagne dans sa démarche. Il parvient à formuler sa demande à l'éléphant. Celui-ci n'est pas prêt à coopérer d'emblée et notre grenouille recule à nouveau de quelques pas. Je lui suggère de chercher ce qui pourrait l'amadouer, une proposition qui pourrait susciter sa coopération. Une autre élève, Nathalie, propose de venir l'aider et ensemble ils suggèrent à l'éléphant d'aller faire sa sieste un peu plus loin, l'herbe y semble meilleure et l'endroit plus calme. Ils se proposent même de l'accompagner. L'éléphant accepte et notre grenouille rejoint sa famille avec fierté et joie.

Emilie est un petit moineau qui s'aperçoit avec inquiétude qu'un aigle royal est en train de s'installer à côté de son nid. Elle a peur qu'il ne casse ou ne dévore ses œufs. Emilie est très souvent en conflit et n'hésite pas à insulter ou frapper. Les autres enfants ont peur d'elle et l'évitent. Elle fonce vers Cyril, se campe devant lui et lui dit violemment : « Casse-toi, tu n'as rien à faire ici ». Cyril la toise de haut et lui répond : « Tu te prends pour qui, petit oiseau minable... Je pourrais ne faire qu'une bouchée de toi. Je suis ici, j'y reste ». Le moineau recule d'un pas et lui dit un peu plus bas, avec un peu d'émotion dans la voix : « Casse-toi ! ». « Non » répond l'aigle avec défi.
Je m'approche d'Emilie, lui mets la main sur l'épaule pour la calmer et lui suggère de changer de stratégie. Elle acquiesce. Peu à peu, elle parvient à trouver les mots et le ton qui permettent à l'aigle royal d'entendre sa demande. Elle lui propose de rejoindre d'autres aigles qu'elle a vu un peu plus haut sur la montagne. Il accepte et elle retrouve ses œufs avec plaisir et un peu étonnée d'avoir réussi à obtenir ce qu'elle voulait sans « combattre ».

Pour aider les enfants à s'affirmer dans cette situation, nous les invitons à **exprimer clairement et sans agressivité la demande** qu'ils ont envers l'autre et à chercher à se mettre à la place de l'autre. L'utilisation de personnages et situations imaginaires permettent à l'enfant comme à l'adulte de garder la distance nécessaire pour rester dans un travail de prévention de la violence sans entrer dans un travail thérapeutique[53].

Présenter un spectacle interactif portant sur un conflit

Il était une fois une histoire toute simple, une histoire tirée du quotidien, un conflit banal qui se termine mal : blessure, ressentiment, rage, violence, haine, désir de vengeance...Ce scénario original est joué jusqu'à son dénouement qui semble inéluctable. Les spectateurs sont alors invités à chercher qui dans cette histoire aurait pu dire ou faire quelque chose de différent, à quel moment, de quelle manière.

Et si la mère avait dit ce qu'elle pensait ?
Et si le copain était intervenu pour essayer de calmer les choses ?
Et si le père arrêtait de crier ?

Plutôt que d'en discuter, les spectateurs sont invités à venir tester leur idée dans la peau d'un des personnages : il suffit d'une personne qui bouge un peu pour que les réactions de chacun s'en trouvent modifiées. L'histoire prend alors un cours différent...

L'utilisation du théâtre, sous cette forme intitulée « théâtre-forum », a été développée au Brésil au début des années 1970 par Augusto Boal. Ce metteur en scène avait la préoccupation d'aider des groupes opprimés à trouver des moyens de défense face à des abus de pouvoir ou des règles injustes. Dans sa conception initiale, le théâtre-forum mettait en scène de façon tranchée des oppresseurs (propriétaires terriens, directeurs d'usine) exploitant des individus démunis dans un cadre politique et juridique spécifique. Le contexte n'est bien sûr pas le même en France, au début de ce troisième millénaire : chaque individu est très protégé, qu'il soit enfant, femme, homme, salarié, homosexuel, étranger, religieux. Le théâtre-forum n'est donc plus une arme pour être traité dignement et faire reconnaître ses droits. Il a été transformé en moyen d'évolution personnelle et de responsabilisation de chacun.

Les questions posées aux spectateurs sont les suivantes : Êtes-vous concernés par cette histoire et touchés par son dénouement ? Si vous étiez impli-

53. Toutefois, lorsque le cadre est défini comme clairement thérapeutique et encadré par des personnes capables de le gérer, l'outil théâtral et le travail de mise en situation sont très efficaces pour aider un enfant à recréer du lien avec lui-même ou autrui.

qués dans cette histoire, laisseriez-vous faire cela ? De quelle manière, à quel moment pourrait-on tenter de changer le cours de l'histoire ? Alors qu'une conférence ou un débat ne touche que la réflexion des individus, « ce qu'ils pensent », le théâtre-forum offre aux spectateurs l'occasion de tester des attitudes physiques, émotionnelles, verbales et d'en ressentir les conséquences sur l'autre. C'est la personne dans sa globalité qui est sensibilisée. De plus, le théâtre-forum, par son aspect ludique et festif, est un moment de plaisir, d'émotion, de création qui touche des publics jeunes (à partir de 8 ans environ) ou hermétiques aux réflexions classiquement proposées. Voici un exemple de scénario conçu pour un théâtre-forum sur les droits de l'enfant auprès d'un public âgé de 8 à 12 ans.

> *Thomas, 8 ans, prend son goûter tranquillement en rentrant de l'école et regarde son émission préférée. Son grand frère arrive, 16 ans, de fort méchante humeur parce qu'il s'est fait voler son vélo. Il dérange Thomas, l'empêche de regarder la télévision, change de chaîne pour finalement le menacer de le frapper s'il ne sort pas de la pièce.*

Les enfants ont exploré plusieurs pistes passant par le dialogue et la négociation, la menace (prévenir les parents, les grands-parents...), la fuite (aller chez un copain ou chez des voisins). Les différentes propositions leur ont permis de prendre conscience de leur marge de manœuvre et de leur pouvoir d'affirmation même dans une situation ou le rapport de forces n'est pas en leur faveur.

Dans un lycée agricole, nous avons abordé le thème de la violence verbale et physique entre jeunes, dans le cadre d'une semaine organisée sur les droits et devoirs des jeunes.

> *Sylvain apprend par une rumeur colportée par des copains que sa copine Sabrina a été vue en train de danser de façon très intime avec un certain Alex, et des copains de Sylvain affirment que Sabrina est sortie avec Alex. Cette information met Sylvain hors de lui, il insulte Sabrina qui l'insulte en retour. Un enseignant qui les entend leur ordonne d'aller en cours très rapidement. Avant de se séparer, Sylvain menace Sabrina de la frapper dès que l'occasion se présentera.*
> *Sabrina prend peur. Elle en parle à une copine qui panique et présente un tableau dramatisé à son frère aîné Paul. Paul très énervé se retrouve face à Sylvain. Le ton monte, les copains encouragent Sylvain à se battre. Sylvain donne un coup de casque à Paul qui se retrouve à l'hôpital pour 15 jours. En conséquence, Sylvain risque une peine de prison.*

Ce scénario, inspiré d'un fait réel, a suscité de nombreuses propositions et fait émerger la responsabilité de chacun : les copains ne sont pas obligés de propager la rumeur, Sylvain n'est pas obligé de la croire, Sabrina peut s'éloigner de Sylvain, l'enseignant peut les aider à résoudre leur conflit, la copine peut proposer d'aller en parler à la police, Paul peut prendre le temps avant d'intervenir...

Le théâtre-forum pose des questions et ne donne pas la réponse. Il interpelle chacun comme une personne participant par ses actes, ses paroles, ses silences à la façon dont se déroulent les événements. Il invite au dialogue non pas pour chercher « le coupable » mais pour que demain soit différent d'hier.

Les contes, les histoires, le jeu, les spectacles sont des outils riches pour développer l'anticipation et l'alternative et prévenir ainsi l'utilisation de la violence dans la gestion des conflits. La deuxième façon d'aider l'enfant à changer d'attitude est de lui proposer une médiation lorsqu'il est impliqué dans un conflit qu'il n'arrive pas à gérer autrement que par la violence.

Proposer un cadre de médiation

Gérer les conflits entre enfants ne consiste pas seulement à protéger l'enfant de coups physiques ou psychiques, à arbitrer ou à rendre justice. Il s'agit aussi de développer chez chacun sa propre capacité à gérer les conflits **sans agresser ni se soumettre**, en exprimant son point de vue, en comprenant et intégrant le point de vue de l'autre, en cherchant des alternatives à la violence satisfaisantes pour les deux partis.

Gérer les conflits de cette manière nécessite un réel apprentissage. Tout conflit est une occasion de mettre en œuvre ses compétences relationnelles, de tester ses capacités à les mobiliser dans une situation de tension réelle. La difficulté est similaire à celle d'un soldat qui apprend à manier les armes et se retrouve un jour à faire la guerre ou encore à celle d'un judoka ou d'un karatéka qui doit un jour se défendre pour de vrai. Comment aider l'enfant à utiliser ses compétences en situation réelle ? Dans un conflit, les protagonistes sont enfermés dans une relation binaire, une opposition de forces qui cristallise les différences, exacerbe la violence et la souffrance. La situation se fige. Chacun est enfermé dans une expérience d'échec, d'insatisfaction. **L'adulte peut aider à la résolution du conflit en intervenant comme tiers dans un esprit de médiation.**

La médiation : un état d'esprit

Quand des personnes sont en conflit, elles ont besoin d'aide et particulièrement de cadre et d'écoute. Les enfants en ont encore plus besoin que les adultes parce qu'ils ont plus de difficulté à gérer leurs émotions. Or, la plupart du temps, les adultes cherchent à arrêter le conflit en faisant taire les enfants au lieu de les écouter alors qu'eux-mêmes, lorsqu'ils sont en conflit, s'expriment parfois avec véhémence. L'exemple suivant résume bien ce décalage :

> *Emile (6 ans) est à table avec sa sœur de 3 ans et ses parents. Ces derniers se « disputent » depuis 5 minutes. Emile : « Nadia et moi, on a marre de vous entendre crier. On peut aller manger dans la cuisine ? »*

Sur le coup, les parents prirent la remarque comme de l'insolence. Après réflexion, ils réalisèrent la différence de regard qu'ils portaient sur les conflits entre adultes et entre enfants.

Le principe de la médiation consiste, par la présence d'un tiers, à redonner de la souplesse, de la vie, du mouvement dans la relation entre les acteurs. C'est ce qu'Emile Ricard[54] appelle « l'expérience de la vision ternaire ». **La médiation est un état d'esprit qui offre une dynamique de changement** : au cours d'une médiation, les demandes et besoins sont exprimés, la dimension émotionnelle des affects se débloque, un sentiment d'apaisement émerge, de nouvelles responsabilités peuvent se partager avec plus de respect et moins de rivalités, les personnes et le projet en ressortent enrichis. Pour faciliter ce processus, l'adulte peut se positionner comme tiers capable de garantir un cadre de respect mutuel, favorisant le dialogue et la proposition de solutions par les protagonistes. Il s'inscrit alors dans une démarche de médiation de façon plus ou moins formelle.

La médiation : un processus

Dans une médiation, on va plus chercher à satisfaire les besoins de chacun (en s'assurant bien sûr que les solutions sont conformes à la loi) qu'à défendre ses droits. On va tenter de passer du rapport de forces à une gestion de conflits sans perdant : lorsque des personnes en conflit prennent chacune un avocat pour défendre leurs intérêts, l'avocat cherche à obtenir le maximum pour son client au détriment de l'autre et de la relation. Le processus de média-

54. Emile Ricard est président de l'association Réseau des médiations associées Méditerranée.

tion, à l'inverse, va **créer les conditions du dialogue**, de la prise en compte de l'autre et de la recherche de solutions sans perdant.

La médiation est une offre faite à des personnes en conflit : les protagonistes doivent adhérer au principe même de la médiation et tomber d'accord sur la personne susceptible de jouer le rôle de médiateur. Elle permet de chercher des solutions satisfaisantes, à l'amiable, sans avoir recours au cadre de la loi telle qu'elle définit les droits et devoirs de chacun. Le processus de médiation consiste à :

- proposer à chacun d'exprimer son point de vue et d'entendre celui de l'autre
- inciter les protagonistes à proposer des solutions répondant à leurs besoins et susceptibles de répondre aux besoins des autres
- faire en sorte que les protagonistes évaluent les solutions et mettent en œuvre la ou les solutions qui leur conviennent le mieux.

La médiation : un dispositif

Pour conduire le processus jusqu'à son aboutissement, le médiateur doit poser un cadre garantissant neutralité et impartialité dans le processus. Pour lâcher prise et prendre le risque d'écouter et de comprendre l'autre, chacun doit se sentir en confiance et être sûr qu'il n'est pas en train de se faire manipuler. Pour cela, le médiateur explique aux acteurs les objectifs, les conditions et les règles de la médiation afin que chacun s'y sente libre et n'y reste que de son plein gré.

Pour favoriser l'impartialité du dispositif, le médiateur doit en particulier :

- donner des informations aux acteurs sur le cadre (lieu et moment des médiations, leur liberté et les règles du « jeu »)
- prendre de la distance vis-à-vis du problème posé et du choix des solutions
- écouter sans juger, reformuler puis synthétiser les besoins
- garantir le respect mutuel et apaiser les tensions.

Les médiations informelles

Chaque conflit est une occasion de médiation sous réserve que les acteurs en aient besoin et envie. En tant que parent, éducateur, enseignant ou même citoyen, on est amené à assister à des conflits entre enfants ou adolescents.

Si le rapport de forces est déséquilibré ou que les enfants ne semblent pas être capables de trouver des solutions acceptables par eux-mêmes, il est important que l'adulte intervienne. Il suffit parfois de quelques gestes ou phrases pour qu'une escarmouche s'apaise.

Voici un exemple inspiré du livre de E. Crary[55] :

> *Rebecca (4 ans) a reçu pour Noël un livre de coloriage avec des autocollants et de nouveaux crayons. Noémi (7 ans) a reçu un livre de jeux. Le lendemain de Noël lorsque Rebecca veut utiliser son nouveau livre de coloriages, elle découvre que Noémi a colorié certaines pages. Elle est en colère et vient se plaindre à sa mère qui prend le temps de s'asseoir avec Rébecca et Noémi.*
> *La mère : Noémi, si tu veux utiliser quelque chose qui appartient à quelqu'un d'autre, tu dois d'abord lui demander, tu ne peux pas t'en servir comme ça. C'est la règle chez nous et tu la connais n'est-ce pas ?*
> *Noémi hoche de la tête.*
> *La mère : Tu as utilisé le livre de coloriage de Rébecca, que peux-tu lui donner en échange ?*
> *Noémi : Je ne sais pas.*
> *La mère : Tu pourrais peut-être lui acheter un livre avec ton argent ainsi tu pourrais garder celui-ci.*
> *Noémi : Je ne veux pas.*
> *La mère : Si tu n'aimes pas cette idée, essaie d'en trouver d'autres.*
> *Noémi : Je ne trouve pas. (silence) Je pourrais lui donner mon nouveau livre de jeux.*
> *La mère : Tu pourrais lui donner ton nouveau livre de jeux. Que pourrais-tu faire d'autre ?*
> *Noémi : Je ne me sers plus beaucoup de mon jeu de pâte à modeler. Je pourrais lui donner. (Rébecca sourit. Elle semble apprécier l'idée).*
> *La mère : Ca fait deux idées. En as-tu une troisième ?*
> *Noémi : Je pourrais lui lire une histoire. (Rébecca fronce les sourcils).*
> *La mère : Bravo. Tu as réussi à trouver trois idées. Penses-tu qu'elle aimerait le livre d'activités ?*
> *Noémi : Je ne sais pas. C'est vraiment trop dur pour elle.*
> *La mère : Et le jeu de pâte à modeler ?*
> *Noémi : Je crois. Elle l'utilise souvent. Mais alors ce ne serait plus à moi.*
> *La mère : C'est vrai. Et l'histoire ?*
> *Noémie : L'histoire c'est court. Peut-être en lui en lisant deux.*
> *La mère : Es-tu prête à poser la question à Rébecca ?*

55. E. Crary, *Op. cit.*

Noémi : Oui. (Elle se tourne vers Rébecca qui a écouté calmement la conversation). Que veux-tu que je fasse ?
Rébecca : Me donner le jeu de pâte à modeler. Et tu pourras toujours t'en servir.

Epilogue : Noémi et Rébecca ont passé le reste de l'après-midi toutes les deux avec le livre de coloriage.

Ces médiations informelles sont des aides extrêmement précieuses et malheureusement trop rares. Elles évitent l'utilisation de la violence, créent du lien et de l'estime entre enfants et diffusent un état d'esprit fondé sur le respect.

Les médiations formelles

Parfois la résolution des conflits nécessite un cadre plus formalisé incitant les parties à trouver des solutions à l'amiable. C'est ce dispositif qui est proposé pour des couples en instance de divorce (médiation familiale) ou pour des conflits de voisinage (médiation de quartier). Il est intéressant de les proposer également au sein de la famille ou d'une institution. Le dispositif s'appuie alors sur une instance nommée conseil de famille, conseil de classe[56] ou instance de médiation. Le dispositif et la présence de tierces personnes permet aux enfants de se familiariser avec les conflits et de les aborder sereinement.

Si l'un des protagonistes (ou les deux) refuse la médiation, l'adulte peut expliquer à l'enfant que, dans ce cas, les choses se décideront sans lui : il ne sera pas associé à la solution trouvée ou il risque une sanction si ce qu'il a fait est une infraction à la règle.

Sophie (10 ans) vient voir un éducateur car elle se fait régulièrement insulter par Pierre (12 ans). Pierre refuse de parler avec l'éducateur et ne veut pas entendre parler de médiation. La tension entre les enfants monte, les autres enfants du groupe prennent parti. Le surveillant et la directrice demandent à rencontrer Pierre. Ils lui expliquent que s'ils refusent la médiation, une décision sera prise par l'équipe éducative sans qu'il y soit associé. Du coup, Pierre accepte. Après plusieurs séances de médiation, le dialogue se crée avec Sophie, Pierre parle de ce qui l'énerve. Il arrive à faire des demandes à Sophie, qui sont exprimées de façon respectueuse.

---

56. Les conseils ne servent pas uniquement à gérer les conflits mais sont un cadre adapté pour permettre aux différends ou conflits de s'exprimer.

Synthèse

Tout conflit est une opportunité de changement et d'apprentissage sous réserve que l'enfant ait acquis la capacité à le gérer sans fuir, se soumettre ou agresser.

L'approche coopérative de la gestion des conflits incite l'enfant à passer d'une vision d'opposition entre lui et l'autre à une perception commune d'un problème partagé qu'il convient de résoudre conjointement.

L'adulte favorise l'utilisation de la coopération dans la gestion des conflits en formant l'enfant et en mettant en place des dispositifs de médiation.

L'enfant doit apprendre à anticiper sur les conséquences de ses actes et à imaginer des alternatives à la violence. Ces compétences relationnelles se développent via de multiples approches telles que raconter et modifier des histoires, jouer des situations conflictuelles, présenter des spectacles interactifs.

La médiation permet, en situation réelle, de faire vivre à l'enfant des expériences de conflits résolus de façon coopérative. C'est la présence d'une tierce personne qui facilite la décrispation et l'ouverture.

Chapitre 16

Coopérer dans le jeu

Qui dit jeu à plusieurs dit compétition, être le meilleur, gagner, faire perdre l'autre. A l'issue du jeu, dès lors qu'il y a plusieurs participants, il y a nécessairement un gagnant et un perdant. Depuis plusieurs décennies, des pédagogues, allemands pour la plupart, ont imaginé des jeux fondés sur le principe de la coopération : on ne peut gagner que tous ensemble ! Et l'objectif commun sera atteint d'autant plus facilement que les joueurs seront capables de s'organiser, de coopérer, de s'entraider. Il existe deux grandes catégories de jeux coopératifs : les jeux de société ou jeux de plateau et les jeux physiques.

Les jeux de société coopératifs

Une équipe d'explorateurs se retrouvent coincés au fond d'un tombeau égyptien. Ils doivent pour s'en sortir trouver la sortie, résoudre une énigme, délivrer ceux qui sont prisonniers, partager les lucioles qui leur procurent la lumière nécessaire à leurs déplacements. Ils ont gagné s'ils arrivent à sortir tous.
Un arbre se couvre progressivement de pluie acide. Les joueurs doivent trouver des stratégies pour combattre la pluie avant qu'elle n'ait entièrement recouvert l'arbre.
Des agriculteurs tentent de donner à manger à tous les animaux de la ferme avant le coucher du soleil...

La stratégie coopérative consiste donc à s'organiser, faire des choix, s'entraider pour avancer et s'en sortir ensemble. L'objectif à atteindre est variable : survivre dans des conditions difficiles, protéger des végétaux, animaux ou humains mis en danger par une catastrophe naturelle ou provoquée par l'être humain. L'objectif n'est pas, comme dans les jeux de compétition, de prouver sa supériorité sur l'autre, de le tuer symboliquement. Il s'agit de **se dépasser avec d'autres pour réussir l'épreuve**.

Comment se déroule un jeu coopératif ? Chaque enfant joue à son tour et décide de sa stratégie tout comme dans un jeu de compétition. A la différence près que les autres joueurs donnent des conseils, suggèrent des stratégies qui pourraient être avantageuses pour le groupe. Lorsque les joueurs découvrent les jeux coopératifs, il est préférable qu'un adulte soit là pour aider les enfants, non pas en termes de stratégie (ils la découvriront par essais et erreurs), mais en termes de respect : s'assurer que chacun peut parler et être écouté, que chacun peut décider par lui-même sans subir de pressions ou de menaces, que les propositions sont suggérées et non pas imposées. L'adulte est garant du cadre qui permet à chacun de se sentir en confiance, de faire des propositions et de prendre des décisions.

Les premières fois, les enfants (et les adultes aussi d'ailleurs !) ont des réflexes de compétition : comment me mettre en situation avantageuse, comment mettre l'autre en difficulté ? Moi, j'ai plus gagné quand même parce que j'en ai ramassé trois et l'autre deux... Il faut un temps pour qu'ils trouvent d'autres repères et s'assurent qu'ils ne sont pas en train de se faire piéger. Lorsqu'on fait jouer des enfants ensemble à de tels jeux, on ne peut s'empêcher de noter la différence d'atmosphère qui règne à la fin d'un jeu coopératif par rapport à un jeu classique :

- Jeu basé sur la compétition : celui qui a gagné crie sa joie, éventuellement nargue les autres qui sont frustrés, tristes, déçus, refusent de ranger, accusent de tricherie, cherchent un moyen de digérer leur défaite.

- Jeu basé sur la coopération : s'ils gagnent, les enfants se congratulent, rangent ensemble en souriant tout en évoquant avec plaisir et fierté les stratégies utilisées et les moments forts de la partie ; s'ils perdent, la déception et la frustration sont dirigées moins sur l'autre que sur la malchance ou les erreurs de stratégie. Les enfants souhaitent souvent recommencer une partie. Parfois, si un enfant a eu une stratégie délibérément personnelle au détriment du groupe, les autres le lui font remarquer. C'est pourquoi, il est important avec des enfants jeunes ou peu socialisés qu'un adulte soit là pour les aider à transformer les critiques en propositions de stratégies ou d'organisations différentes.

Certains jeux utilisent des stratégies très simples, compréhensibles par un enfant dès l'âge de 3 ans.

> *Dans le jeu du verger, les enfants cueillent des fruits : une cerise si la face du dé est rouge, une pomme si elle verte, une prune si elle est bleue, une poire si elle est jaune. Si tous les fruits correspondant à la couleur ont déjà été cueillis, l'enfant ne fait rien. Si la face est blanche, l'enfant cueille le fruit de son choix. Si la face représente une pie, la pie se rapproche du verger. Si les enfants ont cueilli tous les fruits avant que la pie n'atteigne le verger, ils ont gagné.*

La réussite dépend donc pour une grande part du hasard. La stratégie individuelle se résume au fruit choisi lorsque la face du dé est blanche. L'enfant a souvent envie d'un fruit en particulier pour des raisons personnelles. Pourtant pour le groupe (et donc lui-même aussi), il est plus judicieux de choisir le type de fruit qui reste en plus grande quantité. Jusqu'à 5-6 ans, les enfants refusent souvent de prendre en compte les arguments du groupe et privilégient leur plaisir personnel et immédiat. Il est important de les laisser libres de leurs choix liés à leurs compétences cognitive et sociale du moment. Les remarques des autres doivent simplement leur faire prendre conscience de leur part de responsabilité dans le fait que le groupe ait gagné ou perdu. Cette responsabilité est issue directement de leur liberté : il faut donc que l'enfant ait le droit et les moyens du choix. Lorsqu'un enfant arrive à prendre en compte l'intérêt du groupe dans son choix, le groupe apprécie et des liens se créent.

B. Cassette[57] nous met cependant en garde contre les mirages que présentent les jeux coopératifs :

> *« Les jeux coopératifs sont extraordinaires car ils permettent de découvrir la relation « gagnant-gagnant » et de l'expérimenter pour voir les résultats positifs sur les relations dans le groupe. (...) Cependant, ce n'est pas le jeu coopératif qui crée la coopération. Il y contribue, c'est un outil : il renforce des pratiques déjà existantes.*

Elle a identifié 4 comportements types adoptés par les participants :

- le **roi** : il explique aux autres comment ils doivent jouer, organise les déplacements, réfléchit à la place du groupe,
- le **vassal** : il attend qu'on lui dise ce qu'il doit faire sans se révolter aucunement : « on est là pour gagner et eux ont l'air de s'y connaître, alors... »,
- **l'opposant** au roi : il se révolte ouvertement : « mais tais-toi, laisse-moi réfléchir », il joue systématiquement autre chose que ce qui lui est conseillé,
- le **fou du roi** : il choisit des alternatives originales pour montrer son indépendance ; par exemple, il refait un tour alors qu'il est arrivé ou il prend des risques inutiles.

Pour que le jeu initie réellement à la coopération, elle propose, à la fin de la partie, d'amener les enfants à réfléchir aux relations qu'ils ont établies entre eux : quels comportements ont été adoptés ? quelles en sont les consé-

57. B. Cassette, « Du jeu coopératif aux pratiques éducatives », **Non-Violence Actualité** N° 257, Juillet-Août 2001.

quences ? comment faire autrement ? Quelle règle établir pour que chaque personne soit actrice dans la coopération ?

Voici quelques exemples de règles qui ont été proposées dans un groupe :

- Quand une personne joue, les autres se taisent ; elle réfléchit et dit ce qu'elle pense faire,
- Les autres font des propositions argumentées,
- La personne qui joue fait le choix final qui n'est pas discuté mais pourra l'être en fin de jeu.

Cette phase d'analyse apprend à l'enfant à observer ce qui se passe au sein d'un groupe, les relations en jeu et sa propre attitude. Il peut ainsi de façon plus consciente trouver des alternatives lu permettant de s'affirmer et d'écouter.

Les jeux physiques coopératifs

Les jeux physiques coopératifs sont fondés sur les mêmes principes que les jeux de plateaux. Ils impliquent cependant beaucoup plus le corps et la confiance que chacun fait ou non à l'autre : va-t-il être présent, faire attention à moi ou au contraire profiter de la confiance que je lui fais pour me jouer un tour ?

Plusieurs livres, présentés à la fin de cet ouvrage, présentent de nombreux jeux physiques coopératifs, avec ou sans matériel. L'objectif ne peut être atteint que si chaque participant trouve sa place, en fonction de ses capacités et se sent responsable pour participer à la réussite. Ces jeux doivent donc être proposés de façon progressive de manière à donner confiance et à favoriser la réussite commune. Les enfants apprécient d'ailleurs beaucoup de refaire les mêmes jeux d'une séance à l'autre.

Ils favorisent également la rencontre par le toucher comme le souligne A. Rousseau[58] :

> *Dans les cours de récréation, nombreux sont les enfants qui, interpellés par l'instit, disent qu'ils jouent à se battre... Et souvent, c'est vrai, ils recherchent le corps à corps. Leur besoin fondamental de contact va se*

---

58. A. Rousseau, « Le jeu coopératif en formation d'adultes », **Non-Violence Actualité** N° 257, Juillet-Août 2001.

concrétiser d'une manière ou d'une autre et parfois s'exprimer (ou dégénérer) en violence.

A l'école maternelle et primaire, nous pouvons donner aux enfants des occasions d'apprendre à se toucher en douceur et avec respect. Ils ont peu d'activités structurées de ce type. C'est là que les jeux coopératifs ont leur place et vont contribuer à prévenir la violence tout en répondant à leurs besoins de contact.

Une grande partie des contacts physiques entre enfants ont lieu à l'occasion de disputes ou de combats sportifs : bousculer, frapper, repousser, faire tomber... A l'inverse, si ce sont des contacts « gentils » tels que se donner la main ou s'asseoir près de quelqu'un d'autre, ils sont souvent associés à une rencontre amoureuse ou sexuelle et déclenchent moqueries de l'entourage (« oh les amoureux ! »). En conséquence, l'enfant est privé de contacts physiques qui sont pourtant porteurs de sécurité et de confiance.

En famille aussi, l'adulte peut initier des jeux physiques de coopération : jeux d'équilibre à plusieurs, jeux dans l'eau... La présence d'un adulte est importante quand les enfants sont petits ou peu initiés à la coopération, car une coopération qui aboutit à l'échec ou à une blessure renforce l'enfant dans son idée qu'il a raison de ne pas faire confiance.

Le sport est également une excellente occasion de coopération quand il est axé non pas sur la victoire sur l'autre mais sur le dépassement de soi avec d'autres. Certains activités telles que la spéléologie, le canyoning, l'escalade sont d'ailleurs par essence des activés fondées sur la coopération : pour la survie du groupe et de chacun de ses membres, les participants doivent prendre soin d'eux-mêmes et des autres. Ces activités permettent tout à la fois de prendre confiance en ses propres ressources, de faire confiance aux autres et de prendre des responsabilités. Elles renforcent les liens entre les participants et favorisent le sentiment d'équipe.

J.C. Demey[59] insiste sur l'importance du toucher mais également sur les limites à respecter.

Catherine Dolto-Tolitch nous rappelle que le toucher c'est comme la parole, cela peut faire le pire comme le meilleur. Les situations devront respecter l'intégrité physique et morale des personnes. Certains jeux traditionnels offrent diverses possibilités : toucher l'autre pour le transporter, le guider, le reconnaître, le modeler. Dans les activités artistiques,

59. J.C. Demey, « Développer une culture de la rencontre », **Non-Violence Actualité** N° 257, Juillet-Août 2001.

les corps s'expriment en symbiose : se toucher pour s'équilibrer (acrosport/pyramide humaine), pour danser.

La prise de conscience récente des abus de pouvoir d'adultes sur le corps d'enfants, qu'il s'agisse de pédophilie ou de violences sexuelles a permis de dénoncer des pratiques graves et attentant à l'intégrité physique et psychique de l'enfant. Il importe de continuer à être vigilant afin d'empêcher des adultes de continuer de sévir. Cependant, cette vigilance ne doit pas se transformer en une phobie qui consisterait à trouver suspect tout contact physique entre enfants ou entre adultes et enfants[60].

Le travail de connaissance de soi, de son corps, de ses émotions passe par la rencontre avec l'autre comme nous l'avons vu dans la deuxième partie. Le sens du toucher et le contact physique sont des éléments essentiels de la relation à soi, à l'autre et au monde.

Synthèse

Les jeux coopératifs permettent d'expérimenter des relations fondées sur l'interdépendance positive, de prendre sa place dans un groupe en fonction de ses capacités, de se sentir responsable de la réussite globale de chacun des individus et du groupe.

Les jeux coopératifs se répartissent en deux catégories : les jeux de société et les jeux physiques.

Dans les jeux de société coopératifs, les enfants apprennent à repérer les différents comportements, à réfléchir aux stratégies et à gagner en équipe.

Dans les jeux physiques, l'enfant entre en contact avec l'autre, non pas pour le frapper ou le battre mais pour le soutenir, l'aider, l'équilibrer, construire et réussir ensemble. Ils permettent d'expérimenter le contact avec l'autre de façon cadrée et respectueuse de manière à développer la confiance en soi et en l'autre.

60. Plusieurs enseignants font part de peurs de parents dès lors qu'ils s'occupent du corps (respiration, relaxation, massage…).

Chapitre 17

Coopérer dans l'apprentissage

Apprendre est un besoin fondamental de l'être humain. La curiosité, à cet égard, n'est pas un vilain défaut mais une qualité essentielle : elle est le moteur de l'apprentissage... L'envie d'apprendre peut s'étioler si elle devient source d'ennui ou d'échec. En revanche, elle se nourrit du plaisir qu'elle donne. Apprendre avec d'autres ou pour créer du lien avec les autres est un facteur de motivation qui s'avère puissant. L'enfant peut utiliser ce qu'il sait non seulement pour lui mais également dans sa relation avec les autres. Par exemple, savoir lire est intéressant pour pouvoir lire tout seul des livres, agrandir son territoire d'investigation, mais également pour lire des histoires aux autres ou leur enseigner ce que l'on sait.

Intégrer apprentissage et socialisation

L'apprentissage coopératif consiste à faire travailler ensemble des enfants au sein de groupes. Les élèves apprennent tout en contribuant au travail du groupe. Alors que dans une structure individualiste, les objectifs des enfants sont indépendants, dans une organisation coopérative, les objectifs de chacun sont liés de façon positive : lorsqu'un enfant atteint un objectif, la probabilité pour que d'autres l'atteignent augmente.

Les exemples ci-dessous illustrent quelques formes d'interdépendance positive entre les enfants :

> *Dans une classe de 4e, l'enseignant de mathématiques demande aux élèves de se mettre par groupes de 3. Il distribue ensuite l'énoncé d'un problème que chaque groupe cherche à résoudre. Puis chaque groupe propose sa solution, échange jusqu'à se mettre d'accord sur une solution.*[61]
>
> *Maxime et Brice révisent ensemble leurs tables de multiplication. Ils sont ensuite interrogés et évalués sur les résultats de l'équipe.*

61. H. Stainer, « Quand les apprentissages socialisent », **Cahiers pédagogiques**, 367-368, Oct-nov 1998.

Les enfants sont par groupes de trois et ont pour objectif de créer ensemble une histoire, de la mettre sur ordinateur, de faire des dessins illustrant l'histoire et de réunir le tout dans un album qui sera présenté dans une exposition en fin d'année.

Dans le premier exemple, les enfants échangent leurs points de vue, font part de la compréhension qu'ils ont du problème et des idées de solutions. En confrontant leurs points de vue, ils remettent en question leur conception et développent une meilleure compréhension.

Dans le deuxième exemple, chaque enfant est responsable de l'apprentissage et de la compréhension de tous.

Dans le troisième exemple, les enfants peuvent se répartir les rôles en fonction de leurs goûts et de leurs compétences. Ils peuvent partager les responsabilités et se transmettre mutuellement des connaissances.

Dans les groupes qui utilisent la coopération, les enfants apprennent à considérer les autres non pas comme des rivaux mais comme d'éventuels partenaires susceptibles de coopérer. Ils ont intérêt à ce que les autres soient motivés, compétents et affirmés. Ils prennent peu à peu conscience de ce que leur apporte la coopération. Les attitudes de rejet et d'agressivité diminuent puisqu'elles n'apportent pas de bénéfices.

L'acquisition de compétences intellectuelles et relationnelles par les enfants est nécessaire pour qu'ils coopèrent de façon efficace et fructueuse, le développement de ces compétences étant facilité par la coopération. Nous présentons ci-dessous une liste de compétences, issue de travaux québécois sur l'apprentissage coopératif[62], qui interviennent dans la socialisation. Ces compétences sont classées en trois groupes : compétences relationnelles, compétences intellectuelles, compétences intégrant les deux aspects. En voici la liste, classée dans chaque groupe, de la plus simple à la plus complexe.

- les **compétences relationnelles** : appeler les autres par leur nom, dire merci et s'il te plaît, parler doucement, féliciter, éviter de dénigrer, encourager les autres, partager l'espace et le matériel, attendre son tour, inclure tout le monde, montrer qu'on apprécie, se soucier des autres, décrire ses sentiments, rester maître de soi, exprimer poliment son désaccord, participer avec enthousiasme, utiliser l'humour à bon escient, accepter les différences, respecter les autres, faciliter l'interaction.

62. P. Abrami, B. Chambers, C. Poulsen, C. De Simone, S. d'Apollonia, J. Howden, **L'apprentissage coopératif : Théories, méthodes, activités**, Ed. Chenelière, 1996, p. 95.

- Les **compétences intellectuelles** sont les suivantes : se concentrer sur la tâche, reconnaître, faire un remue-méninges, apporter des idées, poser des questions, décrire des notions, catégoriser, enchaîner, estimer, demander des éclaircissements, vérifier des réponses, clarifier des idées, approfondir les idées des autres, vérifier si on comprend, intégrer des idées, appliquer, développer, proposer des solutions de rechange, interroger afin d'approfondir le sens, comparer et mettre en opposition, résumer, justifier ses opinions, analyser, évaluer les idées.
- Les **compétences qui intègrent les deux aspects** : demander de l'aide, pratiquer l'écoute active, paraphraser, reconnaître le point de vue des autres, critiquer les idées et non les gens, négocier, résoudre les conflits.

L'échelle de complexité présentée par les auteurs québécois permet d'adapter sa demande en fonction de l'âge des enfants et de leur expérience en matière de coopération. Ils expliquent ainsi la productivité obtenue par les groupes :

> *Les groupes productifs sont ceux qui portent attention aussi bien aux compétences intellectuelles que relationnelles. Les premières aident les membres du groupe à assimiler la matière du cours, à faire leur travail, à atteindre leur objectif ; quant aux secondes, elles sont essentielles au maintien de l'unité et de la cohésion du groupe, puisque chaque individu s'y sent alors soutenu et apprécié. Si on se contente d'exécuter la tâche, des conflits vont surgir entre les membres du groupe, ce qui va nuire à sa productivité. A l'opposé, si les enfants ne font que jouir de la compagnie des autres, ils n'apprendront pas grand-chose et la tâche ne se fera pas.*

Apprentissage et socialisation sont donc intrinsèquement liés comme le rappellent M. Develay et P. Meirieu[63] :

> *La psychologie génétique sociale atteste que seul on ne peut avoir que des opinions ou des croyances, que le développement de l'intelligence provient de la capacité à confronter sa pensée à celle d'autrui, bref que l'intelligence est la socialité intériorisée : on n'apprend jamais seul mais toujours en présence d'autrui - tutelle pour la compréhension - ou même avec un autrui absent que l'on cherche à convaincre de sa réussite (...). On apprend toujours par, avec, grâce à, pour, contre, à cause de quelqu'un. Seul, on n'apprend pas, on se convainc de ses opinions.*

---

63. M. Develay et P. Meirieu, « Une attention simultanée, nécessairement », **Cahiers pédagogiques**, 367-368, Oct-nov 1998.

Échanger des savoirs

Certains enfants ont tellement peu d'estime pour eux-mêmes qu'ils pensent n'avoir rien à « offrir » aux autres. Du coup, ils n'abordent pas les pratiques de coopération avec confiance : ils cherchent à cacher ce qu'ils pensent être leurs lacunes, à casser l'autre ou à aller contre l'objectif du groupe. Pour les aider à prendre leur place en confiance, l'adulte peut aider l'enfant à prendre conscience de ce qu'il fait bien, de ses savoirs, de ses réussites en **reconnaissant chaque enfant comme un individu qui a des savoirs, est apte à apprendre et à transmettre ses connaissances aux autres.**

C'est dans cet esprit que se développent les **systèmes d'échanges de savoirs**[64]. Chaque enfant se pose les questions suivantes :

- Qu'est-ce que je sais bien faire ?
- Est-ce que ce que je sais pourrait intéresser d'autres personnes ? est-ce que je saurais l'expliquer à quelqu'un d'autre ? est-ce que j'en ai envie ?
- Est-ce qu'il y a des choses que les autres savent faire et que j'aimerais apprendre ou mieux connaître ?

Se mettent alors en place des contrats d'échanges qui permettent aux enfants de valoriser des réussites et de s'offrir mutuellement de l'aide. Ces contrats peuvent se faire 2 à 2 (« tu m'aides à réviser ma poésie et je t'apprends à jouer à la balle au mur »). Elle peuvent également se faire dans le cadre d'un réseau où chacun propose ses compétences et fait part de ses demandes. A chaque fois qu'un enfant a passé du temps pour transmettre son savoir à quelqu'un, il bénéficie de la possibilité d'apprendre quelque chose de quelqu'un d'autre. On s'en doute, tout cela transforme radicalement le regard que les enfants portent sur l'apprentissage, sur les autres et sur eux-mêmes.

Dans certaines écoles[65], mais également en formation continue, ce concept d'échanges des savoirs va plus loin encore : les savoirs sont organisés en **arbres de connaissance** de manière à être structurés, valorisés et transmis.

En voici le principe expliqué par une enfant de CM2[66] :

> *Amandine sort de son cartable une grande feuille sur laquelle on peut voir un arbre aux multiple branches et au beau feuillage vert. Sur le tronc,*

64. Sous la direction de C. Heber-Suffrin, **Partager les savoirs, construire le lien**, Ed. Chronique sociale, 2001.

65. En particulier les écoles qui utilisent la pédagogie Freinet.

66. Michel Authier et Pierre Lévy, **Les arbres de connaissance**, Ed. La Découverte poche, 1992.

les branches et les feuilles sont accrochés des écussons contenant des lettres et des dessins. Elle le présente :
« C'est mon blason. Ça représente ce que je sais. Ici, dans le tronc, ce sont mes brevets de lecture, d'écriture, de grammaire et de calcul. Cette branche avec les dessins de baleine et de chevaux, ce sont les brevets que j'ai déposés moi-même sur la connaissance des animaux. Celui-là, c'est un brevet sur la Bretagne que quelques élèves de CM2 et moi avons déposés après notre classe de mer à Perros-Guirec. C'est moi qui ai fait les questions sur la faune. La maîtresse nous a aidés, bien sûr.
A l'école, il y a l'arbre de l'école avec tous les brevets possibles. La plupart sont déposés par les maîtres mais les élèves aussi peuvent en déposer. Si on sait quelque chose qui n'est pas représenté dans l'arbre, on le dit à la maîtresse et elle aide à faire le brevet, c'est-à-dire composer l'épreuve qui permet d'obtenir le brevet. Même Anthony qui est nul en tout a pu déposer un brevet de réparation de mobylette ! »

L'arbre de connaissance permet à l'enfant de visualiser l'ensemble des compétences qu'il est susceptible d'acquérir, leur degré de difficulté et celles qu'il a déjà acquises.

Lorsque les adultes tournent leur regard vers les savoirs acquis, les réussites et l'utilisation qui peut en être faite, ils valorisent la curiosité et l'apprentissage. Plus encore si les adultes relient les savoirs à un capital qui peut être utilisé en tant que « monnaie d'échange », ils génèrent de la motivation et encouragent la socialisation. L'apprentissage n'est plus uniquement un savoir dispensé par un adulte mais une synergie entre enfants et adultes. La mise en place d'un climat coopératif dans le cadre de l'apprentissage est un travail de longue haleine. Il nécessite de développer un **changement de regard sur l'acte même d'apprendre** et d'acquérir des compétences d'animation de groupe, de gestion des conflits et de pédagogie personnalisée.

Synthèse

Apprentissage et socialisation sont liés : On n'apprend jamais seul mais par, avec, grâce à, pour, contre, à cause de quelqu'un.

Dans les groupes qui utilisent la coopération, les enfants apprennent à considérer les autres non pas comme des rivaux mais comme d'éventuels partenaires susceptibles de coopérer. Les attitudes de rejet et d'agressivité diminuent puisqu'elles n'apportent pas de bénéfices.

L'acquisition de compétences intellectuelles et relationnelles par les enfants est nécessaire pour qu'ils coopèrent de façon efficace et fructueuse. Des situations d'apprentissage coopératif favorisent le développement de ces compétences.

Chaque enfant a des savoirs, est apte à apprendre et à transmettre ses connaissances aux autres. Lorsque les adultes valorisent ces savoirs et incitent les enfants à les transmettre, ils génèrent motivation et coopération.

Chapitre 18

Décider ensemble

On joue à quoi ?
J'ai apporté une balle.
Moi, je veux jouer à l'élastique.
On peut pas, on est trop nombreux.
Ben alors, qu'est-ce qu'on fait ?
Nous trois, on joue à l'élastique et vous à la balle. Ça vous va ?
OK !

Tous les jours, les enfants ont l'occasion de prendre des décisions avec d'autres, de façon informelle. De plus, on leur demande parfois de participer à des décisions sur un plus long terme : quelle sera la destination des prochaines vacances ? sur quoi portera le projet d'école ? comment on s'organise pour remettre les vélos en état ? Quel film on va voir ?

Souvent, les décisions sont prises par la personne (ou les personnes) qui a les moyens d'imposer son choix : elle est plus forte physiquement ou moralement, elle a les moyens financiers, elle sait des choses que les autres ne savent pas... Lorsque les « moins forts » en prennent conscience, il cherchent des stratégies pour tirer leur épingle du jeu : faire alliance avec le plus fort, faire semblant de se soumettre, chercher des alliés pour s'opposer... La prise de décisions à plusieurs se résume alors à un rapport de forces dans lequel chacun évalue le pouvoir qu'il a d'imposer son choix aux autres. L'enfant apprend à arriver à ses fins au détriment des autres. Lorsque des décisions sont prises par une partie du groupe en dépit de ce que pensent les autres, les problèmes ne tardent pas à arriver : ceux qui n'ont pas vraiment choisi s'engagent moins, se démotivent, se sentent moins concernés... Le groupe devient lourd à porter et souvent la solution proposée est remise en question quelque temps après.

Mireille (10 ans) : J'en ai marre. On décide qu'on débarrasse chacun notre tour et mon frère se débrouille toujours pour le faire à moitié. Dans ce cas, je le fais pas non plus
Valentin (8 ans) : J'ai jamais dit que j'étais d'accord pour débarrasser le soir parce qu'après j'ai pas de temps pour jouer.

On résume souvent le choix démocratique au vote. Hors le vote n'est qu'une façon de décider à plusieurs. S'il a l'avantage de trancher à un moment donné, c'est cependant une manière de faire qui a ses limites : certains sont « perdants » et risquent de se plier à la solution retenue sans conviction. De même, la notion de compromis est une solution qui ne satisfait que partiellement chacun. Elle est parfois inévitable mais souvent, elle est signe d'un manque d'approfondissement des désirs et besoins de chacun.

Pour inviter les enfants à sortir du rapport de forces, les adultes chercheront à les faire participer de façon démocratique, soit de façon informelle, soit dans des cadres bien définis : conseils de famille, conseils de classe réservés aux prises de décisions du groupe. Ces lieux, gérés par un adulte, doivent garantir à chacun l'expression de son point de vue, la synthèse des différents points de vue et encourager la recherche de solutions satisfaisantes pour tous. Les enfants qui ont l'habitude de participer aux décisions qui le concernent apprennent à donner leur avis de façon claire et calme, à écouter l'autre, à trouver des idées susceptibles de répondre à leurs désirs mais également à ceux des autres. Ils découvrent peu à peu qu'à plusieurs, ils se donnent plus de chances de prendre des décisions ingénieuses que lorsqu'ils sont tout seuls. Ils deviennent plus confiants dans leur capacité à se faire entendre et à comprendre ce que proposent les autres.

Lorsque les enfants sont nombreux (dans le cadre d'une classe par exemple), il est difficile d'animer des prises de décision qui prennent en compte les avis de tous. Souvent, la tension monte, les enfants s'énervent, certains se découragent, se retirent de la discussion, d'autres tentent d'imposer leur idée en force. Parfois, l'adulte arrête tout, fait passer au vote ou prend la décision tout seul. En bref, l'objectif est loin d'être atteint. Pire que cela, comme le disait un enfant de CM1 « les conseils de classe, ça sert vraiment à rien, personne ne s'écoute et on décide jamais rien... »

L'apprentissage de la prise de décisions doit se faire de façon progressive et tenir compte de l'âge des enfants, de leurs capacités, du contexte, de leur état de fatigue. Il est préférable de commencer par des décisions simples qui concernent des groupes restreints (2 ou 3 enfants) en présence d'un adulte.

Les instances de décision

Dans les chapitres concernant la mise en place de règles évolutives et respectées, nous avons vu comment l'adulte pouvait créer un cadre éducatif permettant à l'enfant de se sentir en sécurité. Dans ce chapitre, nous allons nous intéresser à la manière dont on peut associer les enfants aux décisions qui concernent l'enfant et le groupe : qu'est-ce que l'on veut ? quelles sont nos valeurs ? qu'est-ce que l'on fait ? Est-ce que cela marche ? comment on s'organise ? etc.

Les instances sont des lieux d'apprentissage, de décisions prises de façon démocratique. Ces décisions doivent être débattues dans un cadre précis : elles évitent ainsi les négociations permanentes, les abus de pouvoir et les incohérences, elles favorisent la mise en œuvre de contrats dont chacun se sent responsable. Nous prendrons *trois exemples d'instances* de décision : le *conseil de classe*, le *conseil de vie lycéenne* et le *conseil de famille*. Le terme de « Conseil » précise que les participants proposent ou décident sous la responsabilité de l'adulte. En effet, l'enfant n'est pas un citoyen à part entière, il développe sa capacité à décider dans le cadre que lui propose l'adulte. La relation d'autorité est une relation asymétrique dans laquelle peu à peu l'enfant, l'adolescent, agrandit son territoire et prend son autonomie.

Le conseil de classe

Au cours d'un conseil de classe[67] émergent des conflits qui montrent que les valeurs prônées par l'adulte ne sont pas concrétisées dans les règles. Prenons un exemple de discussion dans une classe de CE2 :

> *Rachida : Je voudrais dire que j'ai des affaires qui disparaissent dans la classe. Hier, j'ai laissé ma gomme pendant la récré et je l'ai pas retrouvée. Alors moi, je voudrais qu'on puisse rester dans la classe pendant la récré.*
>
> *La maîtresse : Rachida, tu as des affaires qui ont disparu dans la classe, tu penses qu'on te les a volées et tu as peur que d'autres choses disparaissent, c'est ça ? (Rachida hoche la tête). Qu'est-ce que vous en pensez ?*
>
> *Plusieurs enfants s'expriment pour dire qu'ils ont aussi des affaires qui ont disparu ou pour dire que ça n'est pas parce qu'elles ont disparu qu'elle ont été volées.*
>
> *La maîtresse : J'aimerais qu'on trouve des solutions pour que chacun puisse laisser ses affaires sans avoir peur qu'elles ne disparaissent. Je vais en parler aux autres enseignants pour savoir s'ils ont les mêmes problèmes et ce que l'on pourrait faire. Rachida a proposé une solution : ne pas aller en récréation. Est-ce que vous avez d'autres idées de solutions ?*

67. Le terme « conseil de classe », tel qu'il est évoqué ici, ne doit pas être confondu avec les réunions trimestrielles d'enseignants qui ont pour objectif d'évaluer le niveau des élèves, en collège ou au lycée.

Les enfants proposent une dizaine de solutions qui sont ensuite discutées. Finalement il est décidé de faire un planning et que deux enfants restent dans la classe pendant chaque récréation pour s'assurer que rien ne disparaît et également pour faire d'autres tâches.

Ces discussions doivent être gérées de façon très ferme car les enfants sont nombreux et leur attention limitée. Elles doivent être l'occasion de les faire réfléchir sur les difficultés liées à la vie de groupe. Les solutions obtenues doivent convenir à l'adulte, car c'est lui qui a l'autorité et qui est garant de leur adéquation avec l'esprit de l'établissement, les valeurs du groupe et la loi.

Le conseil de vie lycéenne : une mise en œuvre réussie

Un autre exemple d'instance favorisant la participation des élèves est le conseil de vie lycéenne. Cette instance récente a pour particularité de comporter parmi ses membres autant d'adultes que de lycéens. Comme son nom l'indique, elle est censée faire des propositions sur les règles de vie dans le lycée. De fait, cette instance a du mal à vivre aujourd'hui : les lycéens sont très peu à s'y présenter et les adultes craignent une modification du rapport de forces dangereuse.

Dans un lycée technique parisien, le conseil de vie lycéenne (CVL) était mis en place pour la première fois. L'équipe de direction sentant les adultes réticents et les élèves revendicatifs a fait appel à mon concours pour accompagner le projet. La *première étape* a consisté à travailler avec les adultes et les jeunes séparément. Les adultes, au cours d'une journée pédagogique, ont répondu par petits groupes aux questions suivantes :

- Dans la manière dont fonctionne l'établissement, qu'est-ce qui vous paraît aider les élèves et vous aider dans votre mission ?
- Qu'est-ce qui fait défaut, est incomplet, mal géré et vous met en difficulté ou met en difficulté les élèves, et va à l'encontre des objectifs pédagogiques ?

A l'issue de cette journée, les adultes volontaires ont été conviés à une réunion d'information sur la mise en place du CVL. Les élèves, de leur côté, ont été conviés à participer à une réunion évoquant le mise en place du CVL, son objectif et ce qu'ils pouvaient en attendre. Une quarantaine sont venus. Lors de cette réunion, ils cherchaient surtout à avoir la garantie que les choses allaient se faire vite et qu'elles aboutiraient.

La *deuxième étape* a consisté à réunir adultes et jeunes intéressés pour s'embarquer dans cette aventure. Une quinzaine d'adultes et une quinzaine de jeunes sont venus. Au cours de cette réunion, un début de cadre a été fixé. 11 adultes et 11 jeunes ont été élus selon des règles garantissant la représentativité de toutes les filières et de tous les niveaux. Le conseil s'est réuni ensuite 2 fois par trimestre et a abordé principalement les problèmes de règlement (gestion des retards, autorisation de sorties, organisation du foyer, mise en place de tutorat...) A la fin de l'année scolaire, une évaluation a été faite par les participants dont voici quelques extraits :

- Globalement la satisfaction des participants est totale. Tous ont l'impression d'avoir participé à une expérience enrichissante et utile pour soi, pour les autres, pour l'établissement. Ils encouragent leurs collègues ou camarades à y participer.
- Le CVL a fonctionné de manière efficace : l'information passe bien, le choix des thèmes traités est satisfaisant, des décisions sont prises.
- Les adultes souhaiteraient élargir leur réflexion à d'autres points que le règlement (relations profs-élèves, tutorat, motivation...).
- Adultes et jeunes sont soucieux de mieux informer l'ensemble des personnes du lycée des thèmes des débats et des décisions prises au CVL.

Voici également les réponses données par les membres du CVL à la question suivante : Pourriez-vous exprimer ce que cette expérience vous a apporté ?

Les lycéens

J'ai apprécié que l'on soit tous au même niveau et que l'on puisse donner nos idées et prendre des décisions ensemble.

Il y avait toujours des problèmes avec les retards, les téléphones et les chewing-gums Grâce aux réunions, cela s'est nettement amélioré.

Cette expérience m'a permis de participer plus activement à la vie du lycée en ayant un rôle autre que celui de simple élève.

Le CVL a montré aux élèves que le lycée prenait en compte leurs remarques pour améliorer la vie au lycée.

Le CVL est un nouvel atout pour casser cette image des adultes d'un côté et des élèves de l'autre.

Cela donne l'opportunité aux élèves de vraiment s'investir dans le lycée.

Je me suis sentie utile pour représenter mes camarades lors des réunions. Ces réunions divisées en différents thèmes m'ont permis de me rendre compte des difficultés du lycée et de chercher avec mes camarades et au sein de réunions des solutions possibles et envisageables à long terme.

J'ai été très satisfaite et même presque fière de participer au fonctionnement du lycée à travers ce conseil. J'ai eu l'impression de pouvoir établir une vraie communication avec ce que l'on appelle la direction.
Nous avons été écoutés par les adultes. Nous remarquons que le lycée tente au mieux de mettre à l'aise les élèves. Peut-être il aurait fallu deux parents afin de les impliquer. C'est ainsi que ce lycée évoluera, en écoutant les élèves et les adultes.

Les adultes

Grâce à ces réunions, j'ai pu m'impliquer et investir de mon temps personnel pour le lycée et j'en suis ravie. Grâce aux élèves mais également aux profs nous avons amélioré certains points du règlement qui nous dérangeaient et j'ai pu remarquer que l'ensemble du lycée en était heureux et tout cela me fait très plaisir de savoir que j'y suis pour beaucoup dans ces changements
J'ai trouvé que certains élèves étaient pleins d'idées (d'ailleurs les principales décisions sont venue d'eux et c'est génial).
Les différentes parties en présence ont pu gommer des inquiétudes (prise de pouvoir par les élèves, nouvelle instance ou rien n'aboutirait).
Certains élèves sont très actifs dans ce projet et j'ai eu plusieurs fois l'occasion de parler avec eux dans la cour. Il a également permis au personnel administratif et technique de se sentir concerné puisque nous avons tous pu travailler ensemble pour préparer les CVL.
Cela permet de comprendre les problèmes ou les difficultés rencontrés par les uns et les autres.
Cela a permis de mener un projet jusqu'au bout, d'aboutir à des décisions concrètes. Pour éviter le désintérêt, il faudrait aborder des thèmes plus profonds (les relations prof-élèves, l'animation de la vie lycéenne, ...).
Le CVL permet d'avoir un échange sur un pied d'égalité avec les élèves.

Cet établissement a réussi son pari là où d'autres ont échoué pour deux raisons principales : la difficulté à trouver des personnes souhaitant se présenter au CVL et à prouver que le CVL pouvait faire évoluer la vie dans l'établissement. Les raisons de ce succès me semblent être :

- d'une part, **la motivation qui a été privilégiée** par rapport à la représentativité. Il convient donc de continuer à donner envie de participer : les participants actuels du CVL sont les meilleurs émissaires de cette instance. La représentativité et la légitimité doivent venir prendre place ensuite, sans pour autant tuer la motivation !
- d'autre part, **l'implication de l'équipe de direction** et le respect envers les élèves : les membres du CVL ont été traités avec chaleur (repas, convi-

vialité, écoute de leur parole, décisions prises....) Tout a été fait pour que chacun trouve sa place et puisse donner son point de vue en se sentant à l'aise, informé et à l'écoute.

L'école est un lieu qui s'ouvre doucement à la prise de décisions démocratique, à la responsabilisation des élèves[68]. Cette évolution ne se fait pas sans appréhension, justifiée au vu des écueils possibles. En effet, elle nécessite de la part des adultes un changement de regard et l'acquisition de compétences en termes d'animation et de gestion des conflits. Nombre de conseils de vie lycéenne restent lettre morte ou sont des parodies de prises de décisions, non pas parce que les lycéens sont incapables ou démotivés mais parce que les adultes n'ont pas la capacité, l'ambition ou les compétences pour faire vivre cette instance.

Le conseil de famille

Pour en terminer avec ces instances, nous évoquerons le conseil de famille, terme poussiéreux qu'il est intéressant de remettre à l'ordre du jour en y ajoutant une règle qui n'a l'air de rien : les enfants y sont conviés et sont même invités à donner leur avis. Y sont abordés les thèmes concernant la vie quotidienne (heures des repas, du coucher, temps passé devant l'écran...), les vacances, les sorties, etc. Le conseil de famille permet à l'enfant d'avoir un lieu et un temps où il demande des explications quant aux valeurs qui sous-tendent les règles, intègre leur nécessité tout en remettant éventuellement en question leur justesse et leur justice. C'est le lieu où les règles sont susceptibles d'évoluer, un lieu d'expérimentation de la confrontation, de l'argumentation et de propositions pour améliorer le climat familial et permettre à chacun de prendre sa place.

La mise en œuvre de ces instances modifie considérablement le climat de la famille ou de l'institution car les enfants ont une possibilité de devenir acteurs du cadre dans lequel ils évoluent, de s'engager, de devenir force de proposition.

De la défense de ses droits à la solidarité

Dans un premier temps, l'enfant utilise son droit de parole pour satisfaire ses besoins, revendiquer ses droits. Il est d'abord préoccupé de lui. Il cherche

68. B. Defrance a particulièrement travaillé sur l'école et le droit. B. Defrance, **Sanctions et discipline à l'école**, Ed. Syros, 1993.

des alliés qui ont les mêmes demandes que lui, il fait pression pour que le groupe auquel il appartient soit reconnu.

> *Les garçons prennent trop de place pour jouer au foot dans la cour de récréation. Nous, les filles, on trouve ça pas normal. Ils doivent partager.*
>
> *Ceux qui mangent à la cantine prennent toujours les vélos et refusent de nous les passer quand on arrive.*
>
> *Pourquoi je dois toujours mettre le couvert alors que les jumeaux n'aident pas à la maison ?*

Ces instances autorisent chaque enfant ou groupe à affirmer ses besoins et désirs et à défendre ses droits. Le processus mis en place par l'adulte garantit que les solutions acceptées tiendront compte des demandes de ce groupe mais également des conséquences ou demandes des autres groupes. L'autre est perçu au début de la discussion comme « l'empêcheur de tourner en rond, celui qu'il faut faire taire ». Lorsque le dispositif mis en place permet l'émergence de solutions sans perdants, chacun vit alors l'expérience suivante :

- il a été entendu, la solution retenue lui convient, son capital de confiance en lui, dans les autres enfants et dans les adultes augmente.
- il a été « obligé » d'entendre l'autre. Du coup, il comprend mieux sa demande, l'autre lui est moins étranger. La relation est confortée.

Peu à peu, l'autre s'avère moins dangereux puisque l'on est capable ensemble (éventuellement avec l'aide d'un tiers) de prendre chacun sa place dans le groupe sans avoir besoin d'écraser le voisin. Il devient presque familier : la force qui poussait à s'opposer est contrebalancée par le lien qui s'est créé et vient rapprocher. La conscience d'appartenir à un même ensemble qui englobe tous les êtres vivants se développe et l'enfant est plus capable de soutenir, aider, prendre la défense de ceux qui sont en difficulté, il devient solidaire. Il peut être capable, par exemple, de soutenir des groupes ou des individus dont les intérêts sont indépendants des siens, voire contraires au siens : soutenir le droit des femmes alors que l'on est un homme, le droit des esclaves alors qu'on est un être libre, le droit des homosexuels alors qu'on est hétérosexuel...

D'abord limitée à ceux qui partagent avec lui une caractéristique ou un lien forts (sexe, religion, nationalité, famille..), la dynamique à l'œuvre dans la solidarité concerne de plus en plus d'êtres, éloignés par leur lieu d'habitation, leur culture, leur religion ou leur valeurs.

Synthèse

En initiant l'enfant à la prise de décisions démocratique, l'adulte l'invite à sortir du rapport de forces dans lequel chacun cherche à imposer son pouvoir à l'autre.

Dans cet objectif, l'adulte peut mettre en place un cadre consacré à la prise de décisions. Il facilite ainsi l'expression du point de vue de chacun et encourage la recherche de solutions satisfaisantes pour tous.

Les enfants deviennent plus confiants dans leur capacité à se faire entendre et sont plus prêts à prendre en compte les besoins des autres.

Pour que des instances telles que le conseil de classe, le conseil de vie lycéenne ou le conseil de famille deviennent de réels lieux d'apprentissage de la prise de décisions démocratique, l'adulte doit considérer l'enfant comme apte à participer aux décisions qui le concernent et acquérir les compétences nécessaires.

Chapitre 19

Aider l'autre

La coopération peut conduire à aider l'autre, à faire passer les besoins ou les intérêts de l'autre avant les siens sans rien attendre en retour, sans rien y gagner. Cette attitude est souvent appelée altruisme, terme créé par Auguste Comte pour désigner les tendances qui s'opposent à l'égoïsme. Ce terme décrit une attitude désintéressée mais également la doctrine morale posant l'intérêt porté à l'autre en tant que tel comme principe de la conduite morale. Dans cette optique, le moteur de l'altruisme est l'obligation morale : on aide l'autre parce que c'est nécessaire, parce que c'est bien, quitte à contrarier et à brimer l'attention que l'on porte à soi-même. Cette opposition entre soi et l'autre, crée des dissonances, des tensions, des « actes manqués ». De plus, lorsque le cadre moral n'est plus assez présent, l'altruisme se dissipe souvent et les besoins frustrés réapparaissent en force.

L'autre moteur qui pousse l'être humain à se préoccuper des autres est de conjuguer le soin que l'on porte à soi-même et celui que l'on porte à autrui. **En aidant les autres, on s'aide soi-même**. Une étude récente[69] a montré que le recours à des élèves tuteurs pour enseigner ce qu'ils savent à d'autres élèves profite non seulement à l'élève aidé mais également au jeune tuteur. Lorsque l'élève doit expliquer à un autre enfant comment il peut faire, ou encore dire à l'adulte comment il s'y prendrait pour expliquer, il fait un effort de « décentration cognitive » bénéfique pour la compréhension et la mémorisation.

Le processus de socialisation décrit dans ce livre conduit peu à peu l'enfant à se connaître, s'aimer et s'ouvrir à l'autre sans danger. L'enfant apprend progressivement à prendre soin de lui et des autres. Ce cheminement permet d'ancrer de façon plus stable et profonde l'amour de la vie, le respect de la différence et de la diversité. L'enfant perçoit la difficulté et la souffrance de l'autre. Il a envie de l'aider parce qu'en l'aidant, c'est lui qu'il aide. **Aider les autres est gratifiant**. Même si l'on n'obtient pas de contrepartie visible, on se sent utile, aimé, apprécié. On se sent profondément humain et respectable. C'est pourquoi l'aide aux autres ne doit surtout pas être réservée aux seuls enfants qui ont développé des capacités d'ouverture, de confiance et d'empathie. En proposant à un enfant qui se sent nul, rejeté, en échec, inutile,

69. N. Filipakki et al, « L'effet bénéfique du rôle du tuteur chez des enfants d'âge préscolaire confrontés à la réalisation d'un damier », **Psychologie et éducation**, N° 44, mars 2001.

d'aider un autre, on l'aide à se sentir responsable, utile, à reprendre confiance et à s'ouvrir. L'adulte aura simplement soin de lui donner une tâche à la mesure de ses capacités cognitives et relationnelles et de l'accompagner de façon plus soutenue.

Nous présenterons deux exemples de relation d'aide, le tutorat et la médiation. Le tutorat met en place une relation d'aide axée sur l'apprentissage d'un savoir ou d'un savoir-faire, la médiation favorise l'apprentissage de compétences relationnelles.

Le tutorat

> *Je n'arrivais pas à faire mes exercices de français tout seul. J'ai demandé de l'aide. Il y a plusieurs enfants de ma classe qui étaient d'accord pour m'aider. J'ai choisi Stéphanie parce qu'elle est gentille. Elle s'énerve pas. A l'étude, elle se met à côté de moi et si je comprends pas, je lui pose des questions.*
>
> *Laurent est passé deux fois en conseil de discipline. Il lui a été proposé d'être aidé par un plus grand qu'il peut rencontrer quand il veut pour faire le point et discuter.*
>
> *Lorsque les enfants arrivent en CP, ils vont par groupes de deux visiter l'école. La visite est guidée par un CM2 volontaire. Durant l'année, l'enfant de CM2 devient souvent l'interlocuteur privilégié qui explique ou donne des conseils.*

Les actions de tutorat permettent de mettre en place des relations d'aide entre enfants. Elles peuvent prendre des formes diverses mais doivent cependant respecter certains principes importants :

- Un tutorat est plus efficace si celui qui a besoin d'aide en fait la demande et s'il peut choisir la personne qui l'aide. Cependant, certains enfants ont tellement peur de la relation avec l'autre qu'il serait illusoire d'attendre leur demande. Il semble intéressant de leur proposer de l'aide, comme alternative à des conséquences probables (redoublement, exclusion...) sur une période courte, et de façon très suivie. Ils peuvent ainsi goûter au tutorat et éventuellement y trouver leur compte.
- Un tutorat peut concerner un domaine précis, un apprentissage spécifique, être valable pour une période donnée, être une référence (la personne que

l'on peut aller voir si...). Peu importe pourvu que le type de tutorat proposé réponde au besoin de l'enfant et soit efficace.

- Le tutorat est un contrat qui engage deux personnes. Il doit donc préciser clairement les engagements de chacun. S'il ne fonctionne pas, le contrat peut bien sûr être modifié ou remis en cause avec l'aide de l'adulte.
- Les tuteurs doivent être formés et accompagnés par des adultes. En effet, au-delà de la bonne volonté, aider l'autre s'apprend. Il ne s'agit pas de faire à la place de l'autre, ni de se sacrifier pour l'autre. Il s'agit de créer une relation de dialogue permettant à celui qui a besoin d'aide de recevoir celle qui lui est appropriée.
- Chaque enfant est susceptible d'être tuteur d'un autre. Donner l'occasion à tous les enfants d'expérimenter l'altruisme et la responsabilité participe grandement à la socialisation.

Les actions de tutorat participent à l'amélioration du climat du groupe : les enfants aidés se sentent plus acceptés, prennent confiance, les tuteurs, se sentent utiles et reconnus et les adultes ne se retrouvent plus seuls à enseigner et transmettre.

La médiation par les enfants

La médiation est une aide apportée aux autres lorsqu'ils sont coincés dans un conflit dont ils n'arrivent pas à sortir. La médiation par les enfants consiste, lors d'un conflit entre enfants, à faire appel à des enfants médiateurs volontaires pour les aider à régler leurs conflits sans utiliser la violence. Cette approche a été initiée par deux enseignantes Babette Diaz et Brigitte Liatard, fondatrices de l'association « Génération médiateurs ». Elles ont formé des élèves à la gestion des conflits et aidé les écoles primaires et les collèges à mettre en place des médiateurs en particulier dans les cours de récréation.

« Je suis devenu médiateur pour aider les autres. Je me suis aperçu ensuite que ca m'aidait moi aussi à gérer les conflits. » Tel est le témoignage d'un collégien médiateur. L'enfant qui se forme à la médiation le fait souvent au départ pour aider les autres. Mais en fait cette expérience est bénéfique également pour lui. C'est ainsi que peu à peu se diffuse une culture de la coopération. La relation d'aide est d'autant plus efficace qu'elle est fondée sur le libre choix aussi bien de celui qui aide que de celui qui est aidé. En imposant la relation d'aide, on obtiendra éventuellement des comportements tournés vers les autres mais rarement un état d'esprit qui soit durable et respectueux, on obtient même parfois des effets pervers où celui qui aide éprouve du mépris et celui est aidé du ressentiment. La relation d'aide est de l'ordre de la liberté et de la confiance : on ne peut forcer quelqu'un à aider ni à être aidé.

Comme le tutorat, la médiation par les élèves doit faire l'objet de formation et d'accompagnement par les adultes. Elle doit s'inscrire dans une vision globale de la coopération impliquant enfants et adultes. La médiation par les élèves n'est pas la solution miracle aux problèmes de violence à l'école. Elle est un maillon d'une chaîne qui ne pourra jouer son rôle que si les autres maillons sont solides. Elle ne doit pas venir se substituer à des dysfonctionnements institutionnels ou relationnels au sein des établissements. Enfin, pour que la médiation par les élèves porte ses fruits, elle doit s'inscrire dans un climat de coopération auquel tous les adultes et enfants sont peu à peu sensibilisés. Aider l'autre est sans doute l'attitude relationnelle qui demande le plus de maturité. Elle nécessite d'avoir confiance en soi, de ne pas avoir peur de l'autre, d'être capable de se décentrer, d'éprouver de l'empathie et de ressentir à quel point prendre soin de l'autre m'est bénéfique et me fait accéder à mon humanité. Donner à l'enfant des occasions d'aider l'autre lui permet également de mieux se connaître, de prendre confiance et de se sentir quelqu'un de bien. Le cercle vertueux est en marche !

Nous avons présenté l'altruisme dans sa relation à l'autre. Montesquieu en donne une deuxième dimension tout aussi importante, la capacité à faire passer les intérêts du groupe avant les siens.

> *« Si je savais quelque chose qui me fût utile, et qui fût préjudiciable à ma famille, je la rejetterais de mon esprit. Si je savais quelque chose utile à ma famille et qui ne le fût pas à ma patrie, je chercherais à l'oublier. Si je savais quelque chose utile à ma patrie et qui fût préjudiciable à l'Europe, ou utile à l'Europe et préjudiciable au genre humain, je la regarderais comme un crime. »*

Cette dimension de l'altruisme s'appuie sur **le sentiment d'appartenance au groupe** : la personne se sent concernée par ce qui arrive au groupe parce qu'elle prend conscience que cela a des conséquences sur elle-même. L'enfant, dans un premier temps, croit qu'en s'occupant de lui et uniquement de lui, avant et contre tout, en sort gagnant. Effectivement, il peut sembler gagnant dans un premier temps parce qu'il obtient ce qu'il veut au détriment des autres. Mais cette manière d'agir a des conséquences dont il prend peu à peu conscience : les relations avec les autres se détériorent, son énergie est en grande partie dépensée à agresser et se défendre, il s'isole et même si parfois sa cage est dorée, elle ressemble de plus en plus à une prison.

En développant des relations fondées sur la connaissance de soi, le respect de l'autre et la coopération, l'enfant crée des liens profonds et bénéfiques entre lui et son environnement. Il n'est plus un être isolé mais un être social. Il n'existe plus en tant qu'individualité dont la survie se fait au détriment des autres. Il est conscient d'être un maillon d'une chaîne à laquelle appartiennent tous les êtres humains qui ont vécu, qui vivent ou vivront sur cette terre. Son bien-être et le bien-être de l'humanité ne s'opposent plus. Il se sent responsable de son comportement mais également de l'humanité et de la vie.

Synthèse

Le processus de socialisation conduit l'enfant à prendre soin de lui et des autres. En aidant les autres, l'enfant prend confiance en lui. Il se sent utile, aimé, apprécié.

Le tutorat est un cadre qui permet à un enfant d'aider un autre enfant à acquérir un savoir ou un savoir-faire.

La médiation est un cadre qui permet à un enfant d'aider un autre enfant à gérer un conflit sans utiliser la violence.

La relation d'aide est d'autant plus efficace qu'elle est fondée sur le libre choix aussi bien de celui qui aide que de celui qui est aidé : on ne peut forcer quelqu'un à aider ni à être aidé.

Plus l'enfant a l'occasion de créer des liens d'entraide, plus il se sent appartenir à l'humanité. De cette conscience naît la responsabilité.

Apprendre à coopérer : du constat à l'action

Les constats	Ce que l'adulte peut faire
Tout conflit est une opportunité de changement et d'apprentissage si l'on sait le gérer.	**Se former à la gestion coopérative des conflits** et à la médiation.
Pour gérer les conflits de façon coopérative, l'enfant doit développer des compétences relationnelles et intellectuelles.	Apprendre à l'enfant à **anticiper** sur les conséquences de ses actes et à imaginer des **alternatives** à la violence. Utiliser le support d'histoires, de contes, de mises en situation, de spectacles interactifs...
La médiation permet d'expérimenter, en situation de conflit réel, des résolutions de conflits coopératives.	Mettre en place des dispositifs de **médiation**.
Les jeux coopératifs permettent d'expérimenter des relations fondées sur l'interdépendance positive, de se sentir responsable de la réussite globale de chacun des individus et du groupe.	**Se former aux jeux coopératifs** **Initier les enfants** aux jeux coopératifs **physiques**, pour développer la confiance en soi et en l'autre. Initier les enfants aux jeux **de société** coopératifs pour qu'ils repèrent les différents comportements et stratégies d'équipe.
Lorsque l'adulte lie apprentissage et socialisation, les attitudes de rejet et d'agressivité diminuent et chaque enfant progresse plus.	Favoriser les **situations d'apprentissage coopératif**
On apprend en expliquant aux autres.	Favoriser les **situations d'échanges de savoirs**.
En initiant l'enfant à la prise de décisions démocratique, l'adulte l'invite à sortir du rapport de forces dans lequel chacun cherche à imposer son pouvoir à l'autre.	Considérer l'enfant comme **apte à participer à certaines décisions** qui le concernent Mettre en place des **instances de prise de décisions**

En aidant les autres, l'enfant prend confiance en lui : il se sent utile, aimé, apprécié, responsable.	Mettre en place des **tutorats** permettant aux enfants d'en aider d'autres à acquérir un savoir ou un savoir-faire. Former les enfants à la **médiation** pour qu'ils aident les autres à mieux gérer leurs conflits. Proposer aussi aux enfants en difficulté d'en aider d'autres
On ne peut forcer quelqu'un à aider ni à être aidé.	Laisser les enfants **libres** d'aider qui ils veulent et d'être aidés par qui ils le souhaitent.

Conclusion

L'autorité éducative permet non seulement de prévenir la violence mais également de socialiser l'enfant : elle enseigne la connaissance et l'affirmation de soi, le respect des autres et la coopération. Elle permet à l'enfant d'expérimenter la liberté, la responsabilité et la solidarité.

L'enfant apprend à se connaître en se familiarisant avec ses émotions, en exprimant ce qu'il pense et ressent, en prenant appui sur ses ressources personnelles. Il développe ainsi une force intérieure, cohérente et profonde, qui le rend solide face aux attaques ou aux manipulations : il sait prendre soin de lui, il sait ce dont il a besoin et il choisit progressivement les valeurs qui lui semblent importantes. La sécurité intérieure qu'il acquiert le rend plus ouvert aux apprentissages, acceptant l'erreur et la différence de points de vue. Pour aider l'enfant à se connaître et à s'affirmer, l'adulte doit être capable d'écoute et d'empathie. Il lui faut cesser de juger l'enfant, de résoudre à sa place ses problèmes ou de minimiser les difficultés qu'il rencontre et lui donner peu à peu les clefs lui permettant de prendre soin de lui.

L'enfant apprend à respecter les autres s'il se sent lui-même respecté. Il développe sa capacité à se décentrer, à se mettre à la place de l'autre et à lui reconnaître les même droits et besoins. L'adulte enseigne à l'enfant le respect d'autrui en mettant un cadre clair qui respecte les besoins et capacités de l'enfant. Si l'enfant refuse de respecter l'autre ou n'en comprend pas le sens, l'adulte peut user de sa supériorité physique, de son statut ou du soutien d'autres adultes, en évitant cependant de blesser ou d'humilier l'enfant.

L'enfant apprend la solidarité via la coopération, état d'esprit qui se développe dans de nombreuses situations : gestion des conflits, apprentissage, jeu, prise de décisions, aide. Pour coopérer, l'enfant doit se sentir en confiance et en sécurité ; en coopérant, l'enfant acquière également confiance et sécurité. L'adulte encourage la coopération en développant chez l'enfant les compétences relationnelles et intellectuelles nécessaires et en créant des occasions favorisant la considération envers autrui.

Pour être à même d'exercer une autorité éducative, l'adulte a d'abord besoin d'en comprendre l'intérêt et les bénéfices pour lui comme pour l'enfant. C'est l'objectif de ce livre : sensibiliser et expliquer, permettre au lecteur de changer son regard sur l'autorité et sur l'enfant. C'est une première étape. En prenant conscience des conséquences de ses actes sur autrui, l'adulte peut décider en connaissance de cause, de continuer d'agir de même ou de chercher à évoluer ou à faire évoluer d'autres adultes. La compréhension intellectuelle n'est cependant pas suffisante pour modifier sa manière de faire.

Les actes, comme nous l'avons vu, ne reflètent pas fidèlement les pensées mais sont portés également par l'histoire consciente et inconsciente de chacun. Passer de l'autoritarisme ou de la permissivité à l'exercice d'une autorité qui socialise n'est pas seulement affaire de volonté. Elle nécessite de prendre conscience de ses peurs, de ses préjugés, de développer la confiance en ses propres ressources et compétences et la capacité à établir des relations de soutien et d'entraide avec d'autres adultes.

Mais combien d'adultes sont-ils capables d'introspection ? Combien d'adultes blessent par maladresse, humilient sans même s'en rendre compte ? Combien gardent la maîtrise d'eux-mêmes ou sont capables de s'excuser quand ils ont eu des gestes ou des propos qui ont blessé ? Combien sont capables d'aborder sereinement des conflits de manière à les transformer en opportunité de changement ? Combien usent de façon lucide de leur pouvoir ? Combien coopèrent, travaillent en équipe, soutiennent un conjoint, un voisin ou un collègue sans le juger ? Si les adultes ne savent pas s'affirmer, respecter, coopérer, comment peuvent-ils transmettre ces compétences ? Comment peuvent-ils transmettre des valeurs auxquelles ils disent adhérer mais qu'ils ne mettent pas en œuvre ? L'autorité se résume alors à la phrase « faites ce que je dis et pas ce que je fais », source de confusion et de rejet du monde adulte.

C'est pourquoi il est **important** et **prioritaire d'aider les adultes qui exercent une autorité** à comprendre les évolutions actuelles, à modifier leur regard et leur attitude éducative en conséquence. Chacun est un maillon de la chaîne, détient sa part de responsabilité et peut participer à la prévention de la violence. Il est important de les aider à sortir de l'isolement, du silence et de la culpabilité que l'on peut ressentir lorsque l'on se sent démuni face à des difficultés. Ils ont besoin de **parler** des difficultés qu'ils rencontrent. Qu'on les appelle groupes de parole, échanges de pratiques, formations aux relations humaines, ces moments consacrés aux échanges de points de vue, à la mise en œuvre de projets, à la gestion des conflits, au questionnement des règles facilitent les compréhensions mutuelles, préviennent la violence, encouragent les évolutions et les prises de décision. Ces moments d'échanges sont d'autant plus efficaces qu'ils permettent de traiter les problèmes en **prévention**. Créés au démarrage d'un projet, lors de la constitution d'une équipe ou lorsque des parents attendent un enfant, ils permettent de clarifier les points de vue et de régler les désaccords de façon dynamique et constructive. La **présence d'un tiers** extérieur à la famille ou à l'institution pour animer ces moments, facilite la circulation de la parole et l'écoute et permet de dénouer au fur et à mesure les malentendus.

Il est également essentiel que les professionnels amenés à exercer une autorité auprès d'enfants et d'adolescents soient **recrutés** non seulement sur leur savoir ou leur savoir-faire mais également **sur leur capacité à entrer en relation avec autrui**. C'est d'ailleurs de plus en plus le cas, dans la plupart des professions qui touchent à l'éducation et à la relation d'aide. **La formation** doit également intégrer cette dimension relationnelle de manière à donner à chacun les bases de la communication interpersonnelle et la capacité à mieux repérer et gérer ses peurs et sa propre violence envers l'autre.

Parfois, cette aide n'est pas suffisante parce que ce qui se joue dans la relation est tellement noué, figé, douloureux que le travail doit s'inscrire dans un cadre thérapeutique. Dans ce cas, les solutions apportées dans cet ouvrage ne sont pas suffisantes. L'adulte ne doit pas hésiter à entreprendre un travail psychothérapique susceptible de l'aider à dénouer les blocages qui nuisent à son développement et à ses relations avec autrui. Cette démarche semble d'autant plus importante que l'adulte a autorité sur des enfants.

L'autorité, l'éducation, la socialisation des enfants concernent tous les adultes. L'enjeu en est important puisque **nous construisons dès à présent les potentialités de la société de demain**. L'adulte ne peut créer seul le cadre qui aide l'enfant à grandir. Parents, enseignants, éducateurs, élus, représentants de l'ordre ou de la justice, travailleurs sociaux doivent **apprendre à dialoguer, travailler et décider ensemble**. En créant des espaces, des temps, un état d'esprit incitant les adultes à demander de l'aide, se poser des questions, réfléchir avec d'autres, on les aidera à devenir des **repères solides et fiables**, capables de fermeté, d'ouverture, d'authenticité, de coopération et d'écoute. De la coopération des adultes et de leur plus grande maturité relationnelle émergeront progressivement des pratiques d'affirmation, de dialogue et de relations fondées sur le respect de soi et de l'autre.

Glossaire

Affirmation de soi

L'affirmation de soi est une attitude par laquelle l'être humain cherche à satisfaire ses besoins et incarner ses valeurs sans faire violence à l'autre.

Agressivité

L'agressivité, à la différence de l'affirmation de soi, est une attitude par laquelle l'être humain cherche à détruire ce qui fait obstacle à ses projets.

Autoritarisme

Attitude qui consiste, en cas de conflit, à s'imposer, grâce à son statut et son pouvoir, face à l'autre sans vouloir entendre et prendre en compte son point de vue. La personne autoritariste aime être obéie et n'admet pas la contradiction.

L'autoritarisme engendre 3 attitudes réactionnelles : la soumission, la fuite ou la rébellion.

Autorité

Etymologie latine « auctoritas », de auctor : auteur

L'autorité peut s'entendre de deux manières différentes :

- **Droit de commander**, pouvoir (reconnu ou non) d'imposer l'obéissance. Cette autorité fait référence à une loi qui donne à la personne une mission et des moyens. (Potestas)
- **Ascendant personnel** en vertu duquel on se fait respecter, on impose au jugement, à la volonté d'autrui, on « fait autorité. » (Auctoritas)

L'autorité s'inscrit dans une **relation asymétrique** où l'adulte a un pouvoir sur l'enfant et une responsabilité éducative. Elle fait appel à la *Potestas* qui confère droits et devoirs et à l'*Auctoritas* qui invite chacun à jouer au mieux son **rôle** de parent, enseignant, éducateur.

Besoin

État de tension interne, plus ou moins pénible, provoquant la conscience d'un manque qui accompagne la privation de ce qui est nécessaire ou désiré par un individu.

Ont été identifiés les besoins primaires, indispensables à la survie plus ou moins immédiate (faim, soif, sommeil, évacuation, sexualité...) et les besoins secondaires nécessaires à plus ou moins long terme (sécurité, affection, reconnaissance, liberté...). Lorsque ces besoins ne sont pas satisfaits, l'individu ressent un manque qu'il cherche à combler même au détriment de son développement personnel.

Le besoin de « réalisation de soi » a été défini par A. Maslow et est spécifique de l'espèce humaine. Il est satisfait quand la personne apprend, crée, donne un sens à sa vie. A l'inverse des besoins précédents, il ne diminue pas lorsqu'il est satisfait : plus la personne se réalise, plus elle cherche à se réaliser.

Citoyen

Le mot « citoyen » vient du latin *civis*, individu habitant une cité. La citoyenneté se réfère à l'individu en tant qu'être social vivant en relation avec d'autres. L'existence de citoyens, suppose celle d'un groupe de personnes interdépendantes, ayant en commun des règles de société plus ou moins explicites. La citoyenneté définit les **droits et devoirs** des membres d'un groupe. On réduit souvent la citoyenneté au respect des autres et des règles. C'est le premier niveau de la citoyenneté ou encore la citoyenneté passive. Un citoyen doit également être capable de penser par lui-même et de se remettre en question. Les autres qualités d'un citoyen sont la capacité à penser par soi-même et à faire preuve de solidarité.

Conflit

En latin, *conflictus* signifie affrontement, heurt. C'est le résultat de l'interférence entre forces opposées, qu'il s'agisse de divergence de besoins, d'intérêts ou de valeurs.

Le conflit a longtemps été considéré comme un dérèglement et il est encore aujourd'hui souvent confondu avec la violence. Le conflit n'est pas destructeur. Au contraire, il est source d'apprentissage et d'évolution s'il existe des lieux et des personnes capables d'aider à dénouer les tensions de façon constructive.

Coopération

Action de participer à une œuvre commune, à mettre en commun énergie, compétences et ressources de manière à ce que le groupe d'une part, et chaque individu d'autre part, en tire bénéfice.

Décentration

Capacité à se mettre à la place d'autrui, à comprendre son point de vue, à lui reconnaître des besoins et des droits.

Émotion

Réaction affective, parfois intense, accompagnée de manifestations physiologiques (pâleur ou rougissement, tremblements, agitation...). Certaines émotions (peur, colère, haine) sont souvent le moteur inconscient et incontrôlé d'actes non voulus. L'introspection permet de se familiariser avec ses émotions, de verbaliser ce que l'on ressent et de canaliser sa vitalité.

Empathie

L'empathie est l'aptitude qui consiste à être présent à l'émotion de l'autre, à la ressentir sans pour autant se l'approprier. L'empathie est à la base de l'écoute et de l'entretien non-directif tel que l'a défini Carl Rogers.

L'empathie, à la différence de la sympathie, permet à l'être humain d'entendre et d'accepter le ressenti de personnes dont les pensées ou les actes vont à l'encontre de ses valeurs.

Faculté

Aptitude, capacité, potentiel. Pour se comprendre et entrer en contact avec le monde extérieur, l'être humain utilise les facultés suivantes : les sens qui lui permettent de percevoir le monde extérieur, la pensée et le raisonnement, les actes et la perception interne de ses sensations et émotions.

Frustration

Sentiment d'être privé de ce qui nous est dû et de ce à quoi nous nous attendons, sentiment d'un obstacle difficile à surmonter qui s'oppose à la satisfaction d'un besoin.

La gestion de la frustration est essentielle à la socialisation. Son développement nécessite des compétences physiques, intellectuelles et relationnelles : savoir attendre, anticiper, se décentrer. Elle nécessite également des limites posées par les adultes.

Introspection

Processus par lequel l'être humain accède à son état affectif et physiologique interne.

Loi

Règle impérative inhérente à la nature des choses ou prescrite par une autorité souveraine. Elle est imposée à l'être humain de l'extérieur. Le petit enfant a une vision religieuse de la loi (*Themis*) : toute loi est vécue comme une contrainte qui vient contrarier son désir. Elle vient du dehors, elle lui est étrangère, immuable, indiscutable. L'enfant la respecte non pas parce qu'elle est bonne mais parce qu'elle est loi de l'adulte. Vers 6-7 ans, il commence à faire le tri entre le rationnel, le conventionnel et l'arbitraire.

Médiation

Du latin *mediare,* être au milieu, s'interposer.

Entreprise destinée à mettre d'accord, concilier ou réconcilier des personnes, des parties. Le principe de la médiation consiste, par la présence d'un tiers, à dénouer une situation qui s'est tendue et figée à la suite d'un ou plusieurs conflits.

La médiation permet de passer d'un rapport de forces à une gestion de conflit sans perdant. C'est un dispositif qui crée les conditions du dialogue et de la recherche de solutions susceptibles de satisfaire les deux parties.

Permissivité

Attitude qui consiste à renoncer à ses exigences et besoins face à la résistance de l'enfant.

Règle

Tout groupe humain gère les relations et les comportements en se référant à des règles plus ou moins explicites. Les règles sont des lignes directrices de conduite qui indiquent ce qui doit être fait dans un cas déterminé. A la différence de la loi qui est imposée de l'extérieur et difficilement modifiable, la règle est élaborée par des personnes qui ont le pouvoir de la faire évoluer de manière à ce qu'elle réponde aux besoins du groupe. Se socialiser, c'est passer de la perception de la loi comme contrainte extérieure (*Themis*) à des règles intégrées comme nécessaires à la vie en société, respectables parce que justes et susceptibles d'évoluer (*Nomos*).

Respect

Du latin *respectus,* considération, égards.

Respecter autrui c'est s'abstenir de porter atteinte à autrui ou d'enfreindre une règle du groupe. Le respect d'autrui peut naître de l'obligation morale ou de la peur de la sanction. Il reste alors très dépendant du cadre mis en place et de la présence de l'autorité. Pour que le respect d'autrui devienne une attitude durable et profonde, cela nécessite :

- que l'on reconnaisse à l'autre la même valeur qu'à soi-même et le droit d'être différent,
- que l'on soit capable de décentration pour comprendre l'autre et prendre en compte ses besoins, son fonctionnement, ses valeurs.

Réparation

Opération qui consiste à remettre en état ce qui a été abîmé ou à compenser, indemniser une personne qui a subi des dommages. La réparation est une forme de la sanction éducative. Celui qui a nui à autrui cherche comment réparer son acte en posant un acte qui soit bénéfique pour la victime.

Règlement

Un règlement est un ensemble de règles définissant les droits et devoirs de chacun en fonction de son statut.

Sanction

La sanction est la conséquence qui découle de l'infraction à une règle. Les sanctions peuvent prendre différentes formes : faire mal, exclure, faire répéter ou donner en exemple. La sanction éducative évite de blesser physiquement ou d'humilier. Elle s'appuie sur trois ressorts : la frustration, la mise à l'écart temporaire et la réparation.

Socialisation

Processus par lequel un individu devient un être social, capable de s'affirmer sans agresser l'autre, de reconnaître à l'autre le droit au respect et de se sentir solidaire. Le processus de socialisation s'appuie sur la connaissance de soi, le respect d'autrui et la coopération.

Solidarité

Du latin *solidum,* pour le tout.

Sont solidaires des éléments qui dépendent l'un de l'autre, fonctionnent ensemble dans une action, un processus. Est solidaire, celui qui est touché par la souffrance de l'autre et qui s'engage à ses côtés même s'il n'a rien à y gagner.

Systémique

L'analyse systémique étudie le monde comme un système, c'est-à-dire un ensemble d'éléments en interaction. Chaque élément est observé, en tant qu'entité reliée aux autres, au sein d'une organisation. Le comportement de l'enfant est étudié non pas comme résultat d'un moteur interne propre mais comme résultat d'une interaction entre l'enfant et son environnement (dont fait partie l'adulte ayant autorité).

Ressources

Forces de l'esprit, du caractère, possibilités d'actions qui peuvent être mises en œuvre le cas échéant. Pour survivre, satisfaire ses besoins et établir des relations interpersonnelles satisfaisantes, l'enfant possède les ressources suivantes : la capacité à émouvoir, la conscience de soi et de l'autre, la capacité à parler de soi et de l'autre et enfin la capacité à faire et penser par lui-même.

Théâtre-forum

Le théâtre-forum est un spectacle interactif qui présente des situations de conflit qui se terminant dans un climat de violence et de haine... Les spectateurs sont invités à venir remplacer les personnages pour proposer des alternatives et changer le cours de l'histoire. Un animateur analyse avec le public les changements obtenus.

Tutorat

Action par laquelle une personne aide une autre à développer un savoir, un savoir-faire ou un savoir-être.

Violence

Du latin *violentia,* abus de la force

Est violent un phénomène qui s'exerce avec impétuosité et force contre ce qui lui fait obstacle. (Ex : violence du vent ou d'un choc). Il exerce alors sa force, passe outre la résistance, quitte à endommager ou détruire ; est violent celui qui agit ou s'exprime sans retenue, qui est impétueux, excessif, qui agit contre la volonté de quelqu'un d'autre en employant la force ou l'intimidation.

La violence humaine est une démesure de la vitalité. Elle est subjective et est perçue avant tout par celui qui la subit. L'auteur de l'acte n'a pas nécessairement conscience de cette violence perçue.

Vitalité

Pulsion de vie incitant l'être humain à agir pour satisfaire ses besoins physiologiques, se sentir en sécurité, être aimé, reconnu et se réaliser. La vitalité se transforme en violence envers soi ou envers les autres lorsque la personne n'a pas acquis les compétences intellectuelles et relationnelles lui permettant de se socialiser ou lorsqu'elle refuse de reconnaître à l'autre les mêmes droits et besoins qu'à elle-même.

Bibliographie

Les références qui sont suivies d'une astérisque ne sont pas citées dans cet ouvrage mais sont des lectures que je recommande au lecteur qui souhaite approfondir un thème.

État des lieux

Charlot B. et Emin JC, **Violences à l'école, état des savoirs**, Ed. A. Colin, 1997*.

Closets F. de, **Le bonheur d'apprendre et comment on l'assassine**, Ed. Seuil, 1996*.

Defrance B., **Sanctions et discipline à l'école**, Ed. Syros, 1993.

Fize M., **Adolescence en crise ?, vers le droit à la reconnaissance sociale**, Ed. Hachette, 1998*.

Migeot-Alvarado J., **La relation Ecole-Famille « Peut mieux faire »**, Ed. ESF, 2000*.

Miller A., **C'est pour ton bien, Racines de la violence dans l'éducation de l'enfant**, Ed. Aubier, 1983.

Miller A., **La connaissance interdite**, Ed. Aubier, 1988*.

Olweus D., **Violences entre élèves, harcèlements et brutalités : les faits, les solutions**, Ed. ESF, 1998.

Pierrelée M.D., **Pourquoi vos enfants s'ennuient en classe ?**, Ed. Syros, 1999*.

Troger V., **L'école**, Ed. le Cavalier bleu, 2001*.

Communication/psychologie sociale

Adams L., **Communication efficace, Pour des relation sans perdant**, Ed. Actualisation, 1993*.

Adler R. B. et Towne N., **Communications et interactions**, Ed. Vigot, 1991*.

Artaud J., **L'écoute : Attitudes techniques**, Ed. Chronique sociale, 1997*.

Bateson G., Goffman E., Hall E., Watzlawick P., **La nouvelle communication**, Ed. Seuil, 1981*.

Collectif, **La communication, État des savoirs**, Ed. Sciences humaines, 1999*.

Corneau G., **N'y a-t-il pas d'amour heureux ?**, Ed. J'ai lu, 1999.

Crèvecœur J.J., **Relations et jeux de pouvoir**, Ed. Equinoxe 21, 1999*.

Curonici G., Mc Culloch P., **Psychologues et enseignants, Regards systémiques sur les difficultés scolaires**, Ed. De Boeck, 1997*.

Filliozat I., **L'intelligence du cœur**, Ed. Marabout, 1997*.

Goleman D., **L'intelligence émotionnelle**, Ed. R. Laffont, 1997*.

Maccio C., **Animer et participer à la vie de groupe**, Ed. Chronique Sociale, 1998*.

Maslow A., **Vers une psychologie de l'être**, Ed. Fayard, 1972.

Nazare-Aga I., **Les manipulateurs sont parmi nous, Qui sont-ils ? Comment s'en protéger ?** Editions de l'Homme, 1997*.

Rosenberg M.B., **Les mots sont des fenêtres (ou bien ce sont des murs) : Initiation à la communication non-violente**, Ed. Syros, 1999.

Autorité

Chalvin D., **L'affirmation de Soi**, Ed. ESF, 1980.

Chalvin M.P., **Prévenir les conflits et la violence**, Ed. Nathan.

Chelsom-Gossen D., **La réparation : pour une restructuration de la discipline à l'école**, Ed. Chenelière, 1997.

Collectif de Non-Violence Actualité, **Conflit, mettre hors-jeu la violence**, Ed. Chronique Sociale, 1997.

Deboutte G., **Comment en finir avec les persécutions à l'école ? L'enfant ni loup, ni agneau..., Conseils aux parents, enseignants, édcucateurs**, Ed. Chronique Sociale, 1999.

Estrade P., **Parents/enfants : pourquoi ça bloque ?**, Ed. Dangles, 1996*.

Gordon T., **Enseigner et être soi-même**, Ed. Actualisation, 1981*.

Gordon T., **Être parent, ça s'apprend**, Ed. Marabout, 1995.

Imbert F., **Vivre ensemble, un enjeu pour l'école**, Ed. ESF, 1997*.

Oury F. et Vasquez A., **De la classe coopérative à la pédagogie institutionnelle**, Maspéro, 1991.

Piloz L., **Maîtriser la violence à l'école**, Ed. De Boeck et Belin, 1997.

Prairat E., **La sanction : Petites méditations à l'usage des éducateurs**, Ed. L'Harmattan, 1997.

Thérapie

Ausloos G., **La compétence des familles, temps, chaos et processus**, Ed. Erès, 1995.

Barudy J., **La douleur invisible de l'enfant, Approche systémique de la violence**, Ed. Eres, 1997.

Cayrol A., Saint Paul J. de, **Derrière la magie, la Programmation Neuro-Linguistique**, Ed. InterEditions, 1984.

Cyrulnik B., **Ce merveilleux malheur**, Ed. O. Jacob, 1999.

Masquelier G., **Vouloir sa vie**, Ed. Retz, 1999*.

La connaissance de soi en pratique

Bessel H., **Le développement socio-affectif de l'enfant**, Ed. Actualisation, 1985.

Brasey E., Debailleul J.P., **Vivre la magie des contes**, Ed. A. Michel, 1998*.

Meirieu M., **Se (re)connaître par le théâtre, Outils pour l'école, la formation, l'éducation spécialisée**, Ed. Chronique Sociale, 1996*.

Manent G., **L'enfant et la relaxation**, Ed. Chysalide, 1998*.

La coopération en pratique

Abrami P., Chambers B., Poulsen C., De Simone C., d'Apollonia S., Howden J. **L'apprentissage coopératif : Théories, méthodes, activités**, Ed. Chenelière, 1996.
Chambers B., Patten M.H., Schaeff J., Wison Mau D., **Découvrir la coopération**, Ed. Chenelière, 1997*.
Crary E., **Négocier, ça s'apprend tôt, Pratiques de résolution de problèmes avec les enfants de 3 à 12 ans**, Université de la Paix, 1984.
Fortin C., **Je coopère, je m'amuse**, Ed. Chenelière, 1999*.

Apprentissage et socialisation

Authier M. et Lévy P., **Les arbres de connaissance**, Ed. La Découverte poche, 1992.
Boimare S., **L'enfant et la peur d'apprendre**, Ed. Dunod,1999*.
Chalvin M.P., **Un corps pour comprendre et apprendre**, Ed. Nathan.
Giordan A., **Apprendre**, Ed. Belin, 1998.
Perrenoud P., **Pédagogie différenciée, Des intentions à l'action**, Ed. ESF, 1997*.

La médiation par les élèves

Bonafé-Schmitt J., **La médiation scolaire par les élèves**, Ed. ESF, 2000*.
Diaz B. et Liatard-Dulac B., **Contre violence et mal-être, La médiation par les élèves**, Ed. Nathan, 1998*.
Université de paix, **Graines de médiateurs**, Ed. Mémor, 2000*.

Le théâtre-forum

Boal A., **Jeux pour acteurs et non-acteurs, Pratique du théâtre de l'opprimé**, Ed. F. Maspero, 1980*.
Boal A., **Théâtre de l'opprimé**, Ed. Maspéro, 1980*.
Guerre Y., **Le théâtre-forum, pour une pédagogie de la citoyenneté**, Ed. L'Harmattan, 1998*.

Livres pour les enfants

Botte M.F. et Lemaître P., **Qui s'y frotte s'y pique !**, Ed. de l'Archipel, 1997.
Collectif 1000 idées pour la classe, **L'enfant citoyen**, Ed. Magnard, 2000.
Ducamp J.L., **Les droits de l'homme racontés aux enfants**, Les Editions de l'Atelier, 1999.
Girardet S., Rosado P., **Silence la violence !**, Ed. Hatier, 1999.
Jaffé L., St Marc L., **Vivre ensemble les différences**, Ed. Bayard, 1999.
St Mars D. de, Bloch S., **Pour dire Non à la violence**, Ed. Bayard poche*.

Revues

Non Violence Actualité est une association dont l'objectif est de promouvoir l'approche non-violente des conflits. NVA édite une revue mensuelle d'information et de réflexion sur la résolution non-violente des conflits en France et dans le monde. Elle édite également des dossiers sur différents thèmes : la médiation, pour une éducation non-violente, jeux et violence, jeux agressifs et coopératifs, l'apprentissage coopératif, etc. NVA distribue des jeux coopératifs.

Catalogue et exemplaire gratuit sur simple demande.

NVA, BP 241, 45202 Montargis Cedex. Tél 02 38 93 67 22

Les cahiers pédagogiques sont publiés par le CRAP (Cercle de recherche et d'action pédagogique). Ils éditent une revue mensuelle pour comprendre, agir dans la classe, dans et hors l'école. Ils ont élaboré des dossiers sur les thèmes suivants : apprentissage et socialisation, le temps de l'élève, la pédagogie différenciée, l'éducation à la citoyenneté, violences à l'école, la pédagogie coopérative, l'école allemande, un modèle ?, etc.

Cahiers pédagogiques, BP 72402, 58 Bd Jules Verne, 44324 Nantes Cedex 3
Tél 02 40 52 36 93

Index

La définition du mot est donnée dans les pages indiquées en caractère gras.

L'association Étincelle

L'association **Étincelle** a pour objectif de faciliter la communication entre les personnes et les groupes. Les interventions concernent adultes, adolescents et enfants. Elles aident les participants à développer leur capacité à se connaître, à s'affirmer, à écouter, à comprendre les mécanismes relationnels, à gérer les conflits et à coopérer.

L'approche proposée prend en compte la personne dans ses dimensions physique, émotionnelle et mentale. Elle s'appuie sur les domaines de recherche suivants : l'analyse systémique (G. Ausloos, J. Barudy), l'école de Palo Alto (P. Watzlavick, G. Bateson), l'écoute (C. Rogers), la communication non-violente (T. Gordon, M.B. Rosenberg), l'éthologie (B. Cyrulnik) et la neurologie (A. Damasio).

Les interventions prennent la forme de conférences-débats, de groupes de paroles, de formations, d'accompagnements d'équipes ou de projets et d'ateliers d'expression.

Les projets de l'association sont soutenus financièrement par la municipalité de Montarnaud, le Conseil général de l'Hérault, la DDASS et la Fondation de France.

Association Étincelle
24, avenue des pins
34570 Montarnaud
04 67 55 51 80

Chronique Sociale 7, rue du Plat - 69002 Lyon

Nos livres par collections avec indication du niveau de lecture	**Ev** : Eveil **Es** : Essentiel **S** : Synthèse

Comprendre les personnes

Ev - Les étapes du développement de la personnalité - Livres illustrés

* **Le bébé et ses parents. 0 à 18 mois**
Alain Guillotte - 3e édition
* **1 à 3 ans. Vers une personnalité autonome**
Jean-François Skryppczak - Roland Burlet - 3e éd.
* **3 à 6 ans. L'enfant metteur en scène de sa vie**
Alain Guillotte - T. Lardier - 3e édition
* **L'œdipe. Moyen de libération**
Ch. Maccio - Cl. Régnier - 104 pages - 2e édition
* **5-12 ans. Les enfants et leur enfance**
Michel Richard - 104 pages - 4e édition
* **11-15 ans. Les enjeux d'une révolution**
A. Donval - O. Thibault - R. Gattegno - 112 p. - 6e éd.
* **14-18 ans - L'adolescence**
Marie-France Côte Jallade - 3e édition

*

Es * **Accompagner l'autonomie des personnes handicapées** - Arlette Loher-Goupil
S * **Accompagner l'enfant trisomique**
Denis Vaginay - 240 pages - 2e édition
S * **Accompagner le placement familial**
G. de l'Espinay & C. Papalardi - 176 pages
Es * **Accomplir sa vie** - André Gromolard - 144 pages
Es * **Accroître le soin relationnel**
Bernadette Cuisinier - 368 pages
Es * **Adolescence : les clefs pour comprendre**
Collectif - 212 pages
Es * **Adolescents, drogues et toxicomanie**
Louis Gonet 144 pages
S * **Adoption (l')** - Anne Decerf - 190 p. - 2e éd.
Es * **Aider les enfants en difficultés d'apprentissage**
Jean-Charles Juhel - 364 pages
Es * **Aides-soignant(e)s en gériatrie**
Anne-Marie et André Crepet - 200 pages
S * **Alzheimer, l'aide aux aidants** -
Jacques Gaucher, Gérard Ribes, Thierry Darnaud
Es * **Animer un atelier de réminiscence**
Arlette Goldberg - 160 pages
Es * **L'avortement et le lien maternel**
Isabelle Tamian-Kunégel - 144 pages - 2e édition
* **Un bébé sur le coeur** - Allaitement, sommeil, partage relations sociales - Nathalie Roques
Es * **Choisir sa vie, Vivre ses choix**
Philippe Lefèvre - 104 pages
E * **Combattre l'exlusion** - Michel Falisse
Es * **Comment en finir avec les persécutions à l'école**
G. Deboutte - 176 pages
Es * **Communiquer avec des personnes âgées**
Martine Perron - 176 pages - 3e édition
Es * **Comprendre la culture arabo-musulmane**
Xavière Remacle - 176 pages - 2e édition
S * **Comprendre la culture hindoue** - B. Tison
S * **Comprendre la sexualité de la personne handicapée mentale** - Denis Vaginay - 199 pages
S * **Comprendre les jeunes** -S. Bévillard - 112 p.
S * **Le corps - Rôle et parole**
Mireille-Lucile Latour - 184 pages
S * **Les courants de la psychologie**
Michel Richard - 292 pages - 3e édition
Es * **La déficience intellectuelle**
Jean-Charles Juhel - 408 pages
Es * **Du paraître à l'être** - Christian Hyerlé - 176 p.
Es * **L'écoute réciproque** - André Gromolard - 104 p.
Es * **Ecouter l'autre.** Tant de choses à dire
Alfred Vannesse - 96 pages - 4e édition
Es * **En finir avec le tabac** - Jean-Luc Nicaud -128 p.
Es * **L'enfant meurtri** S'en sortir sans rancune
Genny Le Thi Mui - 160 pages
Es * **Ensemble face à la drogue** - Agir au quotidien
Françoise Mozzo-Counil - 192 pages
S * **Etre malade et apprendre**
Odile Delorme - 224 pages
Es * **Éveil à l'enfant (l')**
Dr Christiane Bopp Limoge - 448 pages
S * **Face aux ruptures de vie**
IRDC Vittoz - 112 pages
Es * **Favoriser le développement de l'enfant**
Jean-Charles Juhel - 240 pages
Es * **Femmes en errance - De la survie à l'existence**
Association Femmes SDF (Grenoble-38)
S * **Femmes et santé** - Françoise Desailly - 256 p.
Es * **Femmes musulmanes**
Josiane Criscuolo - 128 pages
Es * **Groupes sectaires totalitaires (les)**
Max Bouderlique - 112 pages
Es * **L'homme et son langage** - Introduction à la linguistique - Fred Poché - 160 pages
S * **L'inné et l'acquis**
Inégalités "naturelles" - Inégalités sociales
Jean-François Skrzypczak - 208 pages - 3e édition
Es * **Intervenir en milieu familial**
Gabrielle - Johanne Larocque124 pages
S * **Intimité, secret professionnel et handicap**
Collectif - 192 pages
Es * **Introduction à la psychanalyse de Freud**
Michel Dethy - 152 pages - 5e édition
Es * **Introduction à la psychanalyse de Lacan**
Michel Dethy - 152 pages - 5e édition
Es * **Itinéraires d'insertion**
Mireille Debard - 160 pages
Es * **Le livre du Moi**
Christian Staquet - 160 pages
S * **Maladie d'Alzheimer** - À l'écoute d'un langage
Dr Louis Ploton -3e édition - 176 pages
Es * **Maladies psychosomatiques et troubles de la sexualité** - Michel Dethy - 120 pages

Es * **Mieux vivre nos désirs** - De la naissance à la fin de vie - Dr Philippe Lefèvre - 256 pages - 2e éd
Es * **Musique, thérapie et animation**
Colette Rivemale - 158 pages
S * **Papé et sa maison de retraite**,
Thierry Darnaud, 208 p.
Es * **Parler pour exister** - Créer des espaces de parole
Claude Bizet - 208 pages
Es * **Parole de suicidaires**
Patrick, Annie et quelques autres - 136 pages
Es * **Pèleriner vers Compostelle,** Guy Dutey - 192 p.
S * **La personne âgée**
Dr Louis Ploton - 256 pages - 5e édition
Es * **La personne autiste et le syndrome d'Asperger**
Jean-Charles Juhel - 312 pages
Es * **Polytoxicomanie,** Adefi - 208 pages
Es * **Pour une éducation de la liberté.**
Charles Maccio - 208 pages - 4e édition
Es * **Prendre sa vie en main**
André Gromolard - 128 pages - 3e édition
S * **Psychologie de la désadaptation**
Jimmy Ratté - 402 pages
Es * **La relation d'aide**
Luc Tremblay - 192 pages
S * **Re-créer les liens familiaux**
Michèle Savourey - 192 pages
Es * **Re-trouver l'estime de soi**
Colette Bizouard et Danielle Roche - 128 pages
* **S'épuiser ou se reconstruire** - Jacques Bopp
Es * **Se reconstruire face à un cancer du sein**
Jeannette Jehane - 128 pages
Es * **Secrets intimes - Secrets de famille**
Martine Quesnoy-Moreau - 112 pages
Es * **Sectes** - Les manipulations mentales
Max Bouderlique - 128 pages - 3e édition
S * **Sophrologie en pédopsychiatrie**
Jean-François Fortuna - 208 pages
E * **Subir ou rebondir après une agression**
Chantal De Mey-Guillaud et Sophie Raguin
E * **Symptôme IVG (Le)** - Bernadette Avon
S * **Trisomie 21**
Denis Vaginay et coll. - 224 pages
Es * **La vie de la personne âgée**
Dr Albert Ladret - 128 pages
Es * **Violences familiale, scolaire et sociale**
Pierre Marc - 176 pages
Es * **Visages de la pauvreté**
Christelle Violette-Bajard - 160 pages
Es * **Vivre âgé jusqu'au bout**
Anne Métral - 144 pages
Es * **Vivre après l'accident**
Jean-Luc Simon - 152 pages - 2e édition
Es * **Vivre avec des personnes âgées**
C. Pichaud - I. Thareau - 4e édition - 208 pages
Es * **Vivre avec son handicap**
Josiane Criscuolo - 160 pages
Es * **Vivre en crèche** - Remédier aux douces violences - Christine Schuhl - 80 p - 2e éd.
Es * **Vivre la boulimie**
Sylvette Riéty - 2e édition - 160 pages
Es * **Vivre l'animation auprès des personnes âgées**
Nicole Lairez-Sosiewicz - 144 pages
Es * **Vivre la sexualité - Encyclopédie illustrée**
Denis Vaginay - Daniel Balvet - 176 pages
Es * **Vivre le deuil**
M.-F. Augagneur - 160 pages - 4e édition
S * **Vivre sa grossesse et son accouchement**
Isabelle Brabant - 440 pages
Es * **Vivre une relation d'aide**
Clément Pichaud - 192 pages
Es * **Vivre une thérapie** - Histoires de pères
Cendrine Merle - 112 pages

Comprendre la société

Es * **Acteur dans la ville, acteur dans la vie**
Christine Bopp-Limoge
Es * **Apprendre avec plaisir**. Refonder des relations sociales - D. Rambaud - M. Jeannerat - 160 pages
S * **Comprendre et gérer les conflits dans les entreprises et les organisations**
Pierre Rousseau - 172 pages
Es * **Comprendre l'action des sectes**
Max Bouderlique - 144 pages - 2e édition
Es * **Comprendre l'histoire de la Vie**
André Steiger - 224 pages
S * **Comprendre le 20e siècle - Construire le 21e**
Albert Samuel - 302 pages
Es * **Connaître et dynamiser sa commune**
Marcel Robin - 184 pages
S * **Construire des actions collectives** - Développer les solidarité - B. Dumas - M. Séguier - 232 p. - 3e éd.
Es * **Construire la démocratie**
Pierre-Yves Chereul - 176 pages
S * **Construire une éthique de la coopération**
J.-Cl. Lavigne et B. Lestienne - 192 pages
Es * **Créativité et innovation dans les entreprises et les organisations**
R. Remouchamps et F. Tilman - 160 pages
S * **Culture et changement social** - Approche anthropologique - Daniel Mandon - 208 pages
Es * **De l'Église des premiers siècles aux guerres de religion - Culture religieuse, Tome 2**
Jacky Cordonnier - 136 pages
Es * **De la préhistoire aux débuts du christianisme - Culture religieuse, T 1** - Jacky Cordonnier-120 p
Es * **Dérives religieuses**, Culture religieuse, Tome 5
Jacky Cordonnier - 144 pages
Es * **Des guerres de religion à la guerre de 1914, Culture religieuse, Tome 3**
Jacky Cordonnier - 160 pages
Es * **Religions et croyances actuelles, Culture religieuse, T 4** - Jacky Cordonnier - 272 p - 2e éd.
S * **Dictionnaire des solidarités**
Pierre Ansay - Alain Goldschmidt – 264 pages
S * **Les droits de l'homme** - Guide d'information et de réflexion - 2e éd - Michel Simon - 180 pages
S * **Droits de l'homme - Droits des peuples**
Philippe Richard - 184 pages
Es * **Du Big-Bang à l'Homme moderne**
Claude Faure - 104 pages
D * **L'entreprise démocratique**
Jacques Benoit - Damián Yurkievich - 192 pages

S * **Faire avec l'objet** - Jean-Paul Filiod - 224 pages
Es * **Genèse et Evolution** - André Steiger - 112 pages
Es * **Guide pratique d'éducation à l'environnement**
Réseau École & Nature - 368 pages
Es * **Handicap et cinéma -** Gérad Bonnefon
Es * **Histoire des États-Unis**
Yves Bourdon et Jean Lamarre - 278 pages
Es * **Histoire de la civilisation occidentale**
Georges Langlois et Gilles Villemure - 338 pages
Es * **L'homme et la culture** - Jean Billaud - 128 p.
S * **Immigration, enjeux et perspectives**
Collectif
S * **Introduction à la littérature française**
Jean Beauté – 200 pages
S * **Introduction au travail social**
Yves Hurtubise - Jean-Pierre Deslauriers - 256 p.
Es * **JAC / MRJC** - Origines et mutations
Collectif - 424 pages
Es * **La Laïcité - Une exigence pour la paix**
Albert Samuel – 208 pages
S * **Maîtriser les mutations techniques** - L'humanité face aux changements - Charles Maccio - 312 p.
S * **Les médiations du travail social**
Marie France Freynet - 304 pages - 4e édition
Es * **Mythologie païenne et Christianisme, Culture religieuse, Tome 6** - Jacky Cordonnier - 176 p
Es * **Notre santé - Une école de vie**
Michèle Pohier - 240 pages

S * **Partager les savoirs, Construire le lien**
Collectif - 352 pages
Es * **Pratiquer la santé communautaire**
Institut Th. Renaudot - 144 pages
S * **Les religions aujourd'hui**
Albert Samuel - 368 pages - 4e édition
Es * **Religions et croyances actuelles** - Culture reli gieuse, Tome 4 - Jacky Cordonnier - 272 p - 2e éd
S * **Les sciences humaines en mouvement**
L'humanité face aux changements
Charles Maccio - 336 pages
Es * **S'initier à la sociologie**
Jean Feschet - 224 pages
S * **Solidarité par le partage du travail et des revenus**
L'humanité face aux changement - Ch. Maccio - 304 p.
Es * **Traité de stratégie à l'usage des travailleurs sociaux**
P. Papillon et D. Wahbi - 160 pages
S * **Les transactions aux frontières du social**
Collectif – 256 pages
Es * **Le travail. Regard photographique**
BIT - 104 pages
S * **Le travail social**
Louis Fèvre - 288 pages - 2e édition
S * **Valeurs pour notre temps** - L'humanité face aux changements - Charles Maccio - 260 pages

Pédagogie / Formation

S * **Accompagner l'adolescence**
C . Philibert et G. Wiel - 224 pages - 3e édition
Es * **Accompagner l'éducation et la scolarité**
UNAPEL - 168 pages
Es * **Accompagner les jeunes dans la réussite de leurs projets** - Collectif - 128 pages - 2e éd.
S * **Accueillir, accompagner, former des enseignants** - Patrice Pelpel - 224 pages
S * **Accueillir les élèves**
Christian Staquet - 192 pages - 2e éd.
S * **Analyser le fait éducatif**
Reine Goldstein - 224 pages
S * **Apprendre à philosopher**
Jean-Charles Pettier
Es * **Apprendre en projet**
Michel Huber - 192 pages
Es * **Apprendre et réussir ensemble**
Vincent Lemière - 176 pages
S * **Apprendre l'autonomie - Apprendre la socialisation** - M.-A. Hoffmans-Gosset - 168 p. - 4e édition
Es * **Apprendre l'orthographe** - Le français par la Cible - François Le Turdu - 208 pages
Es * **Apprendre le vocabulaire**
Hubert Dupart - 192 pages
Es * **Apprendre sans peur**
Antoine de la Garanderie - 96 pages
S * **Au risque de changer**
Daniel Cand - 132 pages
S * **Autoformation et développement personnel**
Jean-Marie Lange - 168 pages
S * **Autoformation et fonction de formateur**
Pascal Galvani - 170 pages
Es * **Autonomie et formation**
Collectif - 272 pages

* **CAP, d'un diplôme d'élite à un diplôme d'insertion** - Isabelle Kerner - Joël Gaillard
S * **Le centre-ressource.** Pourquoi ? Comment ?
Ariane Kepler - 184 pages
Es * **Chef d'établissement : des métiers, une passion**
France Rollin - 192 pages - 2e édition
Es * **Les chemins de la pédagogie**
F. Tilman et D. Grootaers - 128 pages
Es * **Les chemins des savoirs en maternelle**
M. Libratti et Ch. Passerieux - 132 pages
S * **Comprendre les chemins de la connaissance**
Antoine de la Garanderie - 224 pages
S * **Conduire un projet**
M. Chambon et H. Pérouze - 232 pages D - 4e éd.
Es * **Conflit, mettre hors-jeu la violence**
N.V.A. - 144 pages - 4e édition
S * **Conseiller Principal d'Éducation**
Marc Henry Broch
S * **Construire des stratégies de nouveau départ-**
École-Collège-Lycée - A. Jaligot et G. Wiel
Es * **Construire ses savoirs, Construire sa citoyenneté**
GFEN - 320 pages - 2e édition
Es * **Conte et (ré) éducation**
Jacques Thomassaint - 104 pages
Es * **Contes et métaphores**
Louis Fèvre - 192 pages - 2e éd.
Es * **Un corps à vivre**
M. Guillois et M. Lemaire- 208 pages
Es * **Les courants de la pédagogie contemporaine**
Jean Beauté - 192 pages - 5e édition
Es * **Décider dans l'école**
Jean-Paul Julliand - 208 pages
Es * **Le défi-lecture**
J.-J. Maga et C. Méron - 192 pages - 6e édition
E * **Dessine-moi un parent**
Arnaud Deroo

S * **Développement des capacités personnelles**
Guide d'autoformation - Ariane Kepler - 264 p.
Es * **Devenir efficace dans ses études**
Christian Bégin - 208 pages
Es * **Diriger autrement l'établissement scolaire**
Colette Paillole-Jacqueline Rimet Meille - 192 p.
Es * **École entre autorité et zizanie (L')**
LIFE - 128 pages
S * **École est-elle encore le creuset de la démocratie (L')** - Philippe Perrenoud - 192 pages
O * **École et société** des politiques aux pratiques
Reine Goldstein - 192 pages
Es * **Écrire son journal pédagogique** - M. Barlow et H. Bossière Mabille - 144 pages
Es * **Éducation nouvelle** - Enseigner et (se) former
GFEN - 160 pages
Es * **Éduquer à la confiance**
Denis Gobry- 224 pages
Es * **Éduquer à la poésie**
Renée-Solange Dayres- 112 pages
Es * **Éduquer à la responsabilité**
A.É.R.É. - 176 pages - 2e édition
Es * **Éduquer face à la violence**
Pierre Hardy - 136 pages
* **Éduquer face aux drogues et aux dépendances**
Georges Van der Straten Waillet - 158 pages
Es * **Élèves "difficiles", profs en difficulté**
M.-T. Auger et C. Boucharlat - 136 p. - 5e édition
S * **Enseigner avec aisance grâce au théâtre**
Gérard Quentin - 168 pages - 2e édition
Es * **Enseigner et apprendre dans une classe multiculturelle** - Monique Honor - 176 pages
S * **Enseigner l'histoire autrement**
Alain Dalongeville et Michel Huber - 240 pages
Es * **Entrer dans la littérature à l'école**
Hubert Dupart - 192 pages
S * **Éthique et pratique de l'audit**
Michel Lecointe et Michel Rebinguet - 192 pages
S * **L'évaluation participative de la formation**
Un outil du management - B. Pique - 192 pages
Es * **L'évaluation scolaire** - Décoder son langage
Michel Barlow - 192 pages
S * **Évaluer le projet de notre organisation**
M.-H. Broch et F. Cros - 240 pages
Es * **Exprimer mes désirs, Construire mon projet**
Hélène Lavoie et Marc Denault - 112 pages
S * **Faire de la classe un lieu de vie**
Ch. Philibert et G. Wiel - 152 pages - 2e édition
Es * **Faire participer l'élève à l'évaluation de ses apprentissages**
C. Doyon et D. Legris-Juneau - 124 pages
S * **Fondements éducatifs pour une société nouvelle**
Yves Bertrand

S * **Formateur d'adultes**
J.-P. Martin et É. Savary - 368 pages - 3e édition
Es * **Formation et communication** - Collectif - 224 p.
S * **Former avec la sophrologie** - Une nouvelle voie pour apprendre - Bernard Blanc - 208 pages
* **Former des formateurs** - M. Huber
Es * **Gérer la classe, une compétence à développer**
Xavier Papillon - 264 pages
Es * **Gérer la violence en milieu scolaire**
Gilbert Joie - 128 pages
S * **Guide du maître praticien en PNL**
L. Fèvre, G. Soto et C. Servais - 352 pages - 3e éd.
S * **Guide du praticien en PNL**
Louis Fèvre et Gustavo Soto - 272 pages - 5e édition
Es * **Handicaps et vie scolaire** - L'intégration différenciée - P. Bonjour et M. Lapeyre - 192 pages
Es * **Heures de vie de classe**
Xavier Papillon et Gilles Grosson - 160 pages
Es * **Histoires de vie et pédagogie du projet**
Jean Vassileff - 192 pages - 2e édition
Es * **L'individualisation de la formation**
Hervé Prévost - 194 pages
Es * **Intervenir en formation** - 3e édition
Jean-Paul Martin - Emile Savary - 224 pages
S * **Itinéraire des pédagogies de groupe** – Tome 1
Philippe Meirieu - 208 pages - 7e édition
S * **Outils pour apprendre en groupe** – Tome 2
Philippe Meirieu - 208 pages - 7e édition
S * **Le lecteur accompagné**
Denis Vaginay - Bruno Avitabille
S * **Les lycéens décrocheurs** - La Bouture - 312 p.
Es * **Manuel de la formation en alternance**
F. Tilman et E. Delvaux - 176 pages
Es * **Manuel du responsable d'institution**
Michèle Garant - 98 pages
S * **Médiation éducative et éducabilité cognitive**
Autour du PEI - Collectif- 168 pages
Es * **Modules d'initiation à la méthodologie scolaire** et à la formation permanente - Guy Leperlier
Es * **Moi j'enseigne, mais eux apprennent-ils ?**
Michel Saint-Onge - 144 pages - 3e édition
S * **Les nouveaux autodidactes**
Georges Le Meur - 224 pages
S * **Oser les pédagogies de groupe**
Jean-Paul Donckele - 200 pages
Es * **Une pédagogie de l'entraide**
Antoine de la Garanderie - 112 pages - 2e édition

Savoir communiquer

Es * **A quoi sert l'autorité ?**
Véronique Guérin - 224 pages - 2e édition
Es * **Adolescent, amour, sexualité** - Photolangage®
Claire Beslile -
Es * **Améliorer la communication** M Barlow - 184 p.
S * **Animer et participer à la vie de groupe**
Charles Maccio - 312 pages
S * **Animer, financer, communiquer un projet**
Tony Noce - 264 pages
Es * **Apprendre, se distraire et créer avec le jeu**
10 jeux à fabriquer - Alain Bideau - 136 pages
Es * **Archives et documentation** - CARHOP - 160 p.
S * **Augmenter son efficacité** - Y. Raffestin
Es * **Bâtir la paix** - Université de Paix Namur
Es * **Besoin d'écrire - Désir de (se) dire**
Pascale Guillaumin

Es * **Une clé pour les maths**
C. Augier et Y. Raffestin - 304 pages - 3e édition
S * **Le code de l'information**
Pierre-Yves Chereul - 240 pages
Es * **Comprendre l'autre. Réussir ensemble**
Ernest Dupuy - 256 pages
Es * **Comprendre et maîtriser le bégaiement**
Collectif - 126 pages
Es * **Comprendre la presse** - Informer hier et demain
Jean-Jacques Coltice - 128 pages
Es * **Conflit dans la famille** - Béatrice Trélaün - 160p
Es * **Créer par la parole** - Pierre Lebar - 144 pages
Es * **Cultiver sa mémoire**
Colette Bizouard - 176 pages - 4e édition
S * **Développer la fonction tutorale** - Former et intégrer - Bernard Blanc - 336 pages

Es * **Devenir son propre médiateur**
J.Timmermans- 160 p.
Es * **L'écoute - Attitudes et techniques**
Jean Artaud - 192 pages - 5e édition
Es * **Écrire au quotidien - Pratiques du journalisme**
Collectif - 144 pages - 2e édition
Es * **Écrire l'histoire de sa vie**
Michel Barlow - 144 pages
Es * **Écrire une recherche**
Martine Lani-Bayle - 152 pages- 2e édition
S * **Élaborer un projet, guide stratégique**
Tony Noce et Patrick Paradoswki - 432 pages
S * **Exercer une responsabilité**
Charles Maccio - 416 pages
* **Expérimenter le dialogue social en PME**
Maéva Sandeau et henri Lasserre
Es * **Faire parler l'enfant retardé mental**
Jean-A. Rondal - 144 pages
* **Former à l'expression et à la communication écrites** - 100 fiches - Catherine Bezsonoff
Es * **Le Français pour tous**
Régine Burfin - 248 pages - 4e édition
S * **Gérer le risque alcool au travail**
Jean-Paul Jeannin - 398 pages
Es * **La grammaire expliquée** - Notions et exercices
Marcel Poirier - 240 pages - 2e édition
Es * **Guide de l'animateur de groupes**
Charles Maccio- 128 pages
Es * **Guide pratique de l'écrit**
Jean-Yves Bonnamour - 200 pages - 2e éditionS
* **Lire et comprendre, écrire et convaincre**
Jean Glorieux
D * **L'homme réseau** - Penser et agir dans la complexité - Emmanuel Duits - 160 pages
Es * **Invitation à l'expression orale**
Colette Bizouard - 144 pages - 6e édition
S * **Manager le changement, changer le management**
Agefos - 160 pages
S * **Management durable**, Alain Astouric 128 p.
Es * **Mieux gérer son temps**
Fathi Tlatli - 164 pages - 2e édition
Es * **Mieux prendre la parole en public**
Jean-Paul Berrou - 152 pages
Ev * **Organisation et responsabilités**
Charles Maccio - Guy Nauche - 64 pages

Es * **Un parcours pour l'embauche**
Michel Bourse - 176 pages
Es * **Peindre et comuniquer avec des personnes âgées –** Nicole Lairez-Sosiewicz - 88 pages
S * **Pratique de l'expression**
Charles Maccio - 308 pages - 5e édition
S * **Pratiquer le théâtre avec des personnes en difficulté** - Michel Reynaud - 208 pages
Es * **La relation à l'autre - L'Implication Distanciée**
M. Germain-Thiant et M. Gremillet-Parent - 128 p
Es * **Relaxation sophrologique**
Jean-Pierre Blanchet - 136 pages - 4e édition
Es * **Renforcer la cohérence d'un texte**
Lorraine Pépin - 132 pages
E * **Repères pour grandir**
Fondation Dolto
S * **Des réunions plus efficaces**
Charles Maccio - 256 pages - 3e édition
Es * **Réussir la qualité par tous**
Bernard Jacquin-Ravot - 144 pages
Es * **Réussir l'analyse d'un texte**
André Grange - 192 pages
Es * **Réussir le résumé de texte et la note de synthèse** - Jean Profit - 144 pages - 8e édition
Es * **Réussir son mémoire professionnel**
Annick Maffre - 144 pages - 2e édition
Es * **Savoir écrire un lire, un rapport, un mémoire.**
Charles Maccio - 176 pages - 4e édition
Ev * **Savoir rédiger** - Une possibilité pour tous
Régine Burfin - 112 pages - 5e édition
Es * **(Se) former à l'entretien**
Myriam Germain-Thiant - 140 pages
S * **Techniques de la vie en groupe**
Charles Maccio - 312 pages
S * **Vivre - Accompagner un projet**
Isabelle Gillet - Sylvie Scoyez - 260 p.
Es * **Vivre la communication**
Colette Bizouard - 160 pages - 7e édition

Savoir penser

Es * **Agir avec Joseph Folliet**
Association Les amis de J. Folliet
S * **Agir avec Proudhon**
Jacques Langlois
Es * **Comprendre le propre de l'Homme**
Max Bouderlique - 96 pages
Es * **Comprendre les systèmes politiques**
François Amanrich - 128 pages
Es * **Connaître le Réel** - Mythes ou réalités
Gérard Tiry - 128 pages
* **Conflit - Comprendre et s'équiper**
Robert Michit et Thierry Comon
S * **Les doctrines du pouvoir politique** - Du totalitarisme à la démocratie - Michel Richard - 192 p.
S * **Le marxisme** - Théorie de la pratique révolutionnaire
Jean Guichard - 304 pages - 4e édition - 30e mille

Es * **Penser avec Arendt et Lévinas**
Fred Poché - 128 pages - 2e édition
S * **Penser avec E. Mounier**
Jean-François Petit - 176 pages
S * **Penser avec Ricoeur**- Louis Févre - 208 pages
S * **Penser le devenir de l'Humanité**
C. Maccio - 256 pages
S * **Penser le devenir de la Personne**
C. Maccio - 224 pages
Es * **Penser librement** - Phan Huy Duong - 208 p.
Es * **Penser par soi-même** - Initiation à la philosophie
Michel Tozzi - 224 pages - 6e édition
S * **Le personnalisme** - Sources - Fondements
Actualité - Jean Lacroix - 152 pages
Es * **Reconstruire la dignité** - Fred Poché - 160 pages
S * **Le Socialisme** - Histoire - Courants - Pratiques
Albert Samuel - 472 pages